Manfred J. Foerster

Charakter totalitärer Herrschaftsformen

Psychogramme des Bösen

disserta
Verlag

Foerster, Manfred J.: Charakter totalitärer Herrschaftsformen. Psychogramme des Bösen, Hamburg, disserta Verlag, 2020

Buch-ISBN: 978-3-95935-552-0
PDF-eBook-ISBN: 978-3-95935-553-7
Druck/Herstellung: disserta Verlag, Hamburg, 2020

Bibliografische Information der Deutschen Nationalbibliothek:
Die Deutsche Nationalbibliothek verzeichnet diese Publikation in der Deutschen
Nationalbibliografie; detaillierte bibliografische Daten sind im Internet über
http://dnb.d-nb.de abrufbar.

© disserta Verlag, Imprint der Bedey Media GmbH
Hermannstal 119k, 22119 Hamburg
http://www.disserta-verlag.de, Hamburg 2020
Printed in Germany

Inhaltsverzeichnis

Vorwort

Den hier dargestellten Persönlichkeiten: Hitler, Speer, Himmler und Höß ist zu eigen, dass sie in unterschiedlicher Weise in jeder Herrschafts- und Regierungsform vorzufinden sind. D. h. sie gelten nicht als Symptomträger totalitärer und autokratischer Herrschaft, sondern vielmehr sind sie in jedem System verwendbar. Deren wesentliches Merkmal ist ihre Voraussetzungslosigkeit in moralischer und sozialer Hinsicht. So sieht man sich in psychologischer Hinsicht mit nahezu der ganzen Skala menschlicher Schwächen, moralischer und sittlicher Indolenz und charakterologischer Nichtigkeit konfrontiert. So erweist sich auch die Kategorie der Dämonologie aufgrund ihrer ungesicherten und in empirischer Hinsicht unzureichenden Begrifflichkeit als nichtzutreffend, eine Analyse totalitärer Herrschaftsformen vorzunehmen. Vielmehr ist es die psychologische Beschreibung der Funktionsträger selber, die einiges wesentliche darüber aussagt, wie es überhaupt zu solchen Herrschaftsformen kommen kann. Von Hitler bis Goebbels, Heydrich, Höß, Himmler und Speer bis hin zu den mittleren und unteren Chargen des NS Systems sind es durchweg trieb- oder affektbestimmte Ausgangslagen (Fest), von denen her jeder einzelne der hier beschriebenen Funktionsträger zur Macht drängte oder sich von der „bereits zur Macht drängenden Bewegung mitreißen ließ"(Fest: Das Gesicht des Dritten Reiches, S. 392) Auf den Anklagebänken des Nürnberger Kriegsverbrecher Prozesses saßen auch nicht Dämonen aus der Hölle, sondern die platte Normalität, die Hannah Arendt als Banalität des Bösen beschrieben hat.

In den Psychogrammen von Hitler, Himmler, Speer und nicht zuletzt von Höß, dem Lagerkommandanten der Vernichtungslager Auschwitz und Birkenau, repräsentiert sich die gesamte Bandbreite der nationalsozialistischen Herrschafts- und Vernichtungsideologie, ihres Rassenwahns sowie ihrer technokratischen und bürokratischen Rationalität wider, welche auf die fabrikmäßige Vernichtung ganzer Völker gerichtet war.

Metaphysisch betrachtet war Hitler und der Nationalsozialismus die Inkarnation des absolut Bösen in der Geschichte der Menschheit. Dieses ist aber nicht durch exterritoriale Mächte über die zivilisierte Menschheit hereingebrochen, sondern war vielmehr durch eine verbrecherische Ideologie begründet. Insofern waren Hitler und der Nationalsozialismus der Rückfall einer bislang aufgeklärten Gesellschaft in die archaische Barbarei. Wenngleich in den deutschen Landen die Errungenschaften der französischen Revolution und der Aufklärung sich nicht in dem Umfang haben durchsetzen können, wie in vergleichsweisen anderen europäischen Staaten.

Hitler und die Nationalsozialisten wollten die Welt von einer historischen Vergangenheit und Aufklärung befreien. Die universale Humanitas, die Freud zufolge auf den zehn Geboten beruht und stets den Schwächeren schützt, sollte in der Welt des Nazismus keine Bedeutung mehr erhalten und stattdessen das Gesetz des Stärkeren als ein gnadenloser Auslesekampf Gültigkeit erlangen.

Hitler, der später die grenzenlose Macht und die Lust an der Vernichtung so sehr zu seiner Lebensphilosophie erhob, um sie als Politiker ungehemmt auszuleben und sie als politisches Programm zu definieren, hatte seinen Schatten bereits vorausgeworfen." An die Stelle der Sinngebung des Lebens, tritt die Lust an der Macht". (Safranski: Das Böse oder das Drama der Freiheit", S.269). Oftmals wurde von Seiten historischer Wissenschaften die These vertreten, dass Hitler ein Bruch in der Moderne bedeute. Dies stimmt nur bedingt. Er hat zwar mit einem ganzen, bis dahin anerkannten moralischen Universum gebrochen, aber dies konnte er nur, weil ab der Mitte des 19. Jahrhunderts, im Zuge der biologistischen und naturalistischen Wissenschaftsgläubigkeit eine beispiellose Verwüstung und Verrohung des Denkens über die Rolle des Menschen in seiner Stellung im Universum begonnen hatte. Die Einteilung der Menschen in höher- und minderwertige Rassen und eine als höherwertig definierte die andern umbringen müsse, um so das Überleben zu sichern, ist erst in der Moderne möglich geworden. Hannah Arendt hat dies als „Angriff auf den Menschen" bezeichnet. Und die Moderne hat es auch möglich gemacht den als minderwertig definierten Teil der Menschheit umzubringen, da sie auch hierzu die bürokratischen und technischen Strukturen bereithielt und die Maschinerie einer komplexen modernen Gesellschaft dafür einsetzen konnte, sie planmäßig zu verwirklichen. Max Weber hat als Kennzeichen der Moderne die rasante Entwicklung von wissenschaftlichen Erfindergeist, hochkomplexe Organisation, entwickelte Technik, industrielle Kapazität und vor allem ein Personal, welches sich mit diesen neuen Tendenzen identifizieren konnte und entsprechend kompetent war, sich diesen neuen technischen und bürokratischen Entwicklungen zu bedienen. Erst diese Voraussetzungen machten den Massenmord an den deutschen und europäischen Juden möglich.

E.T.A. Hoffmann hat in seiner Erzählung DER MAGNETISEUR in der Figur des Alban jene dämonische Kraft literarisch vorweggenommen, die in grenzenloser Macht in der Ödnis einer sinn- und moralentleerten Welt herrscht und in der es keinerlei ethische oder soziale Hemmungen mehr gibt. Die phantastischen Bilder der Morbidität und des Unterganges die E.T.A. Hoffmann entwarf und die noch in literarischer Ästhetik verblieben, wurden indes durch Hitlers Politik in aller äußerster Konsequenz verwirklicht und bildeten die Grundlagen seiner Politik. Hitler und die Nationalsozialisten waren mit ihrer grenzenlosen Machtentfaltung auf der politischen Bühne der Figur des Alban erschreckend ähnlich. Seit Auschwitz ist nicht mehr der Wert einer Kultur daran zu messen, was sie an positiven Errungenschaften in sozialer und kultureller Hinsicht hervorgebracht hat, sondern was möglich war, angesichts des grauenvollen Infernos. So gesehen war Ausschwitz das Produkt der Kultur im späteren 19. Jahrhundert, wo ganze Heerscharen von Professoren, schriftstellernden Pseudopropheten und enthemmten Demagogen die Lehre von der Reinheit der „arischen Rasse" verkündeten.

Demokratische Gesellschafts- und Politikstrukturen haben, neben ihren unbestreitbaren Vorzügen, eben auch die Tendenz, dass Menschen Macht erhalten, die weder von ihrem Charakter, ihre Vorbildung, Intelligenz und sozialen Kompetenz dazu geeignet sind, Verantwortung für das ihnen anvertraute Gemeinwesen zu übernehmen. Und dies gilt gleichermaßen zu allen Zeiten und für alle Kulturen und Gesellschaften. Dasjenige, was solche Naturen nach oben in die höchsten Machtpositionen spült, ist die die erstaunliche Übereinstimmung der Masse und die ihnen, mitunter bedingungslos folgt, wie in den 12 Jahren der Naziherrschaft.

Sebastian Haffner hat in seinem Buch „Von Bismarck zu Hitler" mit luzider Schärfe die politischen und gesellschaftlichen Mentalitäten im späteren 19. Jahrhundert aufgezeigt, die Hitler erst ermöglichten. Hitler kam insofern nicht als exterritoriales „Gespenst" über die Deutschen, sondern war ein Produkt der damaligen Geistesströmungen.

Psychoanalyse, Monotheismus und Kulturprozeß
– Freuds Visionen vom Triumph der Zivilisation –

Zivilisation ist der Versuch, die Gewalt zur ultimo ratio zu machen, wer die Gewalt als prima ratio und als unica ratio erwählt, der schafft die Norm, die jede Norm aufhebt. Er setzt somit die „Magna Charta" der Barbarei fest.

(nach Ortega y Gasset)

1930 beschrieb Sigmund Freud in seiner Schrift DAS UNBEHAGEN IN DER KULTUR die Entwicklung des historischen Kulturprozesses, der letztlich zum humanen Charakter sozialer Gemeinschaften beitrug im Zusammenhang mit der Entstehungsgeschichte der großen monotheistischen Religionen wie Judentum und Christentum. Aus diesen entwickelte sich im Verlaufe der Kulturgeschichte jenes Wertesystem und ethische Gesellschaftsverständnis, welches wir im weitesten Sinn als ein wesentliches Merkmal abendländischer Kultur verstehen. In diesem, in soziokulturellen Hinsicht, evolutionären Prozeß sah Freud die Herausbildung menschenverbindender Ideale, den Verzicht auf Mord, Terror und Gewalt zugunsten gewisser ethischer Prinzipien des menschlichen Zusammenlebens, dessen psychologische Grundlage die Sublimierung ursächlich archaischer Triebregungen bildet. Ontologisch betrachtet, sollte sich die Vorherrschaft des Ich gegenüber dem Es durch den Prozeß von Erziehung und Sozialisation konstituieren und dauerhaft in der Persönlichkeit verankert werden oder genauer gesagt, durch Triebbeherrschung und die sogenannten Ich-Funktionen den Charakter eines Menschen ausbilden, worunter in unserem Kulturkreis die sozialpsychologische Voraussetzung zu einer sozial vernünftigen Identität verstanden wird. Ebenso sah Freud in der Vorherrschaft der Vernunft über mythische Denkformen den Zeitpunkt gekommen, magische und mystische Praktiken aufzugeben, welche bis dahin die soziokulturellen Umgangsformen bestimmten und als Paradigmen zwischenmenschlicher Beziehungen, die Bewältigung sozialer Konflikte in Form von archaischen Praktiken regelten. Indem diese Praktiken an Bedeutung verloren, war der kulturanthropologisch entscheidende Schritt getan, aus der Befangenheit unergründlicher Zwänge eines archaischen Naturglaubens herauszutreten und statt dessen das normative Wertesystem an eine höhere Autorität im Sinne einer konsensfähigen, gemeinschaftsverbindenden und rational nachvollziehbaren Instanz zu binden. Eine der wesentlichen Voraussetzungen hierzu geschah durch die Verbindlichkeit der Zehn Gebote. Zugleich wurde hierdurch das Naturrecht des Stärkeren aufgehoben, auf das sich erklärtermaßen die nationalsozialistische Weltanschauung berief. Erst durch den historischen Prozeß der Rationalisierung des Glaubens an eine höhere Macht, der zugleich die Komplexität von verwirrenden und mystischen Götterinstanzen in einem langen kulturellen Prozeß auf einen monotheistischen Gottesbegriff reduzierte, war es fortan möglich, verbindliche Über-Ich-Strukturen zu entwickeln, denen universelle Gültigkeit zugesprochen und die von einer anerkannten Autorität abgeleitet werden konnten. Hierdurch etablierte sich eine theologische Diskursebene, die in einem rationalen Kontext die Existenz Gottes und somit die hiervon abgeleiteten Normen und Gesetzmäßigkeiten begründete. Glaube und Vernunft bildeten unter diesen Voraussetzungen keinen Widerspruch. Bis zur Säkularisierung die einen Neuhumanismus einleitete, welcher einem Glauben an Selbstverwirklichung und Erziehung zugewandt war, schien die geoffenbarte Theologie frei von philologischen Rationalisierungen, die sich besonders in Deutschland erfolgreich entwickeln konnten und die religiöse Haltung unterminierte. Bevor es dazu kam, überformte das theologisch normative Moralverständnis alle übrigen gesellschaftlichen und kulturellen Ebenen und galt über lange Epochen als umfassende, verbindliche Über-Ich-Instanz, welche das Leben der Menschen, ihr Seinsverständnis, ihre gesellschaftliche Rolle und ihren Weltdeutungen die prägende Richtung vorgab. Bis in die rechtlichen Instanzen hinein galt daher die Religion als, eine Abschwächung des Glaubens, Zweifel an der Verbindlichkeit religiöser Autoritäten und Institutionen und ein allmählicher Erosionsprozess des Verhaltens aus dem ursprünglichen Glauben heraus. Im Zentrum der christlichen Ordnung, die nach wie vor Gültigkeit besaß, stand nicht mehr der Glaube, sondern vielmehr die normative Kraft von Institutionen und über allem die ehrfurchtgebietende Aura des Staates, dem charismatische Eigenschaften zugesprochen wurden. Jene Ehrfurcht, die einst dem Religiösen, dem Dienst an Gott vorbehalten gewesen war, wurde auf weltliche Institutionen und deren Praktiken übertragen. Im 19. Jahrhundert erreichte der pseudoreligiöse Kult um Nation und Vaterland seinen Höhepunkt. Glauben und Religion wurde ein scheinbarer Begründungscharakter zugesprochen und in nationalistisch- chauvinistischer Weise vereinnahmt. So hieß es, dass Gott Deutschland 1871 den Sieg über den französischen Erzfeind schenkte, und insbesondere die protestantische Kirche und der Kaiser erbaten göttlichen Segen für einen christlich-germanischen Staat. Die Segnungen der Waffen und die flehentliche Gewissheit „Gott mit uns" begleiteten die militärischen Expansionen, bei denen es um die Existenz der ganzen Nation zu gehen schien. Dem Staat als übermächtige Autorität wurde sowohl vom aufkommenden deutschen Idealismus als auch vom liberalen Protestantismus ein quasi religiöser Nimbus zugesprochen, so dass zumindest bis 1914 der Protestantismus für die oberen Schichten zu einer Staatskirche aufstieg und das Bündnis zwischen Thron und Altar sakrosankt war. Die oberen Schichten hingen einem verwässerten Glauben an, der aus einer Mischung aus Luthers Ethos der Arbeit und des Gehorsams gegenüber der Obrigkeit, christlicher Rhetorik und der Lehren des deutschen Idealismus bestand. Der Historiker Fritz Stern hat diesen schleichenden Verlust an substantieller Religiosität eine „stille Säkularisierung" genannt. Der Rückzug aus dem Christentum und die Verlagerung religiöser Empfindungen auf den Staat, der weitgehend von der breiten Masse unbemerkt und stillschweigend verlief, haben zu einem erheblichen Teil zur allgemeinen Heuchelei und Bigotterie der wilhelminischen Gesellschaft beigetragen, was sich auch in der moralischen Doppelbödigkeit gesellschaftlicher Umgangsformen und sittlichen Standards bemerkbar machte. Ganz im Sinne dieses pseudoreligiösen Kultes forderte der Staat seinen Tribut an weihevollen Verehrungsbezeugungen in Gestalt von Nationalfeiertagen und Nationaldenkmälern, wie beispielsweise das Deutsche Eck in Koblenz oder die Germania bei Rüdesheim, und nicht zuletzt durch Hymnen, in denen die Macht und Größe der Nation besungen wurde. Das allgemeine Religionsverständnis war gewissermaßen nationalistisch entleert und diente nur noch zur Aufrechterhaltung und Legitimation staatlicher Repräsentanz und Macht und zur Stabilisierung von Herrschaftsverhältnissen in fast allen gesellschaftlichen Bereichen. Vermutlich waren die Eliten in Staat und Gesellschaft im traditionellen Sinne kaum mehr Gläubige und religiöses Empfinden und Lebenshaltungen wurden für die unteren Schichten proklamiert, da man befürchtete, diese an den Zeitgeist der zunehmenden Gottlosigkeit zu verlieren, womit in erster Linie sozialistische Ideen gemeint waren, und von denen man staatszersetzende Tendenzen befürchtete.[1] Hier bereits zeigten sich die Schatten eines wachsenden destruktiven Nationalismus, der die tradierten Inhalte und Wertmuster des religions- und kulturgeschichtlichen Ich-Ideals, von denen Freud einst sprach, in Frage stellen sollte.

Wenngleich es im Verlaufe der Kirchengeschichte immer wieder zu unterschiedlichen Auffassungen über die theologischen Kernbestandteile der christlichen Religionen gekommen ist, so scheint es doch unbestreitbar zu sein, dass erst mit der historischen Entfaltung der monotheistischen Gottesvorstellung und deren sozialer Ausformung der universalistische Anspruch von Menschenrechten, der Achtung vor dem Leben und die Gebote des sittlichen Umganges der Menschen untereinander im Rahmen sozialer Normen an Bedeutung gewannen. Während langer Epochen der soziokulturellen Evolution von Normen und Werten fand die zuvor religionsanthropologisch relevante Erkenntnis, Eingang in die alltägliche Lebenspraxis von Menschen und sozialen Organisationen. Über die Prozesse von Erziehung und Sozialisation verankerten diese Werte sich in der Gewissensbildung, oder, um mit Freud zu sprechen, sie bestimmten im Wesentlichen das Über-Ich Ideal. Bei aller theologischen Unterschiedlichkeit berufen sich die christlichen und jüdischen Religionen auf die Universalität spezifischer Normen, wie sie in den „Zehn Geboten" verankert sind. Durch den Prozess der Erziehung und Sozialisation werden diese Regeln und Normensysteme als Über-Ich-Instanzen primär durch die elterlichen Bezugspersonen vermittelt, um somit als Ideal-Ich Eingang in das moralische Bewusstsein und Gewissen des Individuums integriert zu werden.

Infolge laizistischer Staatsformen, die sich im Zuge der Aufklärung entwickelten und das mittelalterliche theologische Staatsverständnis ablösten, wurde das Ich-Ideal aus seinem ursprünglichen Begründungszusammenhang gelöst und in einen gesellschaftlichen und gleichermaßen politischen Diskurs gestellt, der sowohl für das einzelne Individuum, als auch für den Staat verbindlich zu sein hat. Mit anderen Worten, das Ich-Ideal transformierte sich aus seinem ursprünglichen religiösen Anspruch in soziale Bindungsmuster. Der Prozess der Säkularisierung hat nun letztlich dazu geführt, dass das theologisch-religiöse Seinsverständnis in die Privatsphären verschoben und vom öffentlichen Leben getrennt wurde, wie es bereits in Luthers „Zwei Reichen-Lehre" konzipiert erscheint. Damit war in gesellschaftspolitischer Hinsicht sowie in der politischen Praxis von Staat und Kirche der Trennung von kirchlichen und staatlichen Ebenen der Weg bereitet. Somit konnten auch die außerreligiösen Deutungshorizonte ausgeweitet werden. Infolge der Säkularisierung emanzipierte sich das wissenschaftliche Denken von religiösen und mystischen Vorstellungen, was nicht zuletzt zum Erfolg der Naturwissenschaften beigetragen haben mag. Hierdurch wurde nicht nur dem Irrationalismus entgegengesteuert, sondern ebenso dem Anspruch entgegengewirkt, die Welt aus mystischen und archaisch naturrechtlichen Deutungen erfassen zu wollen, wie dies etwa in der Archetypenlehre des Schweizer Tiefenpsychologen Carl Gustav Jung behauptet wird, indem dieser ein künstlich unlösbares Problem zu einer „übervernünftigen" Antwort macht, die sich einer empirischen Beweisführung entzieht.[2] Der gleiche Irrationalismus liegt einem

Denken zugrunde, die Welt und die Stellung des Menschen apodiktisch aus der Schöpfungslehre heraus zu erklären, wie dies beispielsweise in christlich-fundamentalistischen Kreisen in den Vereinigten Staaten mittlerweile wieder üblich geworden ist.

Indes bildeten die Ideen der Aufklärung keinen ideellen Widerspruch zum monotheistischen Seinsverständnis, sondern überformten die bereits tief verwurzelte christlich-jüdische Ethik und gaben ihr gewissermaßen einen weltlichen Überbau, ohne sie jedoch in ihrem kulturellen Kern zu zerstören. Eine wirkliche Zerstörung des ethischen Kerns, dem gleichermaßen religiöse und säkularisierte humane Denkgewohnheiten innewohnen, blieb dem Totalitarismus des Dritten Reiches vorbehalten, indem dieser alle Werte und Normen auf den Kopf stellte. Die Ideen der Aufklärung versöhnten hingegen die christlich-humane Ethik mit den gesellschaftspolitischen Vorstellungen einer liberalen, toleranten und offenen Gesellschaft, in der sowohl die Gleichberechtigung der Frau, als auch die unveräußerliche Würde des Menschen, die als unantastbar gilt, einen Wert an sich darstellen. Säkularisierung bedeutete auch Religionsfreiheit und Freiheit von der Religion, insoweit der Staat seine normativen Begründungen nicht mehr religionstheoretisch ableitete.

Sigmund Freud hatte darauf hingewiesen, dass das Über-Ich-Ideal vor allem soziale Wertvorstellungen enthält, die den Grundtenor demokratischer und liberaler Verfassungen bilden sowie Gebote und gesellschaftliche Normenmuster, die durch die generative Weitergabe von kulturellen und sozialen Inhalten im gesellschaftlichen Kontext verankert sind und die kognitiv-kulturellen Standards einer menschlichen Gemeinschaft auf fast allen Ebenen wesentlich beeinflussen sollten. Die universale Gültigkeit der Menschenrechte darf daher in dieser Hinsicht als eine außerordentliche Errungenschaft des abendländischen Kulturprozesses angesehen werden. Trotz aller Einwände gegen die Notwendigkeit sozial wünschenswerten Triebverzichtes, wie sie gelegentlich von verschiedenen Kulturkritikern vorgebracht wurden, sah Freud dennoch im „Fortschritt der Geistigkeit" und somit in einer Einschränkung des Lustprinzips zugunsten des Leistungsprinzips den einzigen Weg, das Überleben einer zivilisierten Gesellschaft auf Dauer zu sichern. Für ihn war daher die Kultur und die mit ihr verknüpfte Zivilisation jener verletzliche Firniss, unter dem die destruktiven Kräfte des Menschen einigermaßen berechenbar bleiben. Jeder Bruch dieses fragilen Systems von humaner Kultur würde alle zerstörerischen Kräfte freisetzen, die eine zivilisierte Gesellschaft an den Rand ihrer Existenz bringen. Freud war der Auffassung, dass durch die Nichtbefriedigung und Verlagerung archaischer Triebwünsche mittels ihrer Sublimierung erst die kulturellen Leistungen entstehen können. Das psychische Kapital lasse sich demzufolge in kulturelle Leistungen investieren, statt in unmittelbarer Lusterfüllung. Aus dem Blickwinkel der Psychoanalyse betrachtet, enthüllt sich das Geheimnis der Sublimierung als das Geheimnis des bürgerlichen Kapitalismus im 19. Jahrhundert. Jene Prosperität des Frühkapitalismus konnte sich letztlich dadurch entfalten, indem auf kurzfristigen Gewinn verzichtet und stattdessen längerfristige Perspektiven der Maximierung von Produktionsbedingungen entwickelt wurden; also Investitionen in die Zukunft getätigt wurden, statt kurzfristigem „Lustgewinn". Analog dem Reichtum, der das Ergebnis des Sparens ist, ist die Kultur und die Zivilisation das Produkt der Triebversagung und einer Einschränkung des Lustprinzips zugunsten des Leistungsprinzips. Wenngleich Freuds Theorie auf den Vorstellungen des 19.

Jahrhunderts beruhte, so scheint doch unbestritten zu sein, auch im Hinblick auf die Gegenwart, dass die Zivilisation und deren Normen und kognitiv-kulturellen Verhaltensmuster sich erst auf der Grundlage eines Verzichtes archaischer Bedürfnisse und Verhaltensformen entfalten konnten. Trotz aller ideellen Perspektiven, welche die Sublimierung von archaischen Trieben dem Menschen bietet, ist der Bestand zivilisatorischer Verhältnisse stets gefährdet.

Historisch betrachtet bleibt festzustellen, dass die Beherrschung destruktiver Phänomene eher zu den Ausnahmeerscheinungen in der Entwicklung menschlicher Gemeinschaften gehört, wie uns die Geschichte zuweilen gelehrt hat, und die Regel der Sieg des Drachens über St. Georg ist und nicht, wie in der Legende, St. Georg den Drachen besiegt. Lediglich verheißt die Legende die Hoffnung auf eine Welt, in der das Gute über das Böse siegt, dem jedoch die historischen Erfahrungen entgegenstehen, ansonsten wäre es keine Legende, welche die Projektionen einer inneren Geschichte als unerreichbares Ideal-Ich in bildhafter Sprache schildert. Hierbei bedient sie sich Personen, die das positive alter ego unserer eigenen dunklen Seiten darstellen. Zwischen dem realen Ich und dem Ideal-Ich liegen scheinbar unüberbrückbare Gegensätze. Jedoch die Hoffnung auf eine bessere Welt liegt auch in einer Utopie des Vollkommenen.

Und somit wurde Freuds Hoffnung die destruktiven Regungen mittels Sublimierung im Rahmen eines kognitiv-kulturellen Kanons von Regeln und ethischen Standards einigermaßen in Schranken halten zu können, durch die Erfahrungen des ersten Weltkrieges mit seinem bis dahin nie gekannten Zerstörungspotential in Frage gestellt. Freud sah angesichts der zerstörerischen Kräfte, die im Ersten Weltkrieg freigesetzt und im Anschluss auf vielen kulturellen und gesellschaftlichen Ebenen zum Ausdruck kamen und sich im gesellschaftlich-kulturellen Kontext des beginnenden 20ten Jahrhundert bemerkbar machten, wie etwa das Aufkommen des italienischen Futurismus mit seiner Todesverherrlichung, daher nicht nur mehr den Lebenstrieb als ein libidinöses Aggregat des Unbewussten. Offenbar schien der Drang zum Tode und zur unbelebten Materie, welcher dem Leben entgegensteht, ebenso kraftvoll in der Psyche des Menschen seine Wirkungsweisen zu erfüllen.[3] Wie für viele andere auch, bedeutete für Freud der Erste Weltkrieg mit der Explosion unvorstellbarer destruktiver Kräfte das Ende der Illusion vom stetigen Fortschritt der Humanität. So warnte er davor, wenn die Sublimierung des archaischen Triebapparates der „bösen Gelüste" aufhört, dann zeige sich, dass die Menschen zu Taten von Rohheit, Tücke, Verrat und Grausamkeit fähig sind, deren Realisierung man mit ihrem kulturellen Niveau für unvereinbar gehalten hätte.[4] Übermächtig erschienen ihm die Destruktionskräfte der menschlichen Natur und sein Glauben an das gute und dem Grunde nach vernünftige Gelingen der menschlichen Geschichte verlor seinen Optimismus. Trotz aller gegenteiligen Erfahrungen war er dennoch versucht anzunehmen, dass jenseits aller religiösen Ideale die Sublimierungskraft des Menschen so- weit gediehen sei, dass sie das Böse und Abgründige in Schranken halten könne. Übersehen hat Freud, dass das Böse kein Begriff ist, sondern eine Bezeichnung für das Bedrohliche, welches dem freien Bewusstsein begegnet und von ihm getan werden kann, in freier Entscheidung und mit wachem Verstand. Und dieser kann die Zerstörung und die Grausamkeit wählen um ihrer selbst willen[5] und jenseits aller Möglichkeiten der Sublimierung. Denn auf die oftmals gestellte Frage, wo denn Gott in Auschwitz gewesen sei, könnte möglicherweise die Antwort lauten, dass Gott deswegen in Auschwitz nicht sein konnte, da man ihn vorher aus freiem Entschluss aus dem öffentlichen Leben verbannte und sich für sein Gegenteil, das absolut Böse entschieden hatte. In den unzähligen Opfern und demjenigen, was zu den Verbrechen führte, ist sein Einfluss zerstört worden und die Orientierung an göttlichen Geboten aufgegeben worden.

Die Zerstörung von Ethik und Moral
– Der Verrat am Ich-Ideal –

„Für den Historiker, der die Massenvernichtung der Juden zu verstehen sucht, ist der absolut einmalige Charakter dieser Katastrophe das schwerwiegendste Hindernis. Es ich nicht lediglich eine Frage der Zeit und der historischen Perspektive. Ich bezweifle, daß man in tausend Jahren Hitler, Auschwitz, Majdanek und Treblinka besser verstehen wird, als wir es heute tun. Wird man dann eine bessere historische Perspektive besitzen? Es könnte sogar das Gegenteil der Fall sein, daß die Nachwelt all das noch viel weniger versteht als wir."

(Isaac Deutscher, in: Saul Friedländer: Nachdenken über den Holocaust)

Die grundsätzliche Hoffnung die von der besseren „Natur" des Menschen ausging und für das Überleben der Menschheit unverzichtbar erscheint, hat der Nationalsozialismus gründlich widerlegt. Er hat das Bild vom Menschen der irgendwann einmal im Verlaufe seiner Geschichte zu Vernunft und Frieden kommen möge, als anthropologischen Irrtum aufgedeckt. Nietzsches sarkastischer Einwand gegen die Menschenwürde als bloße „Begriffs-Halluzination" ist von Hitler und den Nationalsozialisten zum politischen Programm erhoben worden. Menschenwürde ist kein Zustand a priori, vielmehr gilt es eine Entscheidung entweder dafür oder dagegen zu treffen. Hitler hat sich gegen die Menschenwürde entschieden, und zwar nicht bei Nacht und Nebel im Verborgenen, sondern in einer Konspiration aller destruktiven Kräfte am hellichten Tag auf der offenen Bühne der Gesellschaft und unter dem Beifall eines großen Teils der Bevölkerung einer bis dahin anerkannten Kulturnation. Hierin lag auch das unverständliche Erstaunen der übrigen Welt, die mit solchem nicht gerechnet hatte. Und nicht nur weil die nihilistische „Gegenreligion" des Nationalsozialismus - welche insbesondere von Himmler und Rosenberg vertreten wurde -, die ethischen und religiösen Ideale korrumpierten, sondern darüber hinaus auch die von Freud angenommene Fähigkeit zur Kultur, die jeglicher Barbarei entgegenstehen sollte, von Grund auf in Frage stellte. Hitler und die Nationalsozialisten haben in nie dagewesener Brutalität beweisen können, daß Kultur und die Traditionen von Ethik und Moral keine Hindernisse auf dem Weg in das absolut Böse darstellen und erst durch sie ist die Enthemmung der Moderne, vor der Max Weber warnte, Wirklichkeit geworden. Seither ist die humanistische „Gewißheit" verflogen.

Das Zeitalter der Moderne brachte die Anstrengung des Ungeheuerlichen auf, entgegen dem Phänomen der „heißen Gewalt", [6] die sich in Pogromen äußert, eine perfektionierte Methode der Massenvernichtung zu praktizieren, welche durch die Regeln eines bürokratischen Systems effizient und rational durchdacht mordete. Hitler hat sich hierbei nicht psychopathologischer Auswüchse der menschlichen Natur zu bedienen brauchen, sondern es waren vielmehr die ganz normalen psychischen Seiten des menschlichen Charakters, die zu solchem fähig waren.
War der Futurismus eines Marinetti, der den Tod und den Krieg verherrlichte und die literarische Ouvertüre zum Faschismus bildete in der auch Schriftsteller wie Ernst Jünger einstiegen nur ein dekadenter literarischer Schlag gegen das historische Erbe des Ich-Ideals,

oder ob sich reaktionäre Geister zu geistigen Sachverwaltern einer faschistoiden Staats-
rechtslehre etablierten, wie der Rechtsgelehrte Carl Schmitt, der das Führerprinzip zum
obersten Rechtsgrundsatz erhob und damit der späteren Massenvernichtung ideologisch und
juristisch den Weg ebnete, oder ob Soziologen vom Schlage eines Hans Freyer einer
technokratisch und seelisch entleerten Gesellschaftsvorstellung huldigten und hierbei noch auf
der Ebene spekulativer Theorie blieben, so bedurfte es erst eines politischen Trans-
missionsriemens um diese Ideenwelten Wirklichkeit werden zu lassen. Diesen lieferten die
Nationalsozialisten, indem sie diese nihilistischen Prospekte mit ihrer monumentalen Praxis
der Vernichtung als politisches Programm umsetzten. Zuvor waren es die vehemente
Verachtung demokratischer und liberaler Lebensentwürfe, die Intoleranz und die Ablehnung,
welche das Wien des beginnenden 20 Jahrhunderts der Psychoanalyse und des jüdischen
Kulturlebens entgegenbrachte und die Freuds Pessimismus verstärkten, einzig in der
Sublimierung der triebhaften Energie des Menschen den Ausweg aus seinen angeborenen
polymorph-perversen Veranlagungen zu sehen. Nach alldem, was in der Vergangenheit
geschehen konnte, wissen wir, daß sich die Folie der Entkulturation immer nur als eine dünne
Schicht erweist, die jederzeit unter gegebenen sozialen Umständen zerbrochen werden kann
und somit die destruktiven Kräfte die Oberhand gewinnen.

Den wohl größten und in seinen Ausmaßen verheerendsten Kulturbruch in der Geschichte der
Menschheit,[7] der mit dem vorläufigen Ende der Zivilisation gleichgesetzt werden kann,
verursachten die Nationalsozialisten mit ihrer verbrecherischen, bösartigen und perversen
Ideologie, mit der sie ihre Taten behaupteten. Ihre Ideologie bestand aus einer eklektischen und
demagogischen Synthese aller reaktionären und menschenverachtenden Tendenzen, die bis
dahin die deutsche Geschichte bestimmt hatte. Der deutsche Donner freilich, den Heine im
19. Jahrhundert vorausahnte, war mehr als ein vorübergehendes Gewitter der Weltgeschichte.
Er wurde indes nicht nur von den Nationalsozialisten vernommen, sondern erwuchs aus der
kollektiven Bereitschaft einer tradierten Kulturnation, die zugunsten hohler, chiliastischen
Versprechungen ihr kulturelles und vor allem ihr zivilisatorisches Erbe verriet, welches sich
über Jahrhunderte im christlich-abendländischen Verständnis herausgebildet hatte. Der von
Hitler und seinen Helfern und Vollstreckern in Gang gesetzter millionenfache Völkermord
brach mit allem, was der historische Kulturprozeß in jahrhundertlanger Entwicklung
hinsichtlich des Primats des Humanen als oberstes Ziel der Politik hervorgebracht hatte. Sie
setzten ein ungeheures Zerstörungswerk in Gang, bei dem Menschen, Städte, Länder, Werte,
Traditionen und Lebensformen vernichtet wurden und an deren Folgen, die zivilisierte Welt
heute noch leidet. Jenseits von Auschwitz kann die Idee des vollkommenen Seins nicht mehr
behauptet werden, da sie sich zukünftig daran messen lassen muß, wie groß ihr Abstand zur
gegenwärtigen Realität und zu dem ist, was Rüdiger Safranski das Nichts des moralischen
Infernos genannt hat. Auch der sogenannte Fortschritt der Kultur an der lange Zeit geglaubt
wurde, ist durch den Nationalsozialismus erstarrt, da dasjenige was ihn zur Erstarrung gebracht
hat, aus seiner ureigenen Tradition kommt. Die Zivilisation und die ihr innewohnende Kultur
haben sich durch einen langen Prozeß der kollektiven Sublimierung archaischer Urinstinkte in
kognitiv-kulturelle Standards entwickelt, die wir als die Substanz des Humanen anerkennen,
ohne daß das Barbarische, welches im Unbewußten schlummert, nie gänzlich zum Verstummen

gebracht worden wäre. Jedoch birgt die Zivilisation mit all ihren technischen und wissenschaftlichen Errungenschaften, ihrer Fortschrittsgläubigkeit und der Komplexität ihrer Strukturen schon immer die Tendenz, sich in ihr Gegenteil zu verkehren. Und so kann es unter bestimmten politischen Verhältnissen dazu kommen, daß sie dem Antizivilisatorischen nichts entgegensetzt, was den barbarischen Instinkten Einhalt gebietet. Wenn an die Stelle der Sinngebung des Lebens die Lust an der Macht und an der Vernichtung tritt, verwandelt sich die Welt in ein Labyrinth von destruktiven Instinkten und den Sublimierungstendenzen ist ein Ende gesetzt. Der Nationalsozialismus hat diese als verdrängt geglaubten Urinstinkte wieder zum Vorschein gebracht. Allerdings konnte er derartiges auch nur deswegen zustande bringen, weil in der Mitte des 19.Jahrhunderts im Zeichen einer ungehemmten Wissenschafts-gläubigkeit biologistische und naturalistische Menschen- und Weltbilder entworfen wurden, die einer beispiellosen Verwüstung und Verrohung des Denkens über den Menschen als Gattungswesen das Wort redeten und dessen Standort inmitten der Zivilisation immer mehr in Zweifel gezogen wurde. Stattdessen glaubte man einen Teil der Menschheit, den man zuvor für minderwertig erklärt hatte, umzubringen um damit der Menschheit als Ganzes zu dienen. Diesen elementaren Angriff auf die Menschheit, wie Hannah Arendt es nannte, hat erst die Moderne mit all ihren technischen und administrativen Möglichkeiten hervorgebracht. Individuen, Klassen und Völker haben sich im Verlaufe der Geschichte schon immer verfeindet und sind übereinander hergefallen. Historisch betrachtet ist das nichts ungewöhnliches, auch daß sie hierbei vor Gewalt und Grausamkeiten nicht zurückschreckten gehörte gewissermaßen zum menschlichen Dasein zwangsläufig dazu und durchzieht die Geschichte wie ein Automatismus. Aus der Verneinung anderer Menschen und Völker wird schließlich deren Vernichtung. Der Brudermord Kains an Abel zeigt den Urkonflikt der menschlichen Gewalt und des Hasses auf. Dieser äußert sich in Form von Neid und Mißgunst und durch ein inferiores Gefühl der Nichtanerkennung der eigenen Person durch eine höhere Instanz, die im Falle von Kain und Abel durch Gott verkörpert wird, der das Opfer Kains nicht anerkennt. Der Firniß der Kultur und eines vernünftigen Umganges der Menschen untereinander erwies sich auch in früheren Epochen der Menschheitsgeschichte als äußerst dünn und verletzbar. Oftmals konnten nur strenge Regeln, drakonische Strafen und eine arretierte gesellschaftliche Struktur von Rollen und zugewiesenen sozialen Positionen das soziale Gefüge einigermaßen zusam-menhalten. Über allem thronte eine Obrigkeit, der göttliche Befugnisse eingeräumt wurde und die alles unter ihr kontrollierte. Gleichwohl lagen hierin die Ursachen späterer Verrohungen, die im Zuge der Aufklärung und Emanzipation des Individuums deren humane Ideen ins Gegenteil verkehrten. Neu aber ist, daß ganze Völker und Rassen vernichtet wurden, um damit das weitere Überleben der Menschheit zu sichern. Dieser vulgäre Sozialdarwinismus konnte sich nur unter den ideologischen Voraussetzungen des modernen Zeitalters und mit der Maschinerie hochmoderner, arbeitsteiliger und hochspezialisierter gesellschaftlicher Struk-turen durchsetzen.

Erklärtes Ziel Hitlers war wie er einmal gegenüber Rauschning – dem Senatspräsidenten von Danzig – versicherte, den Prozeß der Zivilisation, den er für einen Irrweg hielt, wieder rückgängig zu machen und in sein Gegenteil zu verkehren.[8] Für ihn war das biblische Tötungsverbot ein anthropologischer und moralischer Irrtum, da es die Durchsetzung der stärksten und gesündesten Rassen und Völker verhindere. Dadurch, daß er das ursprüngliche

Trägervolk der universalistischen Ethik, das jüdische Volk, ausrotten wollte, glaubte er auch, die durch das Volk Israels in die Menschheit gebrachte Instanz der Zehn Gebote aus der Welt zu schaffen. Zugleich verband er hiermit einen Anschlag auf die menschliche Gewissensinstanz, denn er behauptete, daß das Gewissen eine jüdische Erfindung sei und dem unausweichlichen Überlebenskampf der Kreaturen im Wege stehe. Die Metaphysik des Gewissens stand seiner Absicht der ethnischen Entvölkerung ungebetener Rassen im Wege, zu deren Beseitigung eine „Technik der Entvölkerung" entwickelt werden mußte. Um diese Technik der Entvölkerung zu betreiben, bedurfte er eines Menschentypus, der über kein Gewissen mehr verfügte, dem Skrupel und moralische Zweifel unbekannt waren, da dieser sich nur als Teil einer umbarmherzigen Natur zu begreifen hatte. Nicht mehr die Ideale eines christlich-jüdischen Menschenbildes sollten das Universum beherrschen, sondern in seinem manichäischen Denken des Hell und Dunkel als ständig streitende Weltmächte gab es in seinen Augen nur den Sieg der arisch-heidnischen Lichtgestalt, des germanischen Übermenschen, der hinter allen Errungenschaften des Kulturprozesses zurückgefallen war. Für Hitler sollten die Tafeln von Sinai ein für allemal ihre Gültigkeit verlieren. Seine politische Absicht war es, dahin zurückzukehren, wo der Mensch sich nicht weniger als eine Bestie begriff, die, wie alle übrigen Lebewesen inmitten der grausamen Natur im Kampf untereinander sich zu behaupten hatte. Alles an objektivem Geist, der den Menschen zu einem vernunftbegabten Wesen ausstattete, war ihm, Rauschning zufolge, bloße „Humanitätsduselei"; statt dessen wollte er in planetarischen Ausmaßen das „Recht" auf Völkerausrottung wiederherstellen, da er, angesichts der schrumpfenden Lebensräume, den Selbstbehauptungskampf der völkischen und rassischen Menschengruppen für unvermeidbar hielt. Indem er die Natur in der Unerbittlichkeit des Daseinskampfes ihrer Lebewesen zum Paradigma seines Rechtsempfindens erhob, bestand er auf eine Anthropologie die sich ausschließlich an rassisch-biologischen Kriterien orientierte. Seine Obsessionen des bedingungslosen Ausleseprozesses sah er nicht alleine in seinem politischen Programm oder pseudoreligiös begründet, auf die er sich in Bezug auf die vermeintliche Vorsehung während seiner politischen Laufbahn unentwegt berief. Er gab vielmehr vor, durch die von ihm bemühte Vorsehung dazu berufen zu sein, die Gleichheit der unterschiedlichsten Völker und aller Menschen aufzuheben, um sich damit im Widerspruch zur historischen Ethik der Gleichheit des Menschlichen vor Gott und dem Universum zu setzen. Damit zerstörte er, bereits durch seine Ideologie, von vorneherein eine der elementaren Grundlagen der Zivilisation, die sich auf die biblische Aussage beruft, daß das eigene Volk „und der Fremde gleich" sein werden „vor dem Ewigen". Denn jenes biblische monotheistische Gottesbild, auf das sich die christlich-jüdische Tradition berief, ist keine Arithmetik des Göttlichen, sondern, wie Levinas zu Recht behauptet, „die vielleicht übernatürliche Gabe, den Menschen hinter der Verschiedenheit der historischen Traditionen, die jeder einzelne fortsetzt, als absolut dem Menschen gleich zu sehen".[9] Es war unschwer abzusehen, daß diesem nihilistischen Sendungsauftrag einmal entsprechenden Taten folgen würden, wenn die Umstände dies ermöglichten. Das, was Hitler und sein System angerichtet haben, war weitaus mehr als nur ein Kulturschock. Er wußte die Ideologie des Nationalsozialismus mehr als nur eine germanophile religiöse Ersatzform auszudeuten, wovon Himmler und Rosenberg gelegentlich träumten, sondern er verstand sie darüber hinaus als missionarisches Programm und den unerbittlichen Willen zu einer neuen Menschenschöpfung. In diesem dämonischen

„Schöpferwillen" verstand er seine persönliche Mission, die sich seit den Anfängen seiner politischen Tätigkeit in ihm festgesetzt hatte. Auf seine nähere Umgebung machte er daher den Eindruck eines Besessenen, der sich zwischen Phasen steigernden rednerischen Furor und einer fast wesenlosen Erschöpfung bewegte. Wenngleich auch vieles an seinen öffentlichen Auftritten Maskerade und schauspielerisches Talent schien, so brachen dennoch diese Eruptionen aus einem tiefsitzenden fanatischen Eifer hervor, mit der er unablässig seine privaten Phantasmagorien politische Wirklichkeit werden lassen wollte. Jedoch alle Versuchungen ihn als einen Wirrkopf zu bezeichnen oder ihn als „schwachen" Diktator zu bezeichnen, laufen ins Leere und vermögen nicht das eigentliche Kalkül seines Machtstrebens aufzudecken. Sie werden schon alleine aus seinen Taten heraus widerlegt, die ein Wirrkopf in der Regel nicht in diesem Umfange begehen kann Bei aller schwankenden Unentschlossenheit und Zögerlichkeit, die er anläßlich politischer Entscheidungen an den Tag legte, war umso erstaunlicher die ungebrochene Dynamik seines stets zielgerichteten Vernichtungswillens. Und trotz aller Hysterie und bedrohlichen Präsenz besaßen seine, nach außen hin abstrusen Wahnsysteme die seiner Persönlichkeit eigen waren und die sein gesamtes politisches Wirkungsfeld bis zuletzt bestimmten, dennoch organisierte, innere Strukturen einer grausamen Handlungsstrategie. Und das Erschreckende hieran ist, daß alles das, was er hierdurch in Szene setzte, mit relativer Leichtigkeit und ohne nennenswerten Widerstand seiner unmittelbaren Umgebung zustande kam. Wenngleich Historiker, wie beispielsweise Mommsen, immer wieder die kumulative Radikalität durch das Gegeneinander- und Zusammenwirken der einzelnen Entscheidungsträger und Institutionen als dynamisches Element zum Holocaust betont haben, so darf nicht übersehen werden, daß hinter alledem ein entschlossener Wille stand, der diese Szenarien erst ermöglichen konnte. Diesen aber zu übersehen, würde bedeuten, die Geschichte nachträglich in ein Geschehenes zu verwandeln, welches der beunruhigenden Tatsache aus dem Wege geht, daß es bisweilen auch Gestalten gibt, die in dämonischer Weise Geschichte machen.

Normalerweise führen der Wahn und das, was ihn trägt, die imaginäre Welt seiner Gedanken, Obsessionen und Phantasiegebilde, das Individuum in eine randständige Einsamkeit. Sie machen es zum gesellschaftlichen Außenseiter, zu einem Fall der Psychiatrie. Der Wahn schließt den Betroffenen gewissermaßen aus der menschlichen Gemeinschaft aus und stempelt ihn zum absonderlichen Narren. Hitler konnte der Gefahr einer drohenden Persönlichkeitsdiffusion dadurch entgehen, indem er seinen Wahn politisch exkulpierte und somit zur Gefahr für die Menschheit wurde. Ihm war es im Einklang mit den kollektiven Phantasmagorien seiner Epoche vorbehalten, seinen Wahn zu vergesellschaften. In dieser historischen Koindizidenz liegt mehr verborgen als nur die Tatsache, daß es einem einzelnen gelingen konnte, auf Kosten der anderen seine Psychopathologismen auszuleben, sondern weit mehr erhellt sich hierin die erstaunliche Pathologie einer ganzen Kulturnation, die seinem Wahn bis zuletzt folgte. Der Psychoanalytiker Helm Stierlin kommt in seinen Untersuchungen zu dem Ergebnis, daß Hitler seinen Wahn in ein politisches System transformierte, indem er den Haß auf seinen Vater, mit dem er seine Mutter für die erlittenen Demütigungen rächen wollte, auf Deutschland als mütterliches Objekt übertrug; und so wie er gemäß seiner ambivalenten mütterlichen Beziehung die Mutter zerstörte, indem er sie einer schmerzhaften Krebstherapie aussetzte, schließlich auch das Projektionsobjekt zerstören mußte Die väterliche

Beziehung spiegelte in Hitlers Wahnsystem den „ewigen Juden" wider, dem Zerstörung und Demütigung Deutschlands unterstellt wird, so wie der Vater Hitlers die Mutter demütigte. Hitlers Wahnsystem ist ein extremes Beispiel dafür, wie durch die pathologisch anmutenden Obsessionen eines einzelnen Geschichte entsteht und gesteuert wird. Es sind eben nicht nur die strukturellen und gesellschaftlichen Faktoren, die in einer Art kumulativer Energie den qualitativen Umschlag eines Systems bewirken. Eine gesellschaftskritische Analyse müßte dahingehend aufzeigen, welche Kräfte diesen Wahn haben Wirklichkeit werden lassen und auf welche kollektiven Bedürfnisse er letztlich zurückzuführen ist.

Moralische Verwerfungen der Moderne

Jener historische Kulturbruch geschah unter den technischen und rationalen Voraussetzungen, welche die Moderne unter dem Primat des industriellen Fortschritts entwickelt hatte. Erst in dieser Epoche, mit ihren aus den Fugen geratenen Ideenwelten und biologistischen Menschenbildern, war es möglich geworden, die rational organisierten Strukturen von staatlichen Institutionen und modernen Bürokratien als Mittel zur Durchsetzung irrationaler Entwürfe in deren Gegenteil zu verkehren. Max Weber ahnte, daß die auf Vernunft gegründete Rationalität sich leicht gegen ihre eigenen Voraussetzungen richten und jene Züge von Irrationalität annehmen könnte, so daß der „entzauberten" Moderne die Wiederverzauberung mit rationalen Mitteln droht und die Vernunft sich gegen sich selbst wendet. Die Paradoxie der Moderne bestand darin, daß sie bei allem technischen und organisatorischen Fortschritt die Fähigkeit verloren hatte, über die Irrationalität, welche in ihren autoritären und teils mystischen Weltbildern der Vernunft zuwiderliefen und dem Menschen neue Unfreiheiten aufbürdete, zu reflektieren. Somit führte der technische Fortschritt, der doch eigentlich die Befreiung des Individuums aus unmenschlichen Verhältnissen im Auge hatte, in gewisser Weise zu einer Art selbstverantworteten Unfreiheit, da die Sachzwänge des Technischen, dem Menschlichen übergeordnet, einen Totalitarismus beförderten, der, wie Hannah Arendt ausführte, erst durch die industrielle Massengesellschaft möglich wurde. In dieser Epoche der Ungleichzeitigkeit des Gleichzeitigen, wo die moralische Evolution hinter dem technischen Fortschritt zurückfiel, liegt das eigentliche Problem und die Quelle inhumaner Ideen, die unter den gesellschaftlichen Verwerfungen der Moderne zum Ausdruck gelangten. Alles dasjenige, was Max Weber als Kennzeichen der Moderne bezeichnet hatte – Bürokratisierung, Arbeitsteilung, Effizienz, Versachlichung der Verwaltungsapparate und gesellschaftlichen Institutionen, Reduzierung der Moral auf die Privatsphäre und damit die Trennung von sozialer und privater Rolle, Entmoralisierung der Arbeit und statt dessen Produktpräferenz und exklusiv getrennte Arbeitsvorgänge –, wurde auf die Durchsetzung der mörderischen Ziele der Massenvernichtung übertragen.

Hitlers und gleichfalls Himmlers Absichten waren hierbei, gemäß dieser Strukturen, den Antisemitismus nicht als bloße Gefühlserscheinung zu betrachten, die sich in gelegentlichen Pogromen äußert, sondern ihn als Antisemitismus des „kalten Verstandes" in systematischen Abfolgen und mit den Mitteln technischer Rationalität bis zu seinem Endpunkt, der Vernichtung der Juden überhaupt, zu betreiben. Obgleich die Nationalsozialisten mit ihrer Vision von der Volksgemeinschaft gegen die Entfremdungstendenzen einer modernen

Gesellschaft ankämpfen wollten und hiermit an den gesellschaftsfeindlichen Denkmustern des beginnenden 20. Jahrhunderts anknüpften, pervertierten sie selber die Moderne, indem sie sich zwar deren Strukturen bedienten, aber in diesen Strukturen und Denkmuster spielten freilich Individualität und universalistische Moral keine Rolle mehr. Insofern war der Holocaust nur unter den entfremdeten Bedingungen der Moderne möglich, indem die Moral durch zweckrationales Denken und Handeln ersetzt wurde. Erst die Moderne machte solche inhumanen Ideen möglich, welche Hannah Arendt einen Angriff auf den Menschen genannt hat, aus vorgetäuschten zweckrationalen Gründen eine Rasse umzubringen, damit der Bestand der Menschheit auf Dauer gesichert würde. Die Moderne erst schuf auch ein politisches System, welches die Mittel und die Maschinerie einer hochmodernen Gesellschaft hierzu einsetzen konnte und somit die Vernichtung planmäßig verwirklichte. Ebenso brachte sie in ihrem technologischen Verständnis jenen Menschentypus hervor, der sich diesen Vernichtungsaufgaben rational und funktional unterwerfen konnte. Das nationalsozialistische Regime indes bedurfte letztlich auch nicht der Zustimmung der Massen, die zum Entstehen solcher totalitärer Herrschaftsformen die Voraussetzung bildeten. Allerdings sind die Strukturen der Moderne noch kein hinreichender Grund für die planmäßige Vernichtung von Millionen Menschenleben. Entscheidend war, daß ein Wille existierte, der den Massenmord plante, organisierte und durchführte und zudem die Bereitschaft mitbrachte, sich von allen bisherigen ethischen und moralischen Paradigmen zu verabschieden und eine neue „Moral" zu etablieren welche die Mittel zum Zweck legitimierte. Insofern war der Holocaust auch nicht die zwangsläufige Fortsetzung der gewöhnlichen Tradition des Antisemitismus in Europa und insbesondere im Deutschen Reich. Er war nicht gewissermaßen „organisch" und auch nicht unbedingt historisch aus den herkömmlichen gesellschaftlichen Strukturen erwachsen, so problematisch diese auch gewesen sein mögen. Der Holocaust war entgegen der Behauptung Daniel Goldhagens, ein „Bruch im Kontinuum der Zeit"[10].

Der von Goebbels inszenierte Pogrom der sogenannten „Reichskristallnacht" hatte nicht die populäre Wirkung ausgelöst, welche die Machthaber erhofft hatten. Mehr oder weniger stand die Bevölkerung dem Ganzen teilnahmslos gegenüber. Es war der letzte Versuch des Regimes, die Vernichtung der Juden als populistische Veranstaltung vor den Augen der übrigen Gesellschaft und an Ort und Stelle in Szene zu setzen. Doch dieser Versuch mißlang, der Himmler veranlaßte, festzustellen, daß jeder Deutsche seinen anständigen Juden habe, den man von der allgemeinen Rassenpolitik auszunehmen hätte. Mit der Mehrheit der Bevölkerung war die Vernichtung der Juden nicht im eigenen Land durchzuführen. Es gibt daher unter den Historikern die nicht unbegründete Annahme, daß diese Erkenntnis auch dazu beigetragen hat, daß fast ein Jahr später Hitler mit dem Überfall auf Polen den zweiten Weltkrieg vom Zaune brach, um im Schutze der Front und des Kriegsgeschehens den geplanten Holocaust in Gang zu setzen. Zunächst noch durch die Erschießungsaktionen, die als Partisanenbekämpfungen getarnt wurden, späterhin durch die Gettoisierung und anschließender Deportation in die Vernichtungslager im Osten. Da die Vernichtungsaktionen in die Kriegsgeschehen einbezogen und als militärische Aktionen ausgewiesen wurden, verlieh man ihnen den Status scheinbarer Notwendigkeit oder gar Legitimation unter spezifischen militärischen Sachzwängen, deren Eintreten man nicht vorhersehen konnte, wie der SS-Offizier Ohlendorf vor dem Nürnberger Kriegsverbrecherprozeß aussagte. Es war der Versuch, die Vernichtungsaktionen aus dem allgemeinen Kriegsgeschehen heraus sachlich zu begründen, um den Tätern eine schuld-abweisende Entlastung zu bieten.

Den Pogromen wurde auch deshalb eine Absage erteilt, da sich durch sie nicht die „rassische Flurbereinigung"[11] durchführen ließ und von denen behauptet wurde, daß die Juden die Auslöser hierzu gewesen seien, wie Hitler bereits 1919 erklärte. Im Gegensatz zu den mittelalterlichen Pogromen, in denen immer wieder der antijudaistische Haß unkontrolliert hervorbrach, war der Holocaust das Ergebnis einer durchrationalisierten und industriellen Organisation. Der Pogrom, in welchem noch der historische Antisemitismus sein populistisches Ventil fand, wurde durch Organisation und System ersetzt. Der Massenmord im Dritten Reich ist daher ein Beispiel für die Verwandlung der Gewalt in rollenspezifische Handlungsmuster unter den Bedingungen des modernen Zeitalters und damit die Abspaltung der Persönlichkeit in einen gesichtslosen „homo sociologicus", der seine Tätigkeiten im Hinblick auf moralische Konsequenzen nicht mehr weiter hinterfragt, um somit sein Handeln in einer gewissen Distanz zu seinen Gefühlen durchführen zu können. Hierzu gehörte nicht ausschließlich blinder Haß, sondern weitaus mehr gefragt war wissenschaftlicher Erfindergeist und hochdifferenzierte und dem Zweck entsprechend ausgeklügelte Technik, wie beispielsweise im Falle der Firma Topf aus Erfurt, deren Ingenieure stets neue Verbrennungskapazitäten ihrer Krematoriumsöfen entwickelten. Vor allem aber bedurfte es eines Personals, das die Sekundartugenden der Industriegesellschaft restlos und ohne irgendwelche Vorbehalte verinnerlicht hatte; Pflichterfüllung, Effizienz und Sachlichkeit galten als die vornehmlichsten Eigenschaften, über die die Techniker und Bürokraten der Vernichtung verfügen mußten.

Zahlreiche Verhöre und Befragungen im Zuge der Kriegsverbrecherprozesse haben ergeben, daß die Täter sich überwiegend frei von persönlicher Schuld fühlten und mitunter sogar ihr Handeln als rechtmäßig empfanden. Da sie das verbrecherische ihrer Handlungen nicht erkennen konnten oder wollten, muß ihnen leider zugestanden werden, daß sie dies nicht aus Strafvermeidung taten, sondern weil es ihrem rigiden moralischem Verständnis entsprach und sie davon restlos überzeugt waren. Ihre Institutionen und ihre Organisation, in denen sie involviert waren, funktionierten nicht nur wie eine Industrie, sondern sie waren eine Industrie, eingebettet in den politischen und wirtschaftlichen Zusammenhang der übrigen Gesellschaft, und fanden daher eben nicht in einem nebengesellschaftlichen Kontext statt. Die Konzentrationslager waren riesige Fabrikanlagen im doppelten Sinn. Zum einen dienten sie der industriellen Massentötung und die Strategien und methodischen Abläufe, die hierzu entwickelt wurden, entwarfen die Techniker und Bürokraten des Todes in einer ähnlichen Weise, wie Manager und Techniker dies normalerweise in wirtschaftlichen Betrieben tun. Dokumente haben belegt, daß man sich ebenso selbstverständlich darüber unterhielt, Tötungskapazitäten zu erhöhen und die Effizienz zu steigern, wie man sich in normalen Wirtschaftsbetrieben über die Steigerung bestimmter Produkte informiert. Zum anderen waren die Konzentrationslager tatsächlich industrielle Anlagen als Todesfabriken im wahrsten Sinne des Wortes, in denen die Gefangenen ihrer Vernichtung durch Arbeit zugeführt wurden. Die Visionen des Alban aus E.T.A.Hoffmanns MAGNETISEUR, dessen ungehemmte Machtträume, die Welt und ihre Menschen bis ins Letzte zu beherrschen, verwirklichten die nationalsozialistischen Täter und Helfer in den Konzentrationslagern. Diese dienten dem totalitären Herrschaftsapparat als experimentelle Versuchslaboratorien zum Nachweis darüber, ob Menschen - die Opfer sowohl auch die Täter - total beherrschbar und verfügbar sind. In immer perfekteren organisatorischen und technischen Abläufen wurde durch eine Logistik des Todes der Beweis erbracht, daß alles Vorstellbare auch machbar werden kann. Jene medizinischen Experimente, deren Ungeheuerlichkeiten in den Ärzteprozessen in Nürnberg zur Sprache kamen, gehörten ebenso dazu, wie die rational durchgeführten Vernichtungsaktionen und die anschließende fabrikmäßige „Entsorgung" der Leichen. Eingedenk der Erfahrung, daß Verbrechen umso unbegreiflicher erscheinen, wenn sie in einem Ausmaß begangen werden, welches jede Vorstellungskraft übersteigt, fanden die Nazis es zweckmäßig, sie in eben diesen scheinbar unrealen Dimensionen zu begehen. An diesen unwahrscheinlichsten aller denkbaren Maßstäbe scheitern verständlicherweise alle Sanktionen, die in einem Rechtssystem möglich sind. So garantierte die Ungeheuerlichkeit dieser Verbrechen, daß den Mördern, die sich mit Lügen versucht haben herauszureden, eher Glauben geschenkt wurde, als den überlebenden Opfern, „deren Wahrheit den gesunden Menschenverstand beleidigt".[12] Schon alleine wegen dieses absurden Umstandes, konnten sich die Täter sicher fühlen, da daß, was sie angerichtet hatten, sich einer realen und üblichen Vorstellungskraft entzieht. Ihre Taten schufen eine irreale Welt, die an Stelle einer vorstellbaren Wirklichkeit der Lüge und Täuschung den Vorrang einräumte. Und je länger der Massenmord andauerte, umso mehr wurde aus der Schattenwelt des Unvorstellbaren Wirklichkeit, die den Alltag des Regimes und dessen Täter beherrschte. Was sich dem gesunden Menschenverstand widersetzt, ist die traurige Tatsache, daß alles erlaubt und möglich ist was ein normaler Mensch nicht glauben mag, da sonst seine Hoffnung in das Menschliche an sich zerbricht. Deswegen versagen bei der Beschreibung solcher Untaten die üblichen Vorstellungen, die wir über Verbrechen im Allgemeinen besitzen und den Abartigkeiten menschlichen Verhaltens. Die Nationalsozialisten haben an dieser Stelle das Bild des Menschen bis zu seiner Unkenntlichkeit zwar verzerrt, aber die Unkenntlichkeit ist ebenso eine Tatsache geworden, wie die Ungewißheit der Zivilisation. Die Vernichtungslager des nationalsozialistischen Totalitarismus dienten nicht nur der Vernichtung von Menschen, die das Regime als minderwertig und feindlich erklärt hatte, sondern auch dazu, sie schlechterdings überflüssig zu machen, da sie für das Regime nicht mehr darstellten, „als reaktionsbegabte Erfüllungen von Funktionen, deren unterste und daher zentralste die rein tierischen Reaktionen bilden". Worum es den Nationalsozialisten ging, war nicht ausschließlich ein despotisches Regime über Menschen zu errichten, sondern ein System, durch das Menschen überflüssig gemacht werden".[13] Den Handlangern und Henkern dieses Systems war es daher erlaubt, moralische Skrupel, die normalerweise dem menschlichen Leben entgegengebracht werden, beiseite zu schieben, ohne auch nur im entferntesten daran zu denken, daß sie zu gegebener Zeit selber der Vernichtung anheim fallen könnten.

Der nationalsozialistische Massenmord hat deutlich gemacht, daß innerhalb des technisch rationalen Komplexes und der ihm zugrundeliegenden Mentalität auf der Basis eines reduzierten moralischen Bewußtseins jederzeit und unter unterschiedlichen politischen Voraussetzungen auch entsprechendes technisches Potential zur Verfügung steht, sogar für die Vernichtung von Millionen von Menschen. Der einzige gültige Maßstab hierbei war die Frage nach der Machbarkeit und Durchführbarkeit solcher ungeheuerlichen Verbrechen. Und eben diese industriell-verwaltungsmäßige Durchführung ließ die moralische Hemmschwelle sinken und an deren Stelle entstand ein pervertierter Moralbegriff, der diese Tötungen vor dem eigenen Gewissen rechtfertigte.

Die Zeitströmungen der aufbrechenden Moderne des 20. Jahrhunderts, die neben einer gründlichen Regression des Moralischen auch sozialen und technischen Fortschritt mit sich brachten, wurden durch die nationalsozialistische Politik zu deren reaktionären Erscheinungsformen transformiert und hatten nichts mehr gemein mit den modernistischen Vorstellungen sozialistischer und gewerkschaftlicher Gesellschaftsentwürfe, die den Menschen in den Mittelpunkt des Produktionsprozesses stellen wollten. Technischer Fortschritt wurde in regressiver Absicht den rückwärtsgewandten Zielen nationalsozialistischer Politik unterworfen und damit seiner ursprünglichen humanen Absicht entgegengestellt. Deren „Programm" verfolgte gleich mehrere Ziele, indem der Anspruch erhoben wurde alle politischen und gesellschaftlichen Lebensfragen, gewissermaßen „unpolitisch", an den Errungenschaften eines historischen Emanzipationsprozesses vorbei, zu lösen. Zugleich überbrückte es den gesellschaftlichen Konflikt zwischen technischem Fortschritt und technikfeindlicher NS-Ideologie, die sich allenfalls als „stählerne Romantik" verstand und von die gelegentlich Goebbels sprach. Diese eigentümliche Mischung von robuster Zeitgemäßheit, leistungsfähiger Fortgeschrittenheit und romantisierendem Vergangenheitsrekurs auf die germanischen und völkischen Urbilder, war sowohl das Charakteristische und zugleich Bedrohliche am Erscheinungsbild des Nationalsozialismus als Weltanschauungslehre, wie Thomas Mann am Ende des Zweiten Weltkrieges feststellte. Der Nationalsozialismus war demnach diejenige spätbürgerliche Herrschaftsform, welche die inhumanen und irrationalen Zwecke ihrer Ideologie mit ebenso rationalen, in ihrer Praxis jedoch terroristischen Mitteln von Gewalt und Vernichtung aufrechterhielt. Ihre Politik war daher eine Politik irrationaler Gewalt und eine endgültige Absage an die genuine Aufgabe von Politik schlechthin, nämlich im Sinne Hannah Arendts, der Humanitas verpflichtet zu sein.

Jene unvergleichliche Demontage aller zivilisatorischen Werte und Eigenschaften, die Hitler und die Nationalsozialisten vollführten, hat in erschreckender Weise deutlich gemacht, daß auf die moralischen Errungenschaften des abendländischen Kulturprozesses kein Verlaß ist und die „Dämonen" der Irrationalität jederzeit aus ihren archaischen Höhlen hervortreten können und einen Abgrund sichtbar machen, der, um es theologisch zu formulieren, die Hölle ist. Oder anders formuliert, daß die tradierten ethischen und moralischen Skrupel offensichtlich nicht jene Widerstandskraft aufweisen, um sich gegen derartige Verirrungen des Geistes zu behaupten. Daß ein solcher Kulturbruch möglich sein konnte, ausgelöst durch den dämonischen Voluntarismus einer Person, antizipierte bereits im 19. Jahrhundert der Dichter E. T. A. Hoffmann durch die Gestalt des „Magnetiseurs", der das Prinzip schrankenloser Macht verkörpert und sich zwischen den magnetischen Polen der Machtlust und des Ich-Verlustes bewegt. Seine Macht bezieht er aus einer „Hypermoral",[14] die über alle andere Moral steht und die sich nicht nur über alle gesellschaftlichen Konventionen erhebt, sondern auch dem absolut Bösen zu Diensten sein kann. Hoffmanns Magnetiseur Alban löst alles auf, indem er das Universum vom Sinn des Lebens und von der Moral entzaubert, diese überflüssig macht. Anstelle von Lebenslust treten die Lust nach Macht und der stete Drang über alles und jeden zu herrschen und es seinem Willen zu unterwerfen. Alban bewegt sich in einem Spannungsfeld zwischen Machtlust und Ich-Verlust, einer vollständigen Dissoziation und Auflösung aller sozialen Formen. Und je mehr der Typus des Magnetiseurs sich selbst entfremdet und seine Identität zerfließt, umso mehr verfällt er dem Machtrausch, alles um sich herum in leblose Materie zu verwandeln. Über ihm ist nichts mehr, denn er selber ist die Macht, die umso größer wird, je mehr er die Masse unterjocht. Hoffmanns Alban verkörpert die totale Figur des Antisozialen, der aufgetreten ist, alles um sich herum zu zerstören und es bis zur Unkenntlichkeit der bisherigen Gestalt seiner Pathologie anzugleichen. Hoffmanns Figur wird zum Leitbild des seelenlosen „Maschinenmenschen" im zwanzigsten Jahrhundert und insbesondere desjenigen Typus, den wir in den Todeszonen der Himmlerschen SS wiederfinden. Albans pathologische Parallelwelt, der ungezügelte Größenwahn seiner Allmacht sind die Maßstäbe, nach denen auch der Nationalsozialismus und Hitler verfuhr. Seine wahnhaften Ideenwelten welche seine destruktiven politischen Handlungen begleiteten, sind die Abbilder seiner eigenen ungezügelten pathologischen Machtlust. Was bei E. T. A. Hoffmann als phantasievolle Dichtkunst gemeint war und er hiermit seine Obsessionen noch in die Sphären von Literatur hinüberrettete, wurde mit Hitler personifizierte Wirklichkeit. Hitler durfte seinen Wahn am konkreten Objekt ausleben. Über ihm war nichts, und er selber sah sich als Autorität dieser Hypermoral in der grenzenlosen Ödnis eines leeren Raumes, in dem es keine Werte mehr gab. Auch er berief sich in seinen Vorstellungen von der Ausmerzung unwerten Lebens oder rassisch Minderwertigen auf diese abstrakte Hypermoral, die gewissermaßen losgelöst von allen konventionellen Bindungen, nicht nur den mörderischen Vernichtungskonzeptionen die Legitimation zulieferte, sondern zugleich der Entwurf einer neuen Menschenschöpfung war, die über allem und jedem stand.

Indem Hitler und die Nationalsozialisten das Böse zum Zentrum ihrer Politik machten, fiel eine bis dahin anerkannte Kulturnation in die finsterste Barbarei zurück. Aus der Perspektive kollektivpsychologischer Analyse bedeutete dies die totale Realisierung des Todestriebes als politisches Programm und eine zynische Absage an die menschliche Zukunft durch ein Staatswesen, für das es in der Geschichte der modernen Staatsgebilde nur wenige Beispiele gibt.[15] Aber die nationalsozialistische Realisierung des Todestriebes, den Erich Fromm als psychologisches Merkmal faschistischer Politik benannte, war mehr als nur eine faschistische Spielart totalitärer Herrschaftsform, für die er gelegentlich gehalten wird. Abgesehen davon, daß er in seinen rassenpolitischen Vorstellungen über den Faschismus als politische Herrschaftsform hinausging, zerstörte der nationalsozialistische Völkermord die Vorstellungen, daß humane Bildung und Sozialisation ausreichen würden, auf Dauer einem Menschenbild zu entsprechen, in welchem humanes Denken und Handeln die Normalität sei, zumal die „vereinten sittlichen Kräfte", wie Goethe die Gemeinschaft humanistisch Gesinnter bezeich- nete, dem nationalsozialistischen Furor nichts entgegen zusetzen hatten. Auch sie konnten nicht verhindern, daß Millionen von Anhängern ihre sozialen Vorstellungen von Moral und Anstand nicht mehr an den Errungenschaften der historischen Ideale des abendländischen Kulturprozesses orientierten, sondern sich einer nihilistischen „Über-Ich-Instanz" unterwarfen, obwohl diese über Generationen die Bildungsinhalte humanistischer und bürgerlicher Erziehung die Ideenwelten von Literatur, Kunst und mitunter auch von Politik ausgefüllt hatten. Hitlers Obsessionen haben die traditionelle Vorstellung der Deutschen, daß die Kultur vor jeder

Politik stehe und ihnen sicheren Halt geben würde, zunichte gemacht. In Wahrheit war es eine nationale Selbstlüge, welche den Vorrang der Kultur vor den „ordinären Niederungen" des Politischen sah und zugleich die deutsche Kultur über jede andere stellte. Selbst ein so luzider Beobachter politischer und gesellschaftlicher Prozesse wie Thomas Mann unterlag zeitweise diesem Irrtum, indem er in seinen *Betrachtungen eines Unpolitischen* die literarische Verinnerlichung der Demokratie entgegenstellte. Dadurch, daß sich ein hemmungsloser Nationalismus der bürgerlich-aufgeklärten Kultur bemächtigte, zerstörte diese ihre eigenen Grundlagen und konnte einer so verbrecherischen Politik nichts mehr entgegensetzen, geschweige denn, dem einzelnen identitätssichernde Orientierungen anbieten. Wie es schließlich zu dieser beispiellosen Zerstörung der Kultur und der ihr innewohnenden Ideale von Ethik und Moral und dem Anspruch nach Emanzipation des einzelnen kommen konnte, ist für eine voraussetzungslose Geschichtsbetrachtung schwer vorstellbar und insofern wird es ihr auch kaum gelingen, solch Abgründiges zu erhellen Es greift zu kurz, wenn Versailles und Weltwirtschaftskrise für das Auftreten Hitlers auf der politischen Bühne verantwortlich gemacht werden. Trotz Versailles und Weltwirtschaftskrise, die über das Deutschland der Weimarer Republik hereinbrach, wäre Hitler und das was er angerichtet hatte, zu vermeiden gewesen. Ausschließlich wirtschaftliche oder politische Gründe anzuführen, erklären nicht das gesamte Ausmaß der Ursachen, die den vollständigen Ruin abendländischer Werte und ethischer Traditionen eingeleitet haben. Jedoch zu den unbewußt verorteten Motiven, welche die Menschen zur damaligen Zeit veranlaßt haben könnten, sich solch nihilistischen Ideenwelten anzuschließen, dürfte die Psychoanalyse einiges Erhellende beitragen, insbesondere dann, wenn die tradierte Über-Ich-Kultur keine Gültigkeit für die Moral und Gewissensbildung der Menschen mehr zu besitzen schien und die väterlichen Vorbilder ihre identitätssichernde Funktion einbüßten. Hinzu kam, daß die identitätssichernden Institutionen des Kaiserreiches zerbrachen, ohne daß eine Ethik und Moral entwickelt gewesen wäre, welche den aufbrechenden modernistischen Strömungen eine Verankerung im Bewußtsein breiter gesellschaftlicher Schichten gegeben hätte. In seinem Aufsatz ERZIEHUNG NACH AUSCHWITZ hat Theodor W. Adorno zu Recht gefordert, daß Aufklärung und Erziehung sich auch jenen Problemen zuwenden müßten, die dasjenige vorbereiten halfen, was letztlich zu Auschwitz geführt hat und was immer dann noch fortwirkt, wenn die auslösenden sozialen und politischen Bedingungen nicht beseitigt werden.

Aufbruch und Regression

In MASSENPSYCHOLOGIE UND ICH-ANALYSE hat Freud dargelegt, daß eine Führergestalt sich bei vielen Menschen an die Stelle des individuellen Ich-Ideals setzen kann, wenn bestimmte soziale und psychische Voraussetzungen gegeben sind und sich die Massen zu unkritischer und höriger Gefolgschaft verleiten lassen. Die Führergestalt übernimmt gewissermaßen stellvertretend für versagende väterliche Instanzen die Autorität eines verbindlichen Über-Ichs. Anstelle bislang gültiger kultureller und sozial anerkannter Normen treten stattdessen die Wert- und Normenmuster des Ersatz-Über-Ichs. Somit wird der Führer zur obersten Gewissensinstanz und allumfassenden Identifikations- und Projektionsfläche für eigene erlittene Demütigungen und Minderwertigkeitsgefühle. Über den Vorgang der Identifikation fühlt sich das eigene Selbst aufgewertet. Der Psychoanalytiker Müller-Braunschweig sieht einen wesentlichen Grund der massenhaften Identifizierung mit dem nazistischen Über-Ich Hitlers in einer nicht geglückten Vater-Beziehung und deren zerbrochenen identitätssichernden Strukturen, um hierdurch der Angst vor der Überwältigung durch psychotische Gefährdungen zu entgehen. Nun war die Vätergeneration der um die Jahrhundertwende Geborenen in gewisser Weise verhaßt und wurde aufgrund ihrer bürgerlich festgefahrenen Moralvorstellungen von den Jüngeren abgelehnt, was unter anderem auch die Attraktivität der Jugendbewegung und der Jugendbünde erklärt, die sich als Protest gegen die patriarchalische Gesellschaftsordnung verstanden. Auch die nationalsozialistische Bewegung in ihren Anfängen war, neben ihren bizarren und revolutionären Ideenwelten, eine Protestbewegung der jungen Generation gegen ihre überkommenen Väter und Altvorderen. Der Historiker Peter Gay sah eine ganze Generation junger Menschen in den zwanziger und dreißiger Jahren in Revolution gegen ihre Väter und nach neuen, unkonventionellen Ideen und Identifikationsbildern Ausschau halten. Die Vaterbilder, die sich aus den autoritären gesellschaftlichen Strukturen des Kaiserreiches bis in die Jahre der Weimarer Republik in ihrem äußeren Schein nahezu unbeschädigt erhalten hatten, erwiesen sich als nicht mehr tragfähig um einer nachwachsenden Generation, welche sich als Kinder des technischen Zeitalters begriffen, noch orientierungssichere Bindungen zu ermöglichen. Mit den überkommenen Vaterbildern brachen tradierte generative Identitätsmuster zusammen, ohne daß sich an deren Stelle etwas zukunftsweisendes Neues hätte etablieren können. Zahlreiche Väter, deren Wertmuster und Selbstverständnis noch aus dem untergegangenen Kaiserreich stammten, standen inzwischen am Rande der Gesellschaft und die junge Generation sah, infolge der sozialen und wirtschaftlichen Umbrüche, ihre eigene Zukunft als bedroht an. Somit stieß die nationalsozialistische Revolution nicht nur in ein scheinbar politisches und gesellschaftliches Vakuum, sondern entsprach in gewisser Hinsicht auch den virulenten seelischen Bedürfnissen, die sie mit den Prospekten ihrer regressiven Utopien ausfüllte. Ihrem innersten Wesen nach war sie eine Revolution um der Revolution willen und ein Kampf um des Kampfes willen, gegen alles und jedermann gerichtet, gewissermaßen als eine trotzige Auflehnung gegen das väterliche Prinzip des 19. Jahrhunderts. Im Gegensatz zu den greisenhaften Staatsmännern und Funktionseliten der Weimarer Republik, die ihren Wurzeln im untergegangenen Kaiserreich hatten, waren die Wortführer der Nationalsozialisten überwiegend junge Männer, die entschlossen waren, in die Führungsämter von Staat und Politik zu drängen. Insofern war der Nationalsozialismus auch eine Karrierebewegung der unteren und mittleren Angestelltenschicht, denen es schwer fiel, in den unruhigen Zeiten der Nachkriegsepoche gesellschaftlich Fuß zu fassen. Für viele dieser Generation, von der bürgerlichen Welt enttäuschter, verkörperte Hitler daher den revolutionären Typus eines ewig pubertierenden Bohemiens, der sich gegen die väterliche Autorität auflehnt. Er gab zudem vor, jene sozialen Ungerechtigkeiten abzuschaffen, die aus der Massenarbeitslosigkeit resultierten und deren Überwindung den Zugang zu gesellschaftlich gesicherten Positionen ermöglicht hätte und welche dieser Generation, zumal während der Weimarer Krisenjahre, verschlossen blieben. Daß sie hierbei einer irrationalen Ideologie folgten, war ihnen nicht bewußt. Andererseits traten bei ihnen Züge auf, die mit denen Hitlers identisch waren: die autoritäre Erziehung durch den Vater, welcher unumschränkter Herrscher der Familie war und lange über die wilhelminische Zeit hinaus Bestand hatte; zudem teilten viele von ihnen mit Hitler das Schicksal eines Verarmten oder zumindest das eines Hoffnungs- und Perspektivlosen. Das hielt sie aber nicht davon ab, heimliche Träume nach Größe und Anerkennung zu träumen. Hitler erweckte daher für viele, die sich in einer ähnlichen Situation befanden, den Anschein eines typischen Entwurzelten in der damaligen Situation, obgleich er in Wirklichkeit in den Jahren der Weimarer Republik klare Zukunftspläne hatte und seine Entwurzelung nicht so sehr das Ergebnis äußerer Umstände, sondern seinem Hang zu Müßiggang und Ziellosigkeit geschuldet war. Sein ruheloses wie gleichfalls fanatisches Wesen spiegelte jedoch den Zeitgeist wider, welcher der damaligen Gesellschaft eigen war. In ihm schien sich alle Unruhe, Ressentiments und politischen Verwerfungen zu verdichten. So wie er waren die meisten der sogenannten „Nachkriegsgeneration", jene sozialen Verlierer des Ersten Weltkrieges und bohemienhafte Entfremdete in einer Welt, die sie nicht mehr verstanden und die für sie keinerlei Orientierung und Platz mehr bot, außer die Flucht in einen psychischen Nihilismus, ohne inneres Geländer und Hoffnung auf eine selbstbestimmte Zukunft. Zu der wirtschaftlichen Not kam ein labiles Identitätsgefühl, da die eigenen Identifikationsobjekte zerbrochen waren und sie stattdessen in Hitler die willkommene Ersatzfigur ihrer Wunschvorstellungen und Projektionen sahen. Infolge des verlorenen Ersten Weltkriegs wurden etliche von ihnen von einem Gefühl der Verlorenheit und Heimatlosigkeit befallen und die verführerischen Thesen von der heimeligen Wärme der Volksgemeinschaft, welche die Nationalsozialisten in ihren Propaganda- veranstaltungen bewußt als emotionale Köder auswarfen, fielen bei diesen Menschen auf fruchtbaren Boden. Hierunter befanden sich etliche, die später innerhalb des Regimes Karriere machen sollten.

Durch die Ausrichtung seines revolutionären Anspruches auf eine omnipotente Führergestalt, von der zudem ein gewisses Charisma ausging, war der Nationalsozialismus, was seine Ausrichtung auf die Person Hitlers betraf, eine überaus erfolgreiche Massenbewegung. Zudem täuschte sie durch ihre weltanschaulichen und gesellschaftspolitischen Inhalte einen suggerierenden Charakter von rassischer Allmacht vor. Mit Hilfe einer nicht nur psychologisch gekonnten, sondern auch in werbetechnischer Hinsicht modernen Propaganda von einer angeblich gleichgeschalteten Volksgemeinschaft hielt sie ein enormes Identifikationspotential bereit und bot darüber hinaus äußere Feindbilder an, was die Bindungskraft des Systems erheblich verstärkte. Indem sich die Nationalsozialisten der modernen Massenkom- munikationsmittel in Form von Rundfunk, Film und Wochenschauen bedienten, welche allesamt einen propagandistischen Zweck verfolgten, war ihre suggestive Wirkung auf die Massen beträchtlich. Die geschickt inszenierten, organisierten Massenerlebnisse in Form der bis 1939 stattfindenden Reichsparteitage trugen zu dem wachsenden Hitler- oder Führermythos bei. Somit stieß der Nationalsozialismus nicht nur in die Leere einer sozialen und wirtschaftlichen Hoffnungslosigkeit, in der sich der überwiegende Teil der Bevölkerung befand, sondern ebenso wußte er geschickt das psychische Vakuum auszunutzen, welches durch den Niedergang der monarchistisch-väterlichen Autoritäten entstanden war. Zudem etablierte sich durch ihn eine Art neuer völkischer Nationalismus, der seine wesentlichen mentalen Schubkräfte aus der Demütigung des Versailler Vertrages bezog. Im Unterschied zum Nationalismus der Wilhelminischen Epoche, der sich als eine Form hybrider Vater- landsverehrung erwiesen hatte, ging es nunmehr um die Wiederherstellung der einstigen Größe und die Beendigung der nationalen Schmach, wie Hitlers des öfteren betonte. Allerdings darf bezweifelt werden, ob die nationale Schmach von der Mehrheit der Bevölkerung als die entscheidende existentielle Frage angesehen wurde, wie dies die Nationalsozialisten vortäuschten. Weit eher ist anzunehmen, daß es zumeist handfeste wirtschaftliche und soziale Probleme waren, welche die Menschen beschäftigten. Der gesellschaftlichen Zustand in der damaligen Zeit der Weimarer Republik, zumal während der Weltwirtschaftskrise, glich daher einer chronischen Depression, die die Initiativen des einzelnen hemmte und eine Situation herauf beschwor, welche anfällig für chiliastische Versprechungen machte. Vor diesem sozialpsychologischen Hintergrund ist es Hitler und den Nationalsozialisten in fataler Weise gelungen, das ubiquitär und universell gültige Ich-Ideal des historischen Kulturprozesses durch einen umfassenden Führerkult, der auf die bedingungslose Gefolgschaft der Massen beruhte, zu ersetzen. Charisma und Mythos ersetzte den Vorrang der Rationalität als konstruktives Steuerungselement der Politik, und der Person Hitlers wurden gleichsam schamanenhafte Eigenschaften zugesprochen, die vergleichbar sind mit den Omnipotenzphantasien von Kindern, die diese auf ihren Eltern projizieren.

Hitler und die Nationalsozialisten wußten ein hohes Maß an Pseudoreligiösität herzustellen und knüpften hiermit an die Tradition der völkisch-nationalistischen Staatsvergottung an, welche die Nation als säkularisierte Lebensgemeinschaft umgab. Indem Hitler als äußeres Identifikationsobjekt eine kollektive Über-Ich-Instanz verkörperte, bot er den Menschen die vermeintliche Sicherheit in der Anonymität einer Massenbewegung und Schutz vor der irritierenden Vielfalt einer pluralistischen Gesellschaft. Das Untertauchen in einer Massen-bewegung mit hohem Identifikationsgrad, wie der Nationalsozialismus dies von der Volksgemeinschaft forderte, rettete gleichzeitig vor individueller Regression oder genauer gesagt, die Regression wurde als subjektives Problem des einzelnen nicht mehr wahrgenommen, da sie innerhalb eines Kollektivs stattfand. Obendrein bot die Propaganda jene psychischen Entlastungsformeln an, die aus dem eigenen Ich-Bewußtsein nicht mehr herstellbar waren. Das sogenannte Schicksal der Volksgemeinschaft, dem Gesellschaft und Individuum unterworfen waren, wurde als Vorsehung deklariert, welche den Mythos der um Hitler errichtet wurde, zusätzlich verstärkte. Die Flucht in die Massenpsychose – was durch die Propaganda und den umfassenden Führerkult durchaus beabsichtigt war –, ist demnach nicht nur eine Flucht vor der Realität und eine Absage an das kritische Bewußtsein, sondern auch vor der individuellen Regression mit der Gefahr, sich selbst zu verlieren. Die uneingeschränkte Gefolgschaft und der kollektive Zusammenhalt werden dadurch abgesichert, indem der Führer – in unserem Falle Hitler –, den aufgestauten Aggressionen in Gestalt von äußeren Feindbildern ein kollektives Ziel anbietet. Dies erklärt zum Teil, warum gewissermaßen normale Menschen, die keineswegs Monster oder Psychopathen waren, in den Bann von Massenbewegungen und deren Propaganda gerieten, sodann gleich Psychotikern reagierten, einen ungeheuren Haß entfalteten und die Objekte, auf die sich dieser richtete, als vernichtungswürdig abspalteten. Ihre Ich-Identität erwies sich ausgesprochen schwach und aufgrund ihrer defizitären psychischen Situation bei gleichzeitigen regressiven Lebensumständen gewissermaßen infantil, was sie dazu brachte, sich mit einem aggressiv besetzten Über-Ich zu identifizieren.

Ohne daß man den Antisemiten oder überzeugten Nazi-Anhänger, der bruchlos die nationalsozialistischen Rassenvorstellungen zu seinen eigenen gemacht hatte und die zu den verbrecherischen Taten führten, als Psychopath bezeichnet, haben wir es dennoch mit einem psychopathologischen Abwehrvorgang gegenüber anderen Menschen zu tun, während dem der Haß, psychoanalytisch betrachtet in einer vollständigen Abkehr von der Liebesfähigkeit die Beziehungen zur Umwelt regelt. Insofern sind der Rassenhaß und Antisemitismus gefühls-mäßige Produkte oder Folgen von Spaltungsvorgängen, bei denen das Individuum außerstande ist, Phänomene seiner Umwelt und andere Menschen ganzheitlich wahrzunehmen. Da sich, wie im Nationalsozialismus, die Massen an diesen Spaltungsvorgängen beteiligten und sich größtenteils mit den ihnen zugrunde liegenden Wahnideen identifizierten, haben wir es in diesem Fall durchaus mit einer Massenpsychose zu tun, ohne daß der einzelne Psychopath oder Neurotiker zu sein brauchte. Auch ist es schlechterdings kaum vorstellbar, wie es hätte sein können, daß plötzlich Hunderttausende von sogenannten Geisteskranken bereitstehen, diese Verbrechen auf höherem Befehl auszuführen, darüber hinaus aber fähig sind, sich vor und nach dem Nationalsozialismus wie selbstverständlich in der „normalen" deutschen Gesellschaft zu integrieren. Ebenso wenig trifft es zu, daß in den dreißiger und vierziger Jahren plötzlich Millionen von Menschen aus einer psychisch morbiden Charakterveranlagung heraus, plötzlich eine Pathologie des Massenmörders entwickelt hätten, wie wir sie in den in klassischen Persönlichkeitsprofilen von Serientätern vorfinden, zumal es wohl kaum eine Bevölkerung gibt, die einen derartig hohen Anteil an Psychopathen von solcher Qualität besitzt und die Mord und Völkervernichtung aus triebbestimmten Ursachen betreiben. Auch im Deutschland während des Dritten Reiches lag der Anteil an schweren Persönlichkeitsstörungen vermutlich nicht höher als zum gegenwärtigen Zeitpunkt, nämlich laut Diagnostischem Handbuch für psychische Erkrankungen (DMS) bei ca. 1,8%–3,5% der Gesamtbevölkerung. Hierunter sind nicht nur die Krankheitsbilder einer schweren Psychopathologie gemeint, also Psychosen im weitesten Sinn, sondern ebenso alle vergleichsweise milderen Störungen des psychischen Formenkreises, wie bspw. narzißtische und Borderline-Erkrankungen, deren davon Betroffene nicht unbedingt zu Gewalttaten neigen. Vielmehr war eher das Gegenteil aller klassischen Vorstellungen von Psychopathologie der Fall; denn jenseits der national-sozialistischen Massensuggestion verhielten sich die Täter durchaus unauffällig oder kamen aus normalen bürgerlichen Zusammenhängen, wie etwa der englische Historiker Christopher Browning in seinen Buch GANZ NORMALE MÄNNER. DAS RESERVE-POLIZEIBATAILLON 101 UND DIE „ENDLÖSUNG" IN POLEN aufgezeigt hat. Mit anderen Worten, die Täter, welche alle moralischen und ethischen Imperative mißachteten und in ihren verschiedenen Rollen und Funktionen am Völkermord beteiligt waren, kamen aus der Normalität der Mitte der damaligen Gesellschaft. Sie ahnten weder Jahre zuvor, daß sie zu solchen Taten einmal fähig sein würden, wie sie hinterher, nach dem Zusammenbruch des Dritten Reiches keineswegs weiterhin Mörder und Verbrecher blieben, sondern etliche von ihnen in die Normalität der Gesellschaft zurückkehrten. Dennoch können diejenigen, welche sich an den Tötungsaktionen beteiligten, nicht aufgrund der Tatsache, daß sie aus der Normalität der Gesellschaft kamen, gewissermaßen den gesellschaftlichen Bürgerstandard verkörperten, freigesprochen werden, was in letzter Konsequenz bedeuten würde, daß jeder normale Bürger zum Mörder geworden wäre. Die Verantwortung für das eigene Tun liegt letztlich bei jedem selber und es gab genügend Möglichkeiten, sich an den Morden nicht zu beteiligen.

Der ständig propagierte Antisemitismus, daß die Juden Schuld an allem Unglück hätten, verbunden mit der hybriden Vorstellung einer auserwählten Herrenrasse anzugehören, reichte aus, um die individuellen Minderwertigkeitsgefühle unter gegebenen Anlässen in eine totale Unterwerfung unter die Befehlsstruktur des Vernichtungsapparates zu verwandeln. Aus selbstunsicheren Individuen, die aufgrund ihrer eigenen privaten und sozialen Situation Neid, Mißgunst und Haß auf alles entwickelten, was ihrem rigiden Weltbild nicht entsprach, wurden angepaßte und willige Vollstrecker des Holocaust. Und die Mörder der Vernichtungslager gaben an, ohne jedwede persönliche Beteiligung nur Befehlen gehorcht zu haben, ohne sich hierbei ihres verdrängten Hasses bewußt gewesen zu sein. Etliche von ihnen haben weit von sich gewiesen, daß sie ausgesprochene haßerfüllte Antisemiten gewesen seien.

Bei weitem sind nicht alle Antisemiten Psychopathen, sondern sie repräsentieren den Durchschnitt einer Bevölkerung. Dem „normalen" rassistisch und antisemitisch denkenden Menschen bot der Nationalsozialismus die psychosozialen Voraussetzungen, seinen Ambivalenzkonflikt mit den eigenen Eltern in regressiver Weise zu lösen – ohne ihn auf dessen Ursprung in seiner eigenen Biographie mit ihren negativen Elternerfahrungen reflektieren zu müssen –, indem er die elterliche Gewalt abspaltete in den Führer, den er liebt und in den Juden, den er haßt, fern davon, jemals Erfahrungen mit jüdischen Menschen gemacht zu haben. Es ist eine historische Erfahrung, daß es zum Antisemitismus am allerwenigsten eines unmittelbaren Kontaktes mit jüdischen Menschen bedarf. Zur Errichtung dieses pathologischen Feindbildes scheint der unmittelbare menschliche Kontakt nicht erforderlich zu sein und von daher erklärt sich zum Teil auch, weshalb in der Regel keinerlei Schuld- und Schamgefühle aufkommen, da die unmittelbare Konfrontation mit dem Träger des Feindbildes unterbleibt. Der Feind bleibt unsichtbar und abstrakt, als argumentative Größe, nicht greifbar und am allerwenigstens verständlich in seinem Anderssein. Merkwürdigerweise konstituiert sich das Feindbild und der damit verbundene Haß in der Psyche in abstrusen Phantasien und wilden Rassentheorien, die sich primitiver Spaltungen und Entwertungen bedienen und auf die passenden Gelegenheiten hoffen, in die Tat umgesetzt zu werden. Rassenhaß und Antisemitismus bilden das ungeeignete Ventil eigene Minderwertigkeitsgefühle zu kompensieren, ohne deren wirklichen Ursachen bei sich selbst zu erkennen. Sie sind die Verdrängungsstrategien einer defizitären menschlichen Psyche, die infolge eines rigiden individuellen und gesellschaftlichen Erziehungsklima frühzeitig gebrochen wurde. Und solche Biographien die ähnliches aufzuweisen hatten, gab es in der deutschen Bevölkerung, und nicht nur dort, in großer Zahl. Somit scheint es ein sozialpsychologisches Gesetz zu sein, ein absurdes zwar, demzufolge der „ewige" Antisemitismus, welcher das verzerrte Bild des „ewigen" Juden bedarf. Der Rassenhaß findet zuerst in den Köpfen statt und weitaus weniger in der unmittelbaren Begegnung mit den Betroffenen, da solche Projektionen auf konstruierte Feindbilder Ausdruck verborgener Inferioritäten sind und einer wirklichen Erfahrung widersprechen. Und vor dieser scheinbar „ewigen" Gesetzmäßigkeit des Antisemitismus ist man, Hannah Arendt zufolge, nur auf dem Monde sicher.[16]

Die Rassenpolitik der Nationalsozialisten hat gezeigt, daß der Antisemitismus den Zivilisationsprozeß umkehren und die antisemitische Persönlichkeit auf das Stadium der vorgeschichtlichen Barbarei zurückwerfen kann. Jedoch vernichtet der Antisemitismus nicht nur die Errungenschaften der Zivilisation, sondern der Zivilisationsprozeß bringt den Antisemitismus als pathologische Symptomatik selber hervor, welche die Grundlagen zerstört, aus denen er erwachsen ist. Der Antisemitismus und der Rassismus sind daher bösartige Geschwüre der Zivilisation, vergleichbar einem Krebsgeschwür, welches aus dem Körper entsteht, um ihn zu vernichten.

Psychoanalytisch betrachtet scheint der Antisemitismus beim einzelnen Antisemiten ein ungelöstes Vaterproblem zu kompensieren, indem das übermächtige Vaterbild auf den intellektuell und sozial höherstehenden Juden projiziert wird und an ihm der symbolische „Vatermord" vollzogen wird. Für diese These würde der historische Umstand sprechen, daß in der Phase der bürgerlichen Assimilation der deutschen Juden, die sich als Teil und Träger dieser Kultur verstanden, der Haß ins Unermeßliche stieg. Dagegen war in der Realität des Dritten Reiches die persönliche Bekanntschaft mit Juden eher einem tödlichen Antisemitismus hinderlich, so daß sich Himmler darüber beklagte, daß jeder Deutsche seinen persönlichen, guten Juden hätte, der nicht in das nationalsozialistisch verordnete Feindschema hineinzupassen schien. Aus gesellschaftspolitischer Sicht betrachtet gehört es zu den größten Absurditäten, daß angesichts zahlreicher ungelöster politischer und wirtschaftlicher Probleme ausgerechnet der Antisemitismus einen derartigen politisch-ideologischen Stellenwert erhielt, so daß er als zentrales Anliegen Eingang in die verbrecherische Maschinerie des nationalsozialistischen Herrschaftsapparates fand und ihm im Zuge der Endlösung sogar überlebenswichtige, militärische Logistiken untergeordnet wurden, wenngleich dies auch abgeschirmt von der deutschen Öffentlichkeit in den Vernichtungslagern im Osten hinter der Front stattfand. Zu diesen Absurditäten gehört ebenso die Tatsache, daß der Höhepunkt des historischen Antisemitismus mit dem Prozeß der jüdischen Assimilation und Säkularisierung alter jüdisch-religiöser Gehalte zusammenfiel.[17] Auch reicht der Hinweis nicht aus, daß die Rolle des Antisemitismus sich darin erschöpfte, die sozialen Neidgefühle des Durchschnittsbürgers zu kompensieren. Seine Intentionalität bezog er aus der angeblichen finanziellen und wirtschaftspolitischen Überlegenheit des bürgerlichen und großbürgerlichen Judentums im Deutschen Reich und die augenfällige Bedeutung ihrer führenden Protagonisten in Gesellschaft, Literatur, Wirtschaft und Geistesleben. Zum Zeitpunkt der nationalsozialistischen Judenhetze waren die Juden längst nicht mehr die überragenden Kapitalisten in Handel, Wirtschaft und Geldwesen, für die sie stets gehalten worden waren. Gleichwohl war die jüdische Bevölkerung in Deutschland, gegen die sich das gesamte Ausmaß des Terrors und der Entwürdigungen richtete, in ebenso wissenschaftlichen, medizinischen, künstlerischen, juristischen oder sonstigen Berufen tätig wie der übrige Teil der Bevölkerung, so daß objektiv kein Anlaß zu Neid und Mißgunst bestand. Im Deutschen Reich waren die Juden seit Generationen assimiliert und fühlten und dachten als Deutsche. Wirkliche Macht besaßen sie in dem Ausmaß nicht mehr und nicht weniger, als ihre nichtjüdischen Zeitgenossen und wenn sie in gesellschaftlichen Teilbereichen Macht ausübten, geschah dies in erster Linie aufgrund ihrer beruflichen Rolle und der damit verbundenen Position. Hierin unterschieden sie sich in keiner Weise von ihren vergleichbaren nichtjüdischen Mitbürgern. Wenngleich sie auch mitunter erfolgreicher in wissenschaftlichen und künstlerischen Berufen tätig waren und es zu mehr öffentlicher Aufmerksamkeit brachten – man denke nur an deren herausragenden Persönlichkeiten wie Albert Einstein, den hervorragenden Theaterregisseur Max Reinhardt, den Dirigenten Bruno Walter oder den Philosophen der Phänomenologie Edmund Husserl und viele andere – als ihre nichtjüdischen Standeskollegen, so erwuchs ihnen hieraus keine politische Macht im eigentlichen Sinne.

Offensichtlich konnte der Antisemitismus aus seinen individuellen und kollektiven psychologischen Ursprüngen heraus nur dann politisch relevant und virulent werden, wenn er sich mit den wirklich entscheidenden politischen und wirtschaftlichen Themen der Zeit verband. Und derer gab es nach dem Ersten Weltkrieg zur Genüge, die jedoch mit dem Juden unmittelbar nichts tun hatten. Für Hitler und die Nationalsozialisten bildete das antisemitische Feindbild den Transmissionsriemen, der das Zusammenspiel von totalitärer Herrschaft und Terror antrieb. Darüber hinaus diente der antisemitische Terror und der Traum vom „Tausendjährigen Reich" und alles was sich mit dieser Metapher an Illusionen und falschen Prophezeiungen verband, dazu, sowohl dem Gefühl der kollektiven Inferiorität, welches den unreflektierten wirtschaftlichen und politischen Erfahrungen des untergegangenen Kaiserreiches und der gescheiterten Weimarer Republik geschuldet war, als auch dem Gefühl der eigenen Minderwertigkeit, über deren Ursachen man höchst verworrene und irrationale Vorstellungen hatte, ein entlastendes Feindbild zu liefern. Dessen Irrationalität wurde dadurch deutlich, indem die Nationalsozialisten den Juden zwei Verbrechen unterstellten, die ideologisch betrachtet aneinander ausschlossen. Einerseits sollten die Juden alle übrigen Völker ausrauben, indem sie eine plutokratische und kapitalistische internationale Verschwörung bildeten, andererseits unterstellte man ihnen eine kommunistische anti-kapitalistische Internationale zu bilden, die den Kapitalisten in der ganzen Welt alles Geld und Besitz wegnehmen. Somit wurde das Feindbild ohne jeden realen Sinn entworfen, nur in der Absicht zu suggerieren, daß der „ewige Jude" allgegenwärtig sei und sich in jedem verbarg, der Deutschland feindlich gesinnt war. Der Jude wurde zum „Feind an sich".[18] Hitler, der wie kein anderer verstand in den Prospekten von Feindbildern und Allmachtsphantasien Illusionen zu nähren, versprach, wenn es den Juden nicht mehr gäbe, wären alle gesellschaftlichen, politischen, wirtschaftlichen und individuellen Probleme gelöst. Die Massen haben ihm dies geglaubt und wenn es eine Verantwortung für dasjenige gibt, was wir als Menschen tun und wie wir handeln, so gibt es ebenso eine Verantwortung, für das was wir glauben.

Verschiebungen moralischer Werte oder das Grauen der Wirklichkeit

Hannah Arendt sprach im Zusammenhang mit den ungeheuerlichen Verbrechen des Dritten Reiches vom „Verweilen beim Grauen". Dieses Verweilen bezieht sich nicht nur auf die Analyse individueller Gründe und Verbrechen, sondern auch auf die politische Wirklichkeit jener Zeit, die eine beispiellose emotionale und intellektuelle Entmündigung des einzelnen zur Folge hatte. Täter und Mitläufer des Systems ließen sich widerstandslos entmündigen und ihrer eigenen Verantwortung, für das was sie taten, berauben. Eine derartige Entpersönlichung konnte nur infolge eines kollektivpsychischen Klimas geschehen, in der sich alle bisherigen

Werte und Normen einer humanen Gesellschaftsordnung für viele als nicht mehr sonderlich tragbar herausgestellt hatten, insbesondere für diejenigen, die nicht mehr am gesellschaftlichen Integrationsprozeß teilhaben konnten. Anstatt ihr persönliches Heil in einen Individualismus zu suchen, der den unterschiedlichen Stärken der einzelnen Rechnung getragen hätten, flüchteten etliche von ihnen in eine amorphe Kollektivhaltung. Jene Gleichförmigkeit der Individuen und psychisch betrachtet der Charaktere, kam vor allem in den gigantomanischen Plastiken des Nazi-Bildhauers Arno Breker ebenso zum Ausdruck, wie durch die konturenlosen Aufmärsche der Massen anläßlich der Nürnberger Reichsparteitage. Dem totalen Herrschaftsapparat des Nazi-Regimes ist es gelungen, die Menschen in ihrer charakterlichen „Verschiedenheit und Pluralität so zu organisieren, als ob alle zusammen nur einen einzigen Menschen darstellten",[19] ihnen gewissermaßen ihr unverwechselbares „Gesicht" zu nehmen, so daß die Reaktionen aller so aussahen, als ob sie nur einer Person zugehörig seien. Im Morden und Quälen der Opfer hoben sich die individuellen Unterschiede der Täter auf. Der einzelne wurde nur noch als unbedeutendes Mitglied der sogenannten Volksgemeinschaft gesehen, innerhalb derer, er von subjektiver Verantwortung freigesprochen wurde, vorausgesetzt sein Verhalten entsprach den Vorgaben des Regimes. Die Gleichmacherei in der Volksgemeinschaft diente nur der systematischen Vorbereitung zur Gleichmacherei der Täter und Opfer, bei der letztere ohne Ansehen der Person umgebracht wurden, gleichsam so, wie man Ungeziefer vernichtet. Die Verwendung dieser Metapher, so problematisch es auch klingen mag und so sehr sie auch gegen gewohnte Sprachregelungen verstößt, in Anbetracht der Tatsache der nationalsozialistischen Massentötungen unter Einsatz des Insektenvernichtungsmittels Zyklon B erscheint sie in ernüchternden Weise angebracht. Das eigentliche Grauen liegt darin, daß die Opfer bereits vorher vom Leben abgeschnitten waren, so als wenn sie nicht mehr existent seien. Ihnen wurde jede Menschlichkeit abgesprochen und ihre Vernichtung nur der logische Schritt am Ende einer systematischen Zerstörung ihrer ursprünglichen Identität war. Ihrer körperlichen Vernichtung ging eine jahrelange soziale Zerstörung ihrer bedeutsamen Lebensgrundlagen voraus. Für die Opfer bedeutete dies die restlose Aberkennung, Teil der menschlichen Gemeinschaft zu sein, für die Täter und Verfolger hingegen die Aufkündigung ihrer eigenen Existenz als sozial verantwortliche Wesen, auf deren Solidarität normalerweise eine Gesellschaft nicht verzichten kann, es sei denn, sie ist bereit, sich selbst zu zerstören. Vorangegangen waren diesem Zerfallsprozeß eine unvorstellbare Verrohung des Humanen durch Wort und Schrift, von dem bereits hier und an anderer Stelle ausführlicher die Rede war.[20] Die Normen des historischen Ich-Ideals verloren zunehmend an Bedeutung für die Lebensgestaltung des einzelnen, statt dessen hielt man Ausschau nach übermächtigen Vaterfiguren und identifizierte sich mit totalitären Institutionen des Terrors, wie die SS oder die SA, die NSDAP oder die Gestapo, an deren Normen und inhaltlichen Vorgaben man seine Handlungen auszurichten hatte. Das sogenannte Führerprinzip kam psychologisch diesem Umstand entgegen, da sich jeder in einem über ihn stehenden Führer wiederfand, bis hin zu Hitler. Vom untersten Blockwart bis über die SS-Führer und dem obligatorischen Reichsführer der SS, Himmler, hatte jeder seinen nationalsozialistischen Führergötzen als moralische Instanz, der ihm das Handeln vorschrieb. Die gesellschaftlichen Machtverhältnisse bestanden, insoweit es sich um Herrschaft, Befehl und Unterordnung handelte, aus Führerschaft und Gefolgschaft. Die einen befohlen und ordneten an und die anderen gehorchten, führten widerspruchslos die Befehle aus, in der Gewißheit das Richtige zu tun da es von oben angeordnet wurde. So wie im damaligen Kaiserreich die Gesellschaftsordnung in Obrigkeit und Untertan zerfiel, deren oberster Repräsentant der Kaiser höchstpersönlich war und sich jeder Bürger einem schwächeren gegenüber auch ein bißchen als „Herrscherchen" fühlen durfte, zerfiel die nationalsozialistische Gesellschaft in Führertum und Gefolgschaft. Auf die erstere, wilhelminische Beziehungsstruktur konnten die Nazis aufbauen, da deren zugrundeliegenden Mentalitäten im gesellschaftlichen Klima introjiziert waren und mit zum Aufstieg des Hitlerismus und zu der Bereitschaft beigetragen haben, sich verbrecherischen Befehlen zu unterwerfen. Zum anderen erleichterte die generationenlange Unterwürfigkeit den Opportunismus, den moralischen Referenzrahmen im Sinne der Autoritäten zu verschieben. Innerhalb dieses Referenzrahmens agierten die Täter mit einer gleichbleibenden Identität von Reaktionen, so daß sie untereinander austauschbar wurden. In dem Maße wie die eigene Verantwortung auf das Über-Ich-Objekt in Gestalt der nationalsozialistischen Herrschaft delegiert wurde, der einzelne sich also mit den Ideologien identifizierte und sie zu seinen eigenen machte, konnte man die begangenen Verbrechen, die man im Auftrag dieser Instanz verübt, von seinem Gewissen abspalten. Der Psychoanalytiker Otto F. Kernberg hat das psychische Ergebnis dieses Introjektionsvorganges im Hinblick auf die Gewissensbildung als pathologisches Über-Ich benannt, das sich an die Stelle eines normalen und den moralischen Imperativen verpflichtetes Über-Ich setzt. Das pathologische Über-Ich errichtet seine eigenen Normvorstellungen, die den politischen und persönlichen Obsessionen und Absichten die Legitimation zu unmoralischen Handlungen liefert und sie als systemkonform und somit als Normalfall erscheinen läßt. Da hierdurch verwerfliches Handeln zur Normalität wird, weil es sich in dem vorgegebenen moralischen Referenzrahmen bewegt, entstehen keine Schuld- und Schamgefühle, was mit dazu beitrug, daß das Töten so relativ „leicht" und skrupellos von der Hand der Täter ging. Die Täter durften sich unter dem „Schutz" dieses ideologisch vorgegebenen Referenzrahmens als Herren über Leben und Tod fühlen. Wenngleich die Täter keine Psychopathen im eigentlichen Sinne waren, so orientierten sie sich an einem pathologischen Über-Ich, was sie zu ihrem eigenen gemacht hatten.

So wie das Gefühl eigener Minderwertigkeit auf den allmächtigen Führer projiziert wird, so werden auch die Schuld- und Schamgefühle auf das Feindbild verschoben und die bösartigen Ich-Ideale des Führerobjektes und dessen Wahnideen und Weltanschauungen an die Stelle des eigenen Gewissens gesetzt sowie alle Taten in völliger Verleugnung von Schuld begangen. Die Führergestalt und die mit ihr verbundenen Normvorstellungen – verknüpft mit einem absoluten Totalitätsanspruch von Herrschaft und Gewalt –, werden in der Rolle einer nicht mehr zu hinterfragenden Über-Ich Instanz überhöht und schalten das eigene Gewissen aus.[21] Die Tatsache, daß zahlreiche Täter der NS-Zeit diese Spaltungen in ihrer sozialen und moralischen Wahrnehmung vornahmen und infolgedessen nicht an ihren grauenvollen Verbrechen psychisch zerbrachen, dürfte ihre Ursache nicht zuletzt darin haben, daß die Verdrängung der damit verbundenen Skrupel als besondere Charakterstärke in das Konzept der nationalsozialistischen Vernichtungsideologie integriert wurde und auf fruchtbaren Boden fiel. Die Täter wußten daher zu unterscheiden, zwischen ihrem eigenen moralischen Vermögen und der von ihnen geforderten mörderischen Tätigkeiten. Ihr moralisches Selbstverständnis bestand ausschließlich darin, sich einem partikularistischen Referenzrahmen zu unterwerfen, dessen

Verhaltenskodex durch die Ideologie und Propaganda vorgegeben wurde. Die Verschiebung des Referenzrahmens wurde vorab, bevor es zu konkreten Taten kam, durch die nationalsozialistische Propaganda eingeleitet, welche unentwegt Feindbilder und „Volksschädlinge" produzierte.

In dieser restlosen Verwirrung moralischer Kategorien liegt Joachim Fest zufolge in ideologischer Hinsicht das Wesen totalitärer Herrschaft. Begleitet von der Verkündigung einer neuen Moral verdankt sie ihre Anhängerschaft weniger der Aufkündigung von zivilisatorischer Triebbeherrschung, als vielmehr darin, daß sie alle zivilisatorischen Begriffe verkehrt und pervertiert und somit einem unbewußten Drang nach Triebanarchie Vorschub leistet. Also genau zum Gegenteil dessen aufruft, was unter zivilisatorischen Umständen das Über-Ich verbietet. Dem Handeln der Täter kam dieses partikularistische Moralkonzept der Nationalsozialisten entgegen, da hieraus die Ungleichheit von Menschen abgeleitet wurde und das Töten als eine Maßnahme darstellte, die das Wohlergehen des Volkes ermöglichte und zugleich diesen anarchistischen Drang, Herr über Leben und Tod zu sein, auf eine rechenschaftslose und straffreie Weise befriedigte. Ein solcher pervertierter Moralbegriff, welcher einen minderwertigen und vernichtungswürdigen Feind im Inneren der Gesellschaft postuliert, legitimierte daher jede Mordaktion als angemessenen Beitrag zur Sicherung der sogenannten Volksgemeinschaft. Damit wurde die Vernichtung anderer zum Normalfall, der den einzelnen Täter dazu verpflichtete, Juden zu töten. Darüber hinaus errichtete eine solche Legitimation zum Töten eine Distanz zwischen dem Vernichtungsakt und etwaigen triebbestimmten Motiven der einzelnen Täter, da er gewissermaßen in Auftrag einer übergeordneten, rational begründeten Situation zur Durchführung kam. Das historische Mißverhältnis zwischen den von Religionsstiftern, Philosophen und Staatsmännern postulierten Idealen, welche über Erziehung und Sozialisation generationenlang vermittelt wurden und die den Schutz und die Integrität des menschlichen Lebens über alles stellten, und der diesen Idealen wenig entsprechenden Realität wurde durch die Nationalsozialisten in aller Deutlichkeit aufgedeckt.

Ausdeutungsfähige Begriffe wie Rasse, Volksgemeinschaft erweckten die latente Bereitschaft, sich einem vermeintlich höheren Gesetz unterzuordnen. Dem Anruf der Machthaber nach bedingungsloser Gefolgschaft um einen von der Propaganda vorgetäuschten geschichtlichen Auftrag zu erfüllen, haben sich zahlreiche „normale" und gewissenhafte Deutsche nicht versagt. Auf der Grundlage der nationalsozialistischen Weltanschauung und Rassenideologie verwandelte der Nationalsozialismus das ursprüngliche biblische Tötungsverbot in ein Tötungsgebot gegenüber bestimmten Menschen und Angehörigen fremder Völker und Rassen. Deren Vernichtung entsprach einem sozialdarwinistischen Ausleseprinzip, was als Maßstab der von Himmler verkündeten Rassenanthropologie galt und aus angeblichen Überlebensgründen der arischen Rassen durchgesetzt werden mußte. Dies versicherte den Tätern ein außerordentliches Maß an subjektiver Entlastung. Das Morden sah man als notwendige Angelegenheit zum Wohlergehen der deutschen, arischen Bevölkerung an, um deren Überleben sicher zu stellen. Neben der als selbstverständlich erscheinenden Pflichterfüllung des staatlich angeordneten Tötens trat durch die Verschiebung des moralischen Referenzrahmens noch eine weitere auffällige, pervertierte Schattierung pseudomoralischen Handelns zutage, welche das Töten unter einer besonderen Form von Selbstdisziplin stellte, um es als einen korrekten und distanzierten Vorgang erscheinen zu lassen, der von jeder egoistischen Motivation freigehalten werden sollte. Die nationalsozialistische Tötungs-mentalität legitimierte vor dem Hintergrund ihres partikularistischen Moralbegriffes zwar den Massenmord, hingegen nicht die persönliche Bereicherung der einzelnen Täter an ihren Opfern. In seiner berüchtigten Posener Rede lieferte Himmler selber die Begründung zu dieser ungeheuerlichen Sinnverkehrung ethischer Normvorstellungen, indem er versicherte, daß es als Zeichen einer intakten Moral anzusehen sei, während des Mordens anständig geblieben zu sein und keinen Schaden an der Seele und an seinem Charakter genommen zu haben. „Wir hatten das moralische Recht, wir hatten die Pflicht gegenüber unserem Volk, dieses Volk, das uns umbringen wollte, umzubringen. Wir haben aber nicht das Recht, uns auch nur mit einem Pelz, einer Uhr, mit einer Mark oder mit einer Zigarette oder mit sonst etwas zu bereichern".[22] Hierbei unterlag Himmler nicht nur seiner pedantischen Sittenstrenge, mit der er sein unmittelbares Umfeld überzog, sondern seine Bemerkungen kennzeichneten das durchgängige Prinzip eines versachlichten Terrors, mit dem das Regime tradierte ethische und moralische Standards beiseite schob. Hierin lag die hauptsächliche Begründung, mit der sich unter der nationalsozialistischen Herrschaftspraxis der moralische Referenzrahmen verschoben hatte, so daß die historisch anerkannte Definition von Recht und Unrecht keine Gültigkeit mehr besaß und infolgedessen das Töten als rechtens, demgegenüber aber die im moralischen Sinn mindere Bereicherung an materiellen Gütern als großes Unrecht qualifiziert und mit drastischen Strafen geahndet wurde. Dem Recht auf Töten wurde die Bereicherung in Form einer Zigarette gegenübergestellt und als Unrecht gebrandmarkt. Wie sehr die Pervertierung der Moral das Rechtsbewußtsein der Täter auf den Kopf stellte, zeigte sich darin, daß einzelne Täter versuchten vor Gericht, sich in ihren Selbstdarstellungen noch als moralisch darzustellen, weil sie während dieser Mordaktionen den Opfern vor deren Erschießung noch bei der Entkleidung behilflich gewesen waren und beruhigend auf sie eingeredet hatten. Sie glaubten sich von dem Morden distanzieren zu können, da sie ihren Beitrag nicht mit den Mordaktionen verknüpft sahen und darüber hinaus als eine Pflichterfüllung darstellten, die sie unter Befehlsgehorsam zu leisten hatten. Sie fühlten sich in einem System von Befehl und Gehorsam unter vermeintlichem Gruppendruck stehend, selber als Opfer. Unter dieser Selbsttäuschung schien ihnen ihr Handeln in dem Augenblick plausibel, wo sie die Taten begingen, wie sie gleichfalls glaubten, es anderen plausibel zu machen und wie etliche von ihnen später vor den Strafgerichtsprozessen zu ihrer Verteidigung argumentierten. Insofern gelang es ihnen in ihrer Einbildung, eine subjektive Rollendistanz zu wahren und sich inmitten des millionenfachen Massenmordes dennoch nicht als Mörder zu fühlen. Aufgrund dieser Rollendistanz mußten die Täter ihre mitgebrachten moralischen Hemmungen angesichts des Ausmaßes ihrer Verbrechen nur in einem verhältnismäßig geringen Aufwand überwinden und sahen sich daher kaum moralisch korrumpiert. Der politische und militärisch begründete Handlungsrahmen mit seinen korrekt erscheinenden Befehlsstrukturen, welcher zudem ideologisch abgesichert wurde, vermittelte den Tätern eine zusätzliche Entlastung ihres Gewissens und die Überzeugung das Richtige zu tun.

Die nationalsozialistische Auffassung über das Zusammenleben der Menschen sah es als eine moralische Aufgabe Massenmord an denen zu begehen, die sie zuvor als minderwertige Rassen bezeichnet hatten, womit vor allem die jüdische Bevölkerung in Europa gemeint war. Dieser

Aufforderung sind zahlreiche Täter gefolgt und haben bei Durchführung der entsprechenden Befehle sich unterschiedlicher Formen unmenschlichen Handelns bedient. Vor allem diejenigen Täter, die nicht unmittelbar an den Erschießungsgruben standen und stattdessen Transport- und Absperrungsmaßnahmen durchführten, sahen sich als Mittäter des millionenfachen Völkermordes entlastet. Die nationalsozialistische Moral [23] definierte, was unter welchen Bedingungen getan werden sollte, und die Rollendistanz regulierte zwischen dem Befehlsauftrag und der eigenen moralischen Haltung. In diesem Sinne standen Massenmord und ein von Grund auf pervertierter Moralbegriff nicht kontradiktorisch zueinander, sondern bedingten sich in einer wechselseitigen Beziehung, die sich an den nationalsozialistischen Leitfiguren und insbesondere an Hitler als bösartigem Über-Ich-Träger orientierte. Durch den psychischen Vorgang der Introjektion überpersönlicher, jedoch destruktiver Identifikationsfiguren wußten sich die Täter im Dienste einer höheren Macht und frei von persönlicher Schuld. Die stereotype Antwort, daß sie sich nicht schuldig fühlten, die die Angeklagten 1962 im Frankfurter Auschwitz-Prozeß von sich gaben, war mehr als nur eine strafrechtliche Verteidigungsstrategie. Vielmehr traten hier die vollständige Abwesenheit irgendeines Schuldgefühls und die Gewißheit, ihre Mordaktionen als Pflichterfüllung im Dienste einer angeblich höheren Sache getan zu haben, in Erscheinung. Der normalerweise naheliegende Gedanke, Unrecht begangen zu haben, kam ihnen überhaupt nicht in den Sinn. Ihre Befehlshörigkeit und die nahtlose Erfüllung ihrer millionenfachen Henkersrolle, bei der sie wie selbstverständlich jegliche noch vorhandenen Skrupel ausklammerten, war zudem Ausdruck einer tiefgreifenden Charakterdeformierung, die durch generationenlange Erziehung entstehen konnte, welche sich bereits in ihren Grundansichten und in ihrer anthropologischen Bestimmung von den Idealen eines humanistisch gesinnten Menschenbildes verabschiedet hatte.

In dem pervertierten Weltbild der Nationalsozialisten wurde der andere als Fremdes, Feindseliges und Minderwertiges abgelehnt. Gegen ihn richteten sich die eigenen erlittenen Frustrationen im Gewand aggressiver Vernichtungsphantasien, die unter gegebenen Umständen und den herrschen Verhältnissen eines totalitären Systems in Terror und Mord umschlugen. Das Ausmaß des Inhumanen und Amoralischen wurde unter derartigen rigiden Erziehungsbedingungen ins Unermeßliche gesteigert, um als Gefühlsroheit und Gewissens-chwäche gegen das eigene Ich zurückzuschlagen. Nur so war es möglich, daß die Angehörigen der SS hart gegen sich selbst und mörderisch gegen andere sein konnten. Der Maßstab darüber, was gut und richtig oder falsch und verwerflich war, leitete sich aus den Regelwerken eines unmenschlichen Herrschaftsapparates und einer autoritären Bürokratie ab, welche den einzelnen zum Schweigen brachte und ihn einer gefühlsmäßigen Auseinandersetzung mit dem absolut Bösen enthob. Gleichzeitig wurde durch den Mechanismus einer totalen Indoktrination und Massenpropaganda die amorphe Masse der sogenannten Volksgenossen zu einer Schicksalsgemeinschaft geschmiedet, in der auch die in die Verbrechen einbezogenen Wehrmachtsangehörigen in die Rolle von Mitwissern und Komplizen gedrängt und ihnen hierbei jede Gewissensentscheidung abgenommen wurde. Die totale Mobilmachung und der millionenfache Völkermord zogen in moralischer Hinsicht eine totale Komplizität der deutschen Bevölkerung nach sich.

Während des Frankfurter Auschwitz-Prozesses stimmte der fürchterliche KZ Scherge Boger eine Lobrede auf eine Erziehung zur bedingungslosen Härte an; diese sei notwendig um den geeigneten Typus von Mensch hervorzubringen, der sich im Kampf gegen Andersartige behaupten könne. Auch in diesem beispiellosen Zynismus trat noch Jahre nach den Verbrechen die moralische Verwahrlosung einer ganzen Generation zutage. Die Härte gegen sich selbst bei gleichzeitiger Brutalität gegen andere ist im Grunde nichts anderes als das pathologische Deckbild von Masochismus und Sadismus, die sich als psychisches Gegensatzpaar immer in einer Person zusammenfinden. Denn wer gegen sich selbst hart ist, seine Empfindungen des Schmerzes stets verleugnet, verschiebt die Regungen seines Schmerzes, welche er sich selbst nicht zugestehen darf, auf andere. Die Qualen des anderen sind die perverse Genugtuung für die erlittenen masochistischen Demütigungen des Selbst. Wird der Sadismus von oben angeordnet, lassen sich die masochistischen Verletzungen umso leichter ertragen, da man von jeder Schuld befreit scheint, sich vielmehr als Teil eines Ganzen begreift, um sich blind ins Kollektiv einzufügen. So spielte die Gruppendynamik innerhalb der Einsatzgruppen der Polizeibataillone bei den Vernichtungsaktionen in Polen eine nicht unerhebliche Rolle bei dem Versuch, das eigene Gewissen zu entlasten. Man sah sich im Kollektiv eingebunden und löschte gleichsam seine Existenz als selbständig handelndes Wesen aus.[24] Hinzu kam, daß einzelne sich nicht als Außenseiter darstellen wollten, da sie aus persönlichen Gründen auf die Anerkennung der anderen angewiesen waren.

Boger konnte in Auschwitz in der Gewißheit foltern und morden und dies in Einklang mit einem Kollektiv zu tun, welches die Unmenschlichkeit in sadistischer Form zu ihrem Prinzip erhoben hatte. Unter den Voraussetzungen des verübten Terrors reduzierten sich die Täter auf die erbärmliche Existenz einer monadischen Tötungsapparatur, indifferent gegen die Verbrechen und dem Schicksal ihrer Opfer. Die Tatsache, daß an dem millionenfachen Massenmord nicht nur entseelte und kalt agierende, ideologisch verblendete SS-Einheiten beteiligt waren, sondern ebenso Angehörige der Schutzpolizei und oftmals auch normale Wehrmachtssoldaten, oder ganz normale mittlere und höhere Beamten der verschiedensten Administrationen, die nüchtern berechneten, wieviel logistischer Aufwand erforderlich ist, um eine vorgegebene Anzahl von Menschen zu ermorden – wie solches beispielsweise im Generalgouvernement praktiziert wurde –, damit das Verhältnis von Bevölkerung und optimaler Versorgung wieder stimmig sei, lassen die Frage nach dem zivilisatorischen Charakter des Menschlichen offener denn je. Auch hier scheint der Drachen sich als der Stärkere zu erweisen und spottet dem Primat des Humanen. Aber zur Verspottung des Humanen zählt auch die bedrückende Einsicht, daß es mitunter die bloße Uneinsichtigkeit in das eigene verwerfliche Handeln ist, was den Glauben und den Optimismus an die moralische Kraft der menschlichen Natur erschüttert.

Hannah Arendt hat in ihrem Aufsatz über die ORGANISIERTE SCHULD einen Verhördialog wiedergegeben, der als fiktive Geschichte im *Sunday* vom 12. November 1944 veröffentlicht wurde:

„Frage: Habt Ihr Leute im Lager getötet?

Antwort: Ja.

Frage: Habt Ihr sie mit Gas vergiftet?

Antwort': Ja.

Frage: Habt Ihr sie lebendig begraben?

Antwort: Das kam manchmal vor.

Frage: Wurden die Opfer aus ganz Europa aufgegriffen?

Antwort: Das nehme ich an.

Frage: Haben Sie persönlich geholfen, Leute zu töten?

Antwort: Durchaus nicht. Ich war nur Zahlmeister im Lager.

Frage: Was dachten Sie sich denn bei diesen Vorgängen?

Antwort: Zuerst war es schlimm, aber wir gewöhnten uns daran.

Frage: Wissen Sie, daß die Russen Sie aufhängen werden?

Antwort: (in Tränen ausbrechend): Warum sollten sie das? Was habe ich denn getan?"[25]

Die Täter handelten in dem Bewußtsein, nichts getan zu haben. Nur Befehle haben sie ausgeführt und seit wann, so dachten sie, war es ein Verbrechen, Befehlen zu gehorchen? Seit wann galt es als eine Tugend, gegen solche Befehle zu rebellieren? Daß sie als einzelne jenseits der Massenbewegung auch für ihren Gehorsam verantwortlich waren, haben sie erst gar nicht versucht zu verstehen. Von solchen Reflexionen und Skrupeln waren sie aufgrund ihres rigiden Verständnisses von Moral und dem, was Pflichtbewußtsein zu sein hatte, weit entfernt. Als Moral galt nur diejenige, die sich vernichtend gegen andere wandte und anständig war es, bei allen Verbrechen den Anstand bewahrt zu haben, wie es Himmler in seiner berüchtigten Posener Rede vom 4.Oktober 1943 mit unverhohlenem Zynismus aussprach.

In seinem Theaterstück DIE LETZTEN TAGE DER MENSCHHEIT läßt Karl Kraus Wilhelm II. die Vorgänge des Ersten Weltkrieges mit den Worten kommentieren: „Dies habe ich nicht gewollt." Das Absurde und Grauenhafte lag darin, daß es in der Tat zutraf. Als nach der Katastrophe 1945 der Vorhang fiel und der rauschhafte Wahn zusammenbrach, wurde die Welt gezwungen, einem ganzen Chor von Verleugnern zu lauschen, der rief: „Dies haben wir nicht getan." Auch wenn uns darüber das Lachen vergeht, so liegt die grauenhafte Absurdität der Kollektivverleugnung darin, daß sie in der subjektiven Wahrnehmung des einzelnen Täters als Massenmensch zutrifft. Der sogenannte Nationalcharakter, der an sich schon ein fragwürdiger Begriff ist, scheint keine hinreichende Erklärung für das Auftreten dieser spezifischen Art mörderischer Gesinnung zu bieten. Die Täter waren in der Regel nicht von Natur aus Mörder und Henkersknechte. Sie gehorchten nur Befehlen, deren Amoralität sie nie in Frage stellten, da sie gewohnt waren, Autoritäten jederzeit und zu allen Anlässen zu gehorchen. Ihre personale Grundstruktur, die sie zu Massenmördern werden ließ, lag in ihrer spießerhaften Bürgerlichkeit verborgen, die nach außen hin die Fassade eines wohlanständigen und gesetzestreuen Familienmenschen und angepaßten Staatsbürgers errichtete. Unter den führenden Protagonisten der Massenvernichtung und ihrer Begleiterscheinungen gab hinter einer biederen, bürgerlichen Maske verborgen herausragende Phänotypen des Schreckens, über Himmler, Eichmann, Höß bis zu Speer, dem karrierebewußten und politisch unbewußten „Vorzeigenazi", die stellvertretend für die unzähligen, namenlosen willigen Vollstrecker stehen, welche aus der Normalität der Bevölkerung kamen. Als auffallend blasser Typus eines bürokratischen Massenmörders ragte Himmler aus der fanatischen Anhängerschaft um Hitler heraus. Der Historiker Carl Jacob Burckhardt beobachtete an ihm einen für einen Machtmenschen außergewöhnlichen Grad an „konzentrierter Subalternität", durch etwas unbestimmtes Engstirniges, gepaart mit einem unmenschlich Methodischen und einem Element von Automatentum. Diese Beschreibung enthält die wesentlichen Merkmale des sadistischen, autoritären Charakters, wie ihn Heinrich Mann in der Gestalt des Diederich Heßling in seinem Roman *Der Untertan,* Anfang des 20. Jahrhunderts literarisch beschrieben hat. So wie bei Diederich Heßling, zeichnete sich auch Himmlers Erscheinungsbild durch eine unterwürfige, subalterne Haltung und eine unmenschliche bürokratische Gewissenhaftigkeit und Pedanterie aus. Er verkörperte nicht die Beschreibung eines Hassers oder menschlichen Ungeheuers, wie er zumeist gesehen wurde, sondern weitaus mehr die unauffällige Gestalt eines extrem entmenschlichten Bürokraten, auf den Hannah Arendts Formulierung von der „Banalität des Bösen" in jeder Hinsicht zutraf. Zu seinen verordneten Vernichtungsorgien hielt er Abstand, da er gefühlsmäßig nicht in der Lage war, die Auswirkungen seiner Mordpläne in der realen Praxis mit anzusehen. Gleichwohl ist von ihm bekannt, daß er zu freundlichen Dankesbriefen und einem gelegentlichen Gefühl an Mitleid in der Lage war, die aber nichts anderes darstellten, als unechte Attitüden, die man bei ansonsten gefühlskalten Menschen vorfindet. Nichts an ihm war, äußerlich betrachtet unheimlich, und dennoch füllte er die ins endlose getriebenen Vernichtungsutopien mit immer neuen Schreckensszenarien aus. Sein blasses, ausdruckloses Gesicht verriet nichts über seinen grauenerfüllenden buchhalterischen Eifer, mit der er das nationalsozialistische Menschenbild nach dem erfolgreichen Rassenkampf mit den „Hunnenvölkern", wie er es nannte, über die Zeiten ein für allemal festschreiben wollte. Rücksichtslos im Großen und versessen im Detail, plante er ganze Territorien von den „rassisch minderwertigen" Völkern des Ostens frei zu räumen und an ihrer Stelle eine breit angelegte „Germanisierung" und „Blutauffrischung" des arischen Herrenmenschentypus vorzunehmen, zu der er immer neue Programme der Deportation, Umsiedlung und Ausrottung vorlegte. Nicht nur daß er in seinen verschrobenen Rassenträumen Hitler sehr nahe kam, sondern er dachte nicht nur in den Kategorien von Menschenzüchtung, Völkerfraß und Rassenvernichtung, weit darüber hinaus dachte er Hitlers perverse Gedankenwelt konsequent zu Ende, sich immer neuerliche Methoden rationalisierten und fabrikmäßigen Massenmordens ausdenkend. Von einem völlig entleerten und in sein Gegenteil verkehrten Moralbegriff plante er die Massenvernichtung als leidenschaftsloses Geschehen, fernab vom Anschein eines Pogroms, bei dem niemand seine unterdrückten Haßgefühle in brutaler Weise austoben durfte. Denn der Typus des neuen Gewaltmenschen sollte nicht aus der Entbindung niederer Triebe morden sondern aus der Pflichterfüllung im Dienste einer höheren Bestimmung. Dennoch waren die offenkundig bizarren Züge Himmlers nicht die phänotypischen Verschrobenheiten eines einzelnen; es gab in der nationalsozialistischen Gedanken- und Gefühlswelt etliche, die in den utopischen Prospekten einer neuen Gesellschaft ihren Glaubenshunger nach Weltheilung befriedigen wollten. Hierzu wurden sie vom Regime mit dem moralischen Freibrief einer völkischen notwendigen Mission versehen. Als unbedeutende Spießbürger hätten die Himmlers, Eichmanns und Höß ohne die Staffage des „Dritten Reiches" ein unauffälliges Leben geführt. Jahre zuvor hatte Ernst Jünger diese Art des neuen Menschen, den das Regime so sorgsam benötigte, in seinen *Strahlungen* ohne jeden Verdacht des „Luzife-rischen" beschrieben: „Heute locht er uns die Fahrkarte und morgen den Hinterkopf. Beides vollzieht er mit derselben Pedanterie." Ohne daß Jünger einen derartigen Fall in die Barbarei, die alle Vorstellungen pedantischen Handelns übertrifft, vorausgeahnt hätte, sollte er fatalerweise Recht behalten.

Die totalitären Herrschaftssysteme des 20. Jahrhunderts haben das Erfahrungswissen über Wesen und Handlungsmöglichkeiten des Menschlichen um zahlreiche neue Aufschlüsse erweitert. Entgegen allen humanen optimistischen Menschenbildern und psychologischen Bezugssystemen, die die Psyche des Menschen ausschließlich aus den Erfahrungen seiner Biographie herleiten, haben die Tatsachen von Treblinka, Auschwitz und anderen Vernich-tungsstätten der Nazis sichtbar gemacht nicht, nur wozu der Mensch fähig ist, sondern auch, was jenseits aller biographischen Vorbedingungen noch darüber hinaus alles mit dem Menschen möglich ist. Die Metaphysik des absoluten Bösen, wie sie der Philosoph Rüdiger Safranski in ihren unterschiedlichen Facetten beschrieben hat und welche sich in ihren schlimmsten Auswirkungen hier offenbarte, verband sich nicht ausschließlich mit den charakterlichen Radikalitäten monströser Persönlichkeiten, sondern wurde verkörpert durch die Normalität der menschlichen Psyche, die sich für die Versuchungen Macht über andere zu besitzen, als sehr anfällig erwiesen hatte. Das metaphysisch Böse trat auf der Ebene der bürgerlichen Normalität zutage und bedurfte daher weder psychischer Ausgeburten menschlicher Existenzen, noch in letzter Konsequenz der Hingabe an die chiliastischen Verheißungen einer neuen Weltordnung oder eines antisemitischen Hasses, sondern es genügte vielmehr der Appell an Pflichtgefühl, Gehorsam und der Glaube, eine völkische Mission zu erfüllen. Mehr als die Ausbrüche niederster menschlicher Triebregungen hat jene Normalität, unter der diese Verbrechen möglich wurden, das Bild des Menschen erschüttert. Hierzu bedurfte es lediglich der Einschwörung auf die ideologischen Konstruktionen von Volksgemeinschaft und Rassenreinheit, die im Interesse eines völkischen Überlebenskampfes als moralisch verpflichtende Aufgaben einem jeden einzelnen auferlegt wurden. Fichtes Nationenbegriff aus Geburt und völkischer Abstammung hergeleitet, wurde durch die Rassenpolitik der Nationalsozialisten in einer Weise verwirklicht, die dieser selber vermutlich niemals geahnt hätte. In der restlosen Pervertierung aller Maßstäbe und der Umkehrung der Werte und der Moralbegriffe, sowie in der bestimmungsgemäßen Neukonstruktion, daß grundsätzlich Menschliche nicht aus dem Menschen selber herzuleiten, sondern es vor dem

Hintergrund ideologischer und völkischer Verblendungen zu legitimieren, zeigte sich das Wesen nationalsozialistischer totalitärer Herrschaft. Nicht so sehr die Verheißung bindungsloser Triebbefriedigung verschaffte den Nationalsozialisten ihre Anhängerschaft, sondern weitaus mehr in der „konsequenten Verwirrung der moralischen Kategorien und der restlosen Umorientierung verbindlicher Herkunftsmuster, die begleitet wurden von der Verkündung einer neuen eigenen Moral"[26] und eines „neuen Menschenbildes", liegt der eigentliche Grund ihrer Bindungskraft, mit der sie in die Beschaulichkeit der bürgerlichen Welt einbrechen konnte. Jene fragmentierte Täterschaft an den Massenmorden hat es dem einzelnen ermöglicht, der Totalität des Verbrechenszusammenhangs auszuweichen und den eigenen Schuldanteil zu bestreiten. Insofern nutzte das Regime die modernistischen Segmentierungstendenzen der Epoche, die im Zuge einer anthropologischen Neuorientierung den Menschen aus seinem ganzheitlichen Bezug herauslöste und in als homo sociologicus, als Ensemble von verschiedenen Funktionsrollen begriff. So sah beispielsweise der Lokführer, welcher die Juden in die Vernichtungslager transportierte, nur seine Rolle als Transporteur und begriff nicht den Zusammenhang zwischen Transport und Vernichtung. Ebenso waren die bürokratischen Organisatoren des Holocaust von den millionenfachen Morden innerlich so weit entfernt, als daß sich bei ihnen gewisse schuldhafte Skrupel hätten einstellen können. Nur so waren sie offenkundig in der Lage, ihren Beitrag zur Völkervernichtung als technisch administratives Erfordernis im Rahmen ihrer funktionalen Tätigkeit zu interpretieren und mit der sie zugleich ihr eigenes Gewissen freisprechen konnten. Wenn überhaupt Skrupel aufkamen, so sahen sie sich als Rädchen im Getriebe einer notwendigen Maschinerie. Hierdurch wurde der schuldabschwächende Kunstgriff, der die Taten in einem sachlich notwendigen Kontext zu stellen versuchte, überdeutlich. Als ihre Taten vor Gericht zur Sprache kamen, haben sie sich in selbstbemitleidender Weise als Opfer des Systems gesehen und mit fremder Verantwortung beladen allein gelassen gefühlt. In dem Maße wie sie ihre eigene Verantwortung auf die höhere Autorität projizierten, haben sie sich als diejenigen willfährigen Helfer entlarvt, welche ohne eigene Entscheidung zu jeder Tat fähig sind, wenn sie nur von oben angeordnet wird. In ähnlicher Weise versuchte Albert Speer vor dem Nürnberger Hauptkriegsverbrecherprozeß die Totalität seines Wirkens während der Nazi-Herrschaft zu übersehen. Indem er die Verantwortung für die Verbrechen alleine aus der Tatsache übernehmen wollte, Mitglied dieser Regierung gewesen zu sein, wich er allerdings der Frage nach seiner unmittelbarer Tatbeteiligung am millionenfachen Völkermord aus, an dem er, wie sich später herausstellen würde, in vollem Umfange beigetragen hatte.[27] Auf ihn trifft daher jener Vorwurf zu, daß die unmittelbare Nachbarschaft zum Bösen nicht alleine ausreicht, sich im einzelnen für dasjenige freizusprechen von dem man glaubt, in abstrakter Weise die Gesamtverantwortung übernehmen zu können. Schuld oder die Relativierung von Schuld bestehen nicht in der Tatsache eines unvermeidlichen Augenblicks in dem man sich am historischen Schauplatz des Geschehens befindet, sondern vielmehr in den persönlichen Handlungen und Unterlassungen. Die Marionetten des totalitären Systems, wie Höß, Eichmann und die zahlreichen Täter auf den unteren Ebenen spiegelten das Bild gläubiger und leidenschaftsloser Werkzeuge wider, über die sie keine Verantwortung empfanden. In seinen Aufzeichnungen hat Höß sich darüber beklagt, wie die Welt ihn als Monster und blutdürstige Bestie und millionenfachen Massenmörder darstelle und hierbei übersehe, daß er nur gehorcht und „doch auch ein Herz" gehabt habe. Das Zeitalter, welches in seiner fürchterlichen Totalität diesen „Neuen Menschen" hervorbrachte, zeigt, wie wenig Unrecht er hatte. Somit war es auch für Himmler ein leichtes, sein Mordensemble mit ganz normalen Individuen auszustatten, deren einziges moralisches Problem darin zu bestehen schien, daß sie das „Pech" hatten in einer Zeit zur Verfügung zu stehen, wo sich solches ereignete. Gleichwohl versuchte insbesondere Himmler den brutalen Auswüchsen, welche oft genug vorkamen, ihre moralische Legitimation abzusprechen, wobei ebenso die rücksichtslose Härte und Grausamkeit zu den Grundtugenden der SS gehörten und auch geduldet wurde. Dem Selbstverständnis der SS entsprechend, sollten die Täter als rationale und bürokratisch-distanzierte Technokraten des Todes vorgehen und nicht als Angehörige einer hemmungslosen Schlägertruppe. Die Schrecken, welche die Weltanschauungstruppe der SS verbreiteten, kamen daher nicht aus brachialer Gewalt sondern erwuchsen aus der Präzision ihres sorgfältig vorbereiteten technischen und bürokratischen Tötungsapparates, so daß Himmler sagen konnte, daß er Verständnis für die Angst aufbrächte, die jemanden erfaßt, wenn er nur den schwarzen Rock erblickt.

Der Nationalsozialismus und insbesondere Himmler haben es verstanden, das moralische Prinzip des Handelns hinsichtlich seiner zweckrationalen Intention in seinem ethischen Kern zu zerstören, um es als moralische Legitimation der Verbrechen zu mißbrauchen. Damit haben sie die Unterscheidung einer Handlung in ihrer zweckrationalen Intention und in ihrer moralischen Konsequenz, die Max Weber vornahm, wobei das letztere dem ersteren übergeordnet erscheint, in ihr Gegenteil verkehrt. Indem die Moral der Intention untergeordnet oder genauer formuliert, in partikularistischer Weise angepaßt wurde, war es möglich, ganz normale Männer in das Mordhandwerk einzubeziehen, ohne diesen Schuld- und Schamgefühle abzuverlangen. Im Rahmen dieses pervertierten Moralverständnisses standen sie immer auf der „moralisch richtigen Seite" und es war sicherlich keine Seltenheit, sich mit dieser Moral zu identifizieren und sie zu seiner eigenen zu machen. Folgerichtig zielte daher Himmlers Vernichtungsmaschinerie darauf ab, nicht potentielle Verbrecher und Perverse einzubinden – die gab es selbstverständlich auch – sondern in erster Linie „Jobholders"[28] und angepaßte Spießbürger, denen sentimentale Familienbezogenheit über alles ging. Tagsüber mordeten sie oder organisierten den Völkermord; abends spielten sie mit ihren Kindern unter dem obligatorischen Weihnachtsbaum, eine Idylle der Wohlanständigkeit vor dem Hintergrund millionenfachen Schreckens. Die Verschiebung des moralischen Referenzrahmens, der die Ermordung unschuldiger Menschen als Notwendigkeit legitimierte, machte es möglich, daß ganz normale Individuen dazu bereit waren, die tägliche Tötungsarbeit zu verrichten, ohne daß ihnen auch nur die geringsten Schuld- und Schamgefühle gekommen oder sie psychisch an ihren Taten zerbrochen wären. Gleichwohl verrichteten sie ebenso korrekt das Morden aus Pflichterfüllung, wie sie sich mit überpersonaler Korrektheit darum bemühten, organisatorische Mißstände in den Lagern zu beheben, selbst dann, wenn jüdische Gefangenen diese vorbrachten,[29] die kurze Zeit später der Vernichtung preisgegeben wurden

Extremfall Höß – Untertan des Bösen –

Der Historiker Broszat, auf den sich die vorliegende Charakterstudie bezieht, gab zu bedenken, daß eine Beschäftigung mit dieser Person und zumal dessen Autobiographie verständlicherweise auf mancherlei Vorbehalte stoßen würde. Sich überhaupt mit einer derartigen Person zu beschäftigen, wenngleich auch in der Absicht ihren absonderlichen Charakter aufzuzeigen, hieße zugleich, einem Menschen, der millionenfaches Leid verursacht hat, nachträglich noch eine literarische Beachtung, wenn auch in kritischer Weise, entgegen zubringen und ihn als bedeutende historische Person zu würdigen. Der Historiker Martin Broszat veröffentlichte 1963 die Autobiographie von Höß und weist zugleich auf dessen nationalsozialistisch gefärbte Gefühls- und Moralwelt auf, die Höß bruchlos zu seiner eigenen Gemacht hatte. Selbst da, wo er faktisches wiedergibt, ist das NS-Denk- und Sprechschema unverkennbar. Terror und Verbrechen, welche in den Konzentrationslagern stattfanden, bezeichnete er als Strafen oder bezeichnet diese als falsche Handlungen. Weitschweifig eröffnet Höß dem Leser einen Blick auf sein Innenleben mit seinen absurden, verdrehten Gefühlswelten, hingegen den Opfern die Gelegenheit genommen wurde, sich jemals über ihr erfahrenes Leid zu äußern. Seinen Opfern, die nicht mehr befragt werden können und über kein Wort mehr verfügen, stellt sich deren Mörder noch in einer Weise gegenüber, die vermuten läßt, es handele sich um eine nachträgliche Rechtfertigung seiner Verbrechen, die er aufgrund seines Charakters als solche nicht erkennen wollte. Seine durchweg sentimentalen, egozentrierten Gefühlswallungen scheinen seine Verantwortung für das Angerichtete im Nachhinein zu relativieren und ihn selber als das eigentliche Opfer in der Rolle eines bedauernswerten Helden erscheinen zu lassen, dessen vorbehaltlose Pflichterfüllung sich das totalitäre System zu Nutzen gemacht habe, ohne daß man ihm bedeutet hätte, daß er hiermit ungeheure Verbrechen begehen würde. Über die anonymen, nicht mehr auffindbaren Gräber der ermordeten Häftlinge in Auschwitz und Birkenau möchte er noch als tragische Lichtgestalt inmitten unvorstellbarer Roheit und menschlicher Verwahrlosung aufleuchten, voller Gefühl im Einzelfall, aber ansonsten den Befehlen von oben hilflos ausgeliefert. Hierzu passen wie selbstverständlich die selbstbemitleidenden Reflexionen seines Gemütszustandes angesichts der von ihm zur Durchführung gelangten Verbrechen, die das Selbstbildnis eines „traurigen Mörders" (Fest) unterstreichen. Wie kaum ein anderer maßgebender Naziverbrecher hat Höß der Nachwelt ein Charakterbild geliefert, das symptomatisch für viele andere steht. Und hierin liegt der eigentliche Grund, sich über 60 Jahre nach seinem Tod mit seiner gespalten anmutender Charakterstruktur auseinanderzusetzen, da sie kein Einzelfall darstellt. Vielmehr verdichtet sich lediglich in seiner Person in frappierender Deutlichkeit die pervertierte Denk- und Gefühlsstruktur, welche den ganz normalen Tätern des NS-Regimes eigen war. Jene schrankenlose Korrumpierung tradierter abendländischer Wertvorstellungen und der restlosen Verachtung allen Menschlichen bei gleichzeitiger Larmoyanz über das eigene „Schicksal", an einer derartigen „historischen Aufgabe" beteiligt gewesen zu sein, wird nicht nur am Einzelfall der Person Rudolf Höß deutlich. Mehr noch, im System Auschwitz-Birkenau, wie auch in den übrigen Vernichtungsstätten, institutionalisierte sich diese Verrohung und Verwüstung humaner Normen in einem Ausmaß, die ohne historische Parallele ist.

In seiner Autobiographie erscheint Höß als kleinbürgerlicher und durchschnittlich begabter Mensch, pflichtbewußt, diszipliniert, gehorsam und keineswegs bösartig oder von destruktivem Haß und Vernichtungswillen getrieben. An keiner Stelle geht hervor, daß er jüdische Menschen gehaßt hat oder ein ausgesprochener fanatischer Antisemit gewesen wäre. Seine Aufzeichnungen machen es schwer, eine kategorische Unterscheidung zwischen denen zu treffen, die aus reinem Pflichtgefühl und fehlgeleitetem Idealismus der Sache des Nationalsozialismus dienten und denen, die aus Grausamkeit und Sadismus das vermeintlich „gute Wollen der anderen durch ihr teuflisches Handwerk verdarben".[30] Dergleichen entsprach auch nicht der eigentlichen Vorstellung Himmlers, dem Lust oder gar Bereicherung am Los der Häftlinge ebenso ein Dorn im Auge war, wie Mitleid und Schwäche seiner SS-Funktionäre. Sein Ideal war der disziplinierte Lagerkommandant, wie ihn Höß verkörperte, der sich zwar rücksichtslos durchsetzte, vor keinem Befehl zurückschreckte und dennoch im Himmlerschen Sinne dabei persönlich „anständig" blieb.

Am extremen Beispiel einer zweckgerichteten Trennung von privater Moral und öffentlicher Pflichterfüllung im Fall des Lagerkommandanten von Auschwitz-Birkenau, Rudolf Höß, wird dasjenige offenkundig, was das eigentliche Grauen im Vernichtungsalltag des Dritten Reiches ausmachte. Der Vorstellung Himmlers, daß Massenvernichtung ohne jede persönliche Bereicherung von Seiten der SS zu erfolgen habe, und daß alle Regungen von Mitleid nur als persönliche Charakterlosigkeit anzusehen sind, entsprach Höß in jeder Hinsicht. In seinen Bedürfnissen nach Befehl, Ordnung und klaren Abhängigkeiten, wie die Struktur des SS-Staates sie bieten konnte, war Höß einer der vielen, die ähnlich wie er, sich den vorgetäuschten Idealen nach Volksgemeinschaft und dem Glauben an Rassenherrschaft bei gleichzeitiger Entlastung von individueller Verantwortung hingegeben haben. Höß Arbeitsweise und innere Einstellung zu den Verbrechen war der vorweggenommene SS-Staat, wie er Himmler vorschwebte und der auf eben diesen Eigenschaften aufgebaut werden sollte. Ohne Charaktere wie Höß, wäre es dem Regime nicht möglich gewesen, seine Vernichtungsideologien in konkrete Politik umzusetzen. Er war daher das Ideal des SS-Menschen, den das Dritte Reich zur Durchsetzung seiner Rassenpolitik benötigte, der sich einer Haltung zur unbedingten Härte bei gleichzeitiger Abwesenheit sozialer Gefühlqualitäten verpflichtet wußte. Als Kommandant des Vernichtungslagers Auschwitz-Birkenau erfüllte er in idealer Weise somit Himmlers Ansprüche an die Härtequalitäten seiner SS. Dieser hatte seine Vorstellungen am 4.Oktober 1943 vor dem obersten Führungskorps der SS im Hinblick auf die Judenvernichtung mit den Worten beschrieben: „Von euch werden die meisten Wissen, was es heißt, wenn 100 Leichen beisammen liegen, wenn 500 daliegen oder wenn 1000 daliegen. Dies durchgehalten zu haben [...] und dabei anständig geblieben zu sein, das hat uns hart gemacht. Dies ist ein niemals geschriebenes und nie zu schreibendes Ruhmesblatt unserer Geschichte".[31]

In Höß' fast hypertrophiertem Verlangen, sich Imperativen zu unterwerfen und durch die roboterhafte Ausführung seiner Vernichtungsarbeit in Auschwitz manifestierte sich die Umkehrung einer Pflichterfüllung zu einer moralisch hehren Haltung, wie sie in Himmlers Worten unverhüllt zum Ausdruck kommt. In seinem Habitus einem Automaten ähnlicher als einem Menschen, entsprach er den Idealvorstellungen eines Lagerkommandanten, der in den Augen Himmlers weder brutal, noch sozial heruntergekommen und ausschweifend sein sollte oder einen offenen Sadismus zu Schau trug, wie viele der Kreaturen in der SS, wie beispielsweise der Lagerkommandant von Plaszow bei Krakau, Amon Göth, einem breiteren Publikum bekannt geworden durch Spielbergs Film *Schindlers Liste*, der allmorgendlich von seinem Balkon wahllos jüdische Gefangene erschoß und gegen den im Herbst 1944 Ermittlungsverfahren des SS-Gerichtes wegen Unterschlagungen eingeleitet wurden. SS-Schergen und Lagerkommandanten wie Höß waren dagegen die idealen Exekutoren jener Form von Massenvernichtungen, bei denen die verantwortlichen Täter abseits des Geschehens „hygienisch" und gleichermaßen „sachlich" distanziert wie „rational" mordeten, ohne jedoch ein Gefühl des Mordens zu besitzen. Erst durch ihre bedingungslose Unterwerfung unter die Befehlsstrukturen der Vernichtungsbürokratie wurde der fabrikmäßig betriebene Holocaust möglich. Aufgrund der rastlosen Tätigkeit und einer gespenstisch anmutenden „Gewissenhaftigkeit", mit der Höß die ihm gestellten Aufgaben erfüllte, konnte das „System" Auschwitz eine totale Einrichtung des totalen Terrors und der Vernichtung werden. Eine Todesfabrik, in der man in einem unvorstellbaren Ausmaß lebende Menschen in Tote verwandelte, im wahrsten Sinn des Wortes Leichen produziert wurden. Die pedantische Gewissenhaftigkeit und Selbstdisziplin, die den Anschein eines pädagogischen Konzeptes erweckte, mit der Höß seine Aufgaben versah, und der belehrende Unterton einer befremdlich wirkenden Sachlichkeit, mit der er in seiner Autobiographie darüber berichtete, lassen bei dem unbefangenen Leser gar zu leicht den Eindruck aufkommen, daß das Lager eine Einrichtung der Erziehung und Ordnung gewesen sei, einer harten zwar, aber immerhin um die Anpassung der Gefangenen an die Regeln des Lageralltages bemühte Anstalt, wobei es doch in Wirklichkeit eine Stätte der Vernichtung war. Mit zynischer Selbstherrlichkeit war Höß in seinen Aufzeichnungen darum bemüht, sich als ein „Pädagoge" der Ordnung und Disziplin darzustellen und alle diejenigen, die aus Gründen ihrer lebensbedrohlichen Situation ums nackte Überleben kämpfen mußten und gegen diese „Ordnung" verstießen, daran zu messen und in selbstherrlicher Weise über diese zu richten. Über sich selber sagte Höß, daß er völlig normal sei und „selbst als ich die Ausrottungsaufgabe durchführen mußte, führte ich ein völlig normales Familienleben".[32] Während des Dritten Reiches war Höß nur einem vergleichsweise engen Kreis bekannt. Er war eine Figur aus dem sogenannten zweiten Glied der Nazi-Satrapen. Bis zu seiner Ernennung als Kommandant von Auschwitz führte er eine unbedeutende Existenz im Kielwasser höherer NS Chargen.

1900 in Baden-Baden geboren, entstammte er einer katholischen, strengen aber überaus frommen Familie, in der Gehorsam und Disziplin an vorderster Stelle standen. Durch ein Gelübde des Vaters sollte der Sohn Rudolf den Priesterberuf ergreifen. Dennoch vermochten die tiefe Gläubigkeit und das gastfreundliche Verhalten seiner Eltern sowie die religiöse Erziehung bei ihm keine nachhaltigen Spuren zu hinterlassen. Jene moralischen Grundzüge, die sich in seiner Persönlichkeit ansatzweise niederschlugen und zu dem Wunsch führten Priester zu werden, wurden späterhin in schlimmster Weise pervertiert und ihr Gegenteil verkehrt. Umso symptomatischer mutet daher der Austritt aus der Kirche an, der nicht nur einer symbolischen Loslösung von echten christlich ethischen Wertevorstellungen, sondern auch einer Trennung von den moralischen Inhalten gleichkam, verbunden mit einer Transformierung seines Verhaltens zu einer außengeleiteten spießbürgerlichen Haltung, die er Zeit seines Lebens beibehielt. Die religiösen Erfahrungen seiner Kindheit und Jugendzeit reichten freilich aus, eine Gewissensbildung zu entwickeln, die dazu geeignet gewesen wäre, in Anbetracht eines strengen religiösen Über-Ichs das eigene Handeln gegenüber den Anforderungen der Außenwelt kritisch zu überprüfen. Die Erziehungsgrundsätze im Elternhaus Höß, die er in seinen Aufzeichnungen während seiner Haft nach Kriegsende in polnischer Gefangenschaft vor seiner Hinrichtung niederschrieb,[33] lesen sich wie die im Nachhinein konstruierte Ausgangssituation seines Lebensweges und bergen bereits die Elemente seines Endes: „Von meinen Eltern war ich erzogen, daß ich allen Erwachsenen und besonders Älteren mit Achtung und Ehrerbietung zu begegnen hätte, ganz gleich aus welchen Kreisen sie kämen. Überall, wo es notwendig ist behilflich zu sein, wurde mir zur obersten Pflicht gemacht. Ganz besonders wurde ich immer darauf hingewiesen, dass ich Wünsche und Anordnungen der Eltern, der Lehrer, Pfarrer usw., ja aller Erwachsenen bis zum Dienstpersonal unverzüglich durchzuführen bzw. zu befolgen hätte und mich durch nichts davon abhalten lassen dürfe. Was diese sagten, sei immer richtig. Diese Erziehungsgrundsätze sind mir in Fleisch und Blut übergegangen. – Ich kann mich noch gut entsinnen, wie mein Vater – der als fanatischer Katholik und ein entschiedener Gegner der Reichsregierung und deren Politik war – seinen Freunden stets vor Augen hielt, dass, trotz aller Gegnerschaft, die Gesetze und Anordnungen des Staates und bedingt zu befolgen wären. Schon von klein auf wurde ich zu einem festen Pflichtbewußtsein erzogen."[34]

Damit war das bestimmende Grundthema eines Lebensweges aufgezeigt, über dessen Ende er in der Todeszelle resümierte: „Ich habe nichts zu sagen; ich konnte nur „Jawohl!" sagen. Wir konnten nur Befehle ausführen ohne weitere Überlegung [...] gleichgültig, um was für einen Befehl es sich handelte." [35] In den Maximen des SS-Tugendkataloges: „Glauben, Gehorchen, Kämpfen" erkannte Höß sein alter ego, hierin manifestierte sich der Apparat Höß, ohne dass dieser im Widerspruch zum Menschen Höß stand. Der Mensch Höß und der Apparat Höß gaben sich wechselseitig ein Alibi ihrer Schuldlosigkeit. Die „Tugenden" der SS entsprachen seinem Charakter und standen in Einklang mit den Erziehungserfahrungen seiner Kindheit. Hier lernte er bereits die Gewissheit zu schätzen, nur in einer Welt von Befehlen und Gehorsam heimisch zu werden und bei der Disziplin sowie der Verzicht auf individuelle Selbstbestimmung die äußersten Merkmale der Individualität sind. Eine Individualität freilich, in der es außer permanenter Fremdbestimmung keinerlei Authentizität gab. In der kongenialen Verbindung zwischen der Forderung nach Verzicht auf individuelle Selbstbestimmung und totalitärer Dressur zum unbedingten Gehorsam, war er der ideale Typus eines SS-Mannes wie ihn Himmler benötigte. Die Auffassung, der zufolge nur der Befehl absolute Gültigkeit besaß, war für Höß die Devise seines Lebens, welche ihn aus seiner wesensmäßigen Entscheidungsunsicherheit zu der Mechanik fragloser Dienstverrichtung hinführte. Sein Leben wie aus zweiter Hand, ohne inneres Selbst, nur fremdgesteuert und außengeleitet, ließ jede Eigenständigkeit vermissen. Diese, in psychischer Hinsicht zweifelsohne reduzierte und automatenhafte, eindimensionale Existenz hatte für ihn nicht alleine den Aspekt einer Entwürdigung, sondern sie bot ihm, wie bei vielen anderen, auch Genugtuung und Befriedigung darüber, in einem System ein gut funktionierendes Element zu sein, welches seinen Teil zur Gesamtaufgabe beitrug. Höß außerordentliche Bereitschaft, sich Befehlen zu unterwerfen und seine Scheu vor personalen Beziehungen, die über die mechanisierten Regularien von dienstlichen Abläufen hinausgingen, lassen ihn als einen Menschen erscheinen, der seinen eigenen Worten zufolge, sich selbst genügt. Mit seiner ins Unnahbare und

Seelenlose erstarrten Persönlichkeitsform war er für das Regime überaus nutzbar. Wie bei zahlreichen Funktionären des nationalsozialistischen Führungskorps war er introvertiert und autoritätsblind, sowie unfähig zur Identifikation mit anderen Menschen. Zu seinen beiden Schwestern, die ihn sehr verehrten und liebten und ständig darum bemüht waren, eine tiefere Bindung zu ihm aufzubauen, konnte er keine menschliche Beziehung herstellen. Sie waren ihm gleichgültig und mitunter lästig. Einzig die rauhe und brutale Atmosphäre der SS-Kameradschaft vermittelte ihm das Gefühl einer Geborgenheit, die in Wirklichkeit keine war, da sie authentische menschliche Begegnungen ausschloss. Der Historiker Martin Broszat hat treffend bemerkt, daß das Wesen der Kameradschaft darin besteht, eben dieser personalen Nähe auszuweichen und statt dessen eine Zweckgemeinschaft zu bilden, die sich ausschließlich an eine ihr übergeordneten Sache orientiert in einer vorgegebenen Situation und jedem, der dazu gehört, unterschiedslos gewährt.[36]

Wie viele seiner Zeitgenossen, die wie er am Ersten Weltkrieg teilgenommen hatten und danach entwurzelt und ohne Existenz standen, schloss sich Höß eine der zahlreichen Freikorps an. Er gehörte der Generation junger Männer an, denen das Leben nicht mehr zu bieten hatte, als Krieg und sentimentale Kameradie in den verschiedenen Kampfbünden, in denen sich zu Anfang der Weimarer Republik die entwurzelten Soldaten des Ersten Weltkrieges eine Antwort auf ihre ungelösten Existenzprobleme und Daseinssicherungen erhofften. In seiner Biographie findet sich darüber die aufschlussreiche Bemerkung, dass mit seinem Eintritt in das Ostpreußische- Freiwilligen-Korps sein Berufsproblem gelöst sei. Als Angehöriger des be-rüchtigten Freikorps Roßbach nahm er an Kämpfen im Baltikum teil und fand sich außerdem in der von ihm geschätzten Atmosphäre eines soldatischen Kameradschaftsgefühls wieder, die er schon als Frontsoldat wohltuend empfunden gelernt hatte und in der sich jeder auf jeden verlassen konnte. Somit fand er jene Ersatzgemeinschaft vor, welche seiner sprichwörtlichen Kontaktscheu die drohende Gefahr sozialer Isolation nahm. Auch traf er hier auf jene Befehlsstruktur, die ihm seit frühester Jugend vertraut war und die für sein gesamtes Leben nicht nur einen prägenden Einfluss ausübte, sondern ihm auch jenes innere Geländer psychischer und moralischer Sicherheit bot, mit der er später wie selbstverständlich seine Rolle in Auschwitz ausfüllte. Indes hat der prägende Einfluss einer psychischen Verrohung, die solchen Strukturen zugrunde liegt, ihre Wirkung auf ihn nicht verfehlt. Denn 1923 wurde er wegen Beteiligung an einen Fememord vom Staatsgerichtshof als einer der Haupttäter zu 10 Jahren Zuchthaus verurteilt, die er jedoch nicht bis zuletzt zu verbüßen brauchte. In seiner Biographie fällt sein pedantischer analytischer Berichtston auf, mit dem er die Zeit in dem Brandenburger Zuchthaus schildert, die ihm zu einer Art Heimat gereicht und in der er sich geborgen fühlt, ähnlich wie zuvor in den militärischen Gruppierungen. Vor allem das strenge Reglement der Anstalt kommt seinem Sinn nach Ordnung und Autorität entgegen. Vor allem ist er stets bereit, nicht nur die Regeln dieser Anstalt zu befolgen, was eine Selbst-verständlichkeit gewesen wäre, sondern ihm verschaffte es eine große Befriedigung, sich mit diesen Regeln zu identifizieren und in deren Erfüllung eine vorbildliche Haltung einzunehmen um als „ordentlicher" Gefangener zu erscheinen. Seine dumpfe Egozentrik erlaubt ihm, diejenigen Mitgefangenen, die versuchten, diese Regeln zu umgehen, um das Beste für sich herauszuschlagen, als heimtückische und verdorbene Charaktere zu bezeichnen, ungeachtet dessen, dass er selber aufgrund einer schweren Straftat diese Eigenschaften besitzt. Auch geht er, der Jahre später die größten Grausamkeiten zu verantworten hat, den üblichen Streitereien und Handgreiflichkeiten der Mitgefangenen aus dem Weg und bezeichnet diese rundweg als hinterhältige, gewalttätige rohe und gemeine Kreaturen. In seiner Autobiographie beschrieb er mit sichtlicher moralischer Entrüstung die Verbrechen und Verhaltensweisen der übrigen Gefangenen. Indem er sie selbstgerecht benannte, versuchte er seine eigene Schuld im Sinne einer Katharsis zu bannen und seinen Fememord mit dem Anschein eines tadellosen Charakterbildes zu kompensieren. Diese perspektivische Wahrnehmung anderer blieb ihm während seiner Tätigkeiten als Kommandant in Auschwitz erhalten und diente vermutlich als innere Stütze, sein eigenes korrektes Verhalten, welches im Kern zutiefst verbrecherisch war, vor dem Hintergrund angeblich unmoralischer Verhaltensweisen anderer moralisch zu legitimieren. Dennoch blieb diese Art der Reflexion in seinem typischen engstirnigen und kleinbürgerlichen Denken verhaftet, welches ihn dazu ermächtigte, moralische Urteile zu fällen, die jedoch innerhalb der gedanklichen Grenzen verblieben und für ihn selber nicht anstößig auf das eigene Verhalten wirkten.

Über all solcher moralischen Selbstgerechtigkeiten, deren inneren Widerspruch ihm verschlossen bleibt, dringt immer wieder die Grundfrage seines Lebens durch, wem darf ich dienen und welche Aufgaben darf ich mit peinlichster Korrektheit, Pflichterfüllung und unbedingtem Gehorsam verrichten. So berichtet er über seine Zeit im Zuchthaus: „Von Jugend auf zu unbedingtem Gehorsam, zu peinlichster Ordnung und Sauberkeit erzogen, fiel es mir [...] nicht besonders schwer, mich in das harte Zuchthausleben einzufügen. Gewissenhaft erfüllte ich meine mir genau vorgeschriebenen Pflichten, machte meine geforderte Arbeit, meist mehr, zur Zufriedenheit meiner Werkmeister und hielt meine Zelle stets musterhaft sauber und in Ordnung, so dass selbst die böswilligsten Augen nichts zu Beanstandendes finden konnte."[37]

1924 wurde er aufgrund eines Amnestiegesetzes nach annähernd sechs Jahren Zuchthaushaft entlassen. Bald darauf trat er dem bäuerischen Artamanenbund bei, einer Vereinigung, der auch Himmler angehörte und germanische Schollen- und Runengläubigkeit, antizivilisatorische Abneigungen und lebensreformerische Entwürfe mit einem Landsiedlungsprogramm verbanden. Himmler veranlasste ihn 1934, in die aktive SS einzutreten und somit war sein weiterer Lebensweg vorgezeichnet. In Dachau, dem ersten Konzentrationslager, „erlernte" er unter dem Kommandanten Eicke das „Handwerk" zu seiner späteren Tätigkeit als Lagerkommandant. Eickes Grundprinzip der Ausbildung künftiger Lagerleiter der SS war das einer bedingungslosen Härte gegen die Gefangenen, wobei über die stets auftretenden Brutalitäten hinweggesehen wurde, auch wenn Himmler solche Auswüchse offiziell missbilligt. In Dachau erfuhr Höß die „hohe Schule" des Terrors und der bürokratischen Vernichtungsarbeit, die sich in pedantisch geführten Akten über die umgebrachten und zu Tode gekommenen Gefangenen bis auf den heutigen Tag noch nachvollziehen lässt. Dort in Dachau bereits wusste er, ohne inneren Zweifel aufkommen zulassen, Terror und Privatleben miteinander zu verbinden, wobei das eine dem anderen keinesfalls im Wege stand. Gelegentlich aufkommende Komplikationen seiner Psyche, die bisweilen gegen die Zumutungen der Persönlichkeitsaufspaltungen rebellierte, verstand er mittels entspannender Reittätigkeit und Beschäftigung mit seinen Kindern auszugleichen, obgleich es vorkam, dass er Stunden zuvor die Ermordung jüdischer Kinder angeordnet hatte. Seine mangelnde Reflexionsfähigkeit und die Unfähigkeit, Zugang zu den eigenen Gefühlen zu finden, verhinderte indes, dass ihm die Widersprüchlichkeit seines Verhaltens jemals zu Bewusstsein gelangt wäre, geschweige denn, dass er die entsprechenden Konsequenzen daraus gezogen hätte.

Nachdem Höß im Zuge der „Endlösung" die tägliche Vernichtungsarbeit von Tausenden Menschen von seinem Schreibtisch in Auschwitz organisiert und angeordnet hatte, spielte er abends, unverfänglichen väterlichen Attitüden gemäß und entsprechend den Vorbildern romantischer Familienklischees, mit seinen Kindern mit jenem Spielzeug, welches zuvor den jüdischen Kindern geraubt wurde. Kitsch und Gewalt, Spießbürgerlichkeit und Herrenmenschentum führten als Instrumente der Verführung und des Terrors im Dritten Reich, nicht nur im Falle Höß, eine einträchtige Symbiose. Für ihn war es die Normalität, in seiner Berufsrolle Mordhandwerk anzuordnen, um anschließend in seine private Rolle zu schlüpfen und väterlichen Gefühlen anzuhängen. Diese emotionale Dumpfheit erlaubte ihm auch die Tatbestände seines Handelns nur noch aus der Perspektive sentimentaler, egozentrierter Erbaulichkeit zu sehen. Mit blasphemischer Sentimentalität und kaum überbietbarer Taktlosigkeit, die schon an Zynismus grenzt, schilderte Höß in seinen Memoiren die erste Vergasungsszene, die er in Birkenau ausführen ließ: „Im Frühjahr 1942 gingen Hunderte von blühenden Menschen unter den blühenden Obstbäumen des Bauerngehöftes, meist nichtsahnend, in die Gaskammern, in den Tod. Dieses Bild vom Werden und Vergehen steht mit jetzt noch genau vor den Augen."[38] Angesichts seiner unmittelbaren Beteiligung am entsetzlichsten Völkermord hält er sich noch für einen mitleidigen und gefühlvollen Menschen, der seine Verbrechen noch mit lyrischen Impressionen glaubt ausschmücken zu müssen. Wie selbstverständlich bildeten sich in seinem Charakterbild gefühlsmäßige Rührseligkeiten, neben einer kalten Organisationswut und der grundsätzlichen Teilnahmslosigkeit gegenüber der Tatsache des Massenmordes, heraus. Bezeichnend für derartige widersprüchliche Charakterzüge ist jene Stelle in seiner Biographie, wo er über die, von Himmler befohlenen medizinischen Versuche mit Zigeunerkindern berichtet und deren Zutraulichkeit zu den Ärzten, die sie durch Injektionen töteten. „Nichts ist wohl schwerer, als über dies kalt und mitleidlos, ohne Erbarmen hinwegschreiten zu müssen".[39] Seine wesensmäßige Gefühlsarmut und kalte Egozentrik gestattete es ihm, den heimtückischen Mord an arglosen Kindern in eine Tragik der Mörder zu verwandeln. Die Paradoxie seines Gefühlslebens wird alleine schon in der Wortwahl deutlich, derer Höß sich bedient. Er nennt schwer und für die Täter belastend, was verbrecherisch war. In seiner Schilderung über die „Kristallnacht" am 9. November 1938 stellte er entsetzt fest, dass überall in den Synagogen „Feuer ausgebrochen" sei, ohne dass ihm diese Beschönigungsformel auch nur annähernd bewusst geworden wäre.

Höß ist ein außerordentliches Beispiel dafür, dass private „Gemütsqualitäten" nicht vor Inhumanität bewahren sondern im Dienste eines politischen Verbrechens gestellt werden können und der selbstverantwortete Massenmord als Hintergrund impressionistischer Gefühlsduseleien noch dazu benutzt wird, das eigene Gewissen zu entlasten. In erschreckender Weise zeigt sich bei Höß eine Gemütspalette, auf der betuliche Sentimentalität und unmenschlichste Gnadenlosigkeit und eine ins Grenzenlose getriebene Pflichterfüllung wie selbstverständlich erscheinende Charaktereigenschaften nebeneinander stehen können. Seine Pflichterfüllung täuschte ihn über die dunklen Perversionen seines Charakters hinweg. Gerade auf die Person Höß bezogen sind es zwei Seiten eines Charakterzuges, in der die eine Seite die andere verdrängte, um sich ihrer dämonischen Dunkelheit nicht gewiss zu werden. Jene SS-Formel, in der es hieß, hart verschrien zu sein, um nicht als weich zu gelten, wurde für Höß zum psychischen Gerüst. In dem Lagerkommandanten von Sachsenhausen, dem SS-Standartenführer Hermann Baranowski erblickte er sein vergrößertes Spiegelbild. Dessen „Gutmütigkeit" und „weiches Herz", gepaart mit der Fähigkeit, „hart und unerbittlich streng in allen Dienstangelegenheiten zu sein", galt ihm als Vorbild.[40] In der Attitüde einer mit sentimentalen Larmoyanz vorgetragenen Selbsttäuschung, mit der er die „Tragik" seiner Rolle zu beschreiben versuchte, sollte in seinem Bewusstsein nur die Tatsache verdecken, daß er an den größten Verbrechen der Menschheitsgeschichte mitgewirkt hatte und über die er keinerlei Schuld empfinden konnte. Wie sehr sein moralischer Referenzrahmen von normalen Maßstäben entfernt war, wird darin deutlich, dass er ungeheure Verbrechen anordnete, sich aber im gleichen Atemzug zum moralischen Sittenrichter über die durch ihn eingesetzten Juden des Sonderkommandos in der sogenannten Todeszone aufwarf, die für die Verbrennung und Ausraubung der ermordeten Juden zu sorgen hatten ,und die sich in der ein oder anderen Weise zu bereichern suchten, um ihr eigenes Schicksal zu erleichtern.[41] Auch hier war er nicht in der Lage, den Zynismus seiner Selbstgerechtigkeit zu erkennen und wie schlecht solche moralischen Bewertungen einem ehemaligen Kommandanten von Auschwitz anstehen, der auch nicht erkennen konnte, wie selbstgefällig seine moralisierenden Entrüstungen über sexuelle Vergehen oder Diebstähle unter den Lagerinsassen waren. Im Großen und Ganzen entpuppt sich Höß als kleinbürgerlicher Heuchler, der aus dem Sittendunkel eines Kleinbürgers seine Maßstäbe bezog und nie darum verlegen war, seine spießbürgerliche, untertanenhafte Innenwelt mit Verleugnungen vor den moralischen Konsequenzen seiner Handlungen zu schützen. Wenngleich er auch behauptet, gegenüber der menschlichen Not nicht abgestumpft gewesen zu sein, jedoch in seiner Gedankenlosigkeit und unnahbaren Gefühlskälte war er nicht in der Lage, sich über seine Handlungen bewusst Rechenschaft abzulegen. In seiner Introvertiertheit war das, „was er für Mitgefühl mit den Opfern hielt, nur die Rührseligkeit gegenüber der eigenen Person, die zu so unmenschlichen Verrichtungen befohlen war".[42] Im Angesicht der Todesstrafe beklagte er voller gekränktem Selbstmitleid, dass die Öffentlichkeit in ihm „ruhig [...] die blutige Bestie, den grausamen Sadisten, den Millionenmörder sehen" (mag) „denn anders kann sich die breite Masse den Kommandanten von Auschwitz gar nicht vorstellen. Sie würde doch nie verstehen, dass der auch ein Herz hatte, dass er nicht schlecht war".[43]

Mit dem Stolz eines Experten schwärmte er, dass unter seiner Leitung Auschwitz zu der größten Menschen-Vernichtungs-Anlage aller Zeiten geworden sei, entsprechend den Plänen des RSSH (Reichssicherheitshauptamt). Als ginge ihm das alles gar nichts an, was da in seinem Namen an Verbrechen geschah, beschränkte er seine Rolle darauf, immer neue Menschen-ladungen und Ofenkapazitäten zu besorgen, um die fabrikmäßige Vernichtung von Menschenleben reibungslos aufrecht zu erhalten. Seine Tätigkeiten erschöpften sich in immer wiederkehrenden Konferenzen, um die Sicherstellung von logistischen Abläufen und feuerungstechnischen Details zur Leichenverbrennung zu gewährleisten. Da ihm vor den Erschießungen graute, war er schließlich erleichtert, als eine Tötungsmethode gefunden wurde, die nicht nur Tote in Massen produzieren konnte, sondern die auch in entsprechender gefühlsmäßiger Distanz von ihm und den übrigen Tätern stattfand. Diese Distanz des mechanisierten Tötens gestattete ihm, sich später keiner Verantwortung bewusst zu werden und ohne jedes persönliche Gefühl Schuld an diesen Vorgängen zu tragen. In Anbetracht dessen, dass die Verwendung von Gas eine rationelle und unblutige Tötungsweise gestattete, stellte er in seiner Biographie mit großer Erleichterung fest, „dass uns allen diese Blutbäder erspart bleiben sollten". In diesen unerträglichen Äußerungen erscheinen die Opfer nur als lästige, den Arbeitsablauf störende Elemente der persönlichen Beunruhigung auf.[44] Nicht die ungeheuerlichen Verbrechen bereiteten ihm moralische Skrupel, vielmehr die technischen und äußeren Umstände, die in seinen Augen nicht immer reibungslos funktionierten, brachten ihn zur Verzweiflung und zum Unverständnis darüber, wie viele Hindernisse ihm zur Bewältigung seiner Aufgabe in den Weg gelegt wurden, und wie wenig seine Arbeit unterstützende Beachtung im Reichssicherheitshauptamt fand. Angesichts der technischen Begleitumstände und sachlichen Schwierigkeiten, die das millionenfache Morden mit sich brachte, erschienen die Leiden der Opfer bedeutungslos. So beklagte er sich darüber, dass es „nicht immer ein Vergnügen" gewesen sei, „diese Berge von Leichen zu sehen und das fortwährende Verbrennen zu riechen".[45] Die einzige für ihn erkennbare Tragik und persönliche Belastung schien nicht in der ungeheuerlichen Tatsache eines millionenfachen Massenmordes und dem unermesslichen Leid der Opfer zu liegen, sondern ausschließlich in den technischen und organisatorischen Schwierigkeiten, die diese Verbrechen hervorriefen.

So, als beabsichtige er die Welt an seinen Erfahrungen und Erfolgen der Organisation von Massenvernichtungen teilhaben zu lassen, schilderte er, wie den Panikausbrüchen, welche bei den ersten Vergasungsaktionen auftraten, entgegengewirkt wurde: „Bei den nächsten Transporten wurde von vorneherein nach den unruhigen Geistern gefahndet und diese nicht aus den Augen gelassen. Machte sich Unruhe bemerkbar, so wurden die Unruheverbreiter unauffällig hinter das Haus geführt und dort mit dem Kleinkalibergewehr getötet, das war von den anderen nicht zu vernehmen. Auch das Vorhandensein des Sonderkommandos und dessen beruhigendes Verhalten besänftigten die Unruhigen, die Ahnenden. Weiterhin wirkte beruhigend, dass einige vom Sonderkommando mit in die Räume hineingingen und bis zum letzten Moment darin verblieben, ebenso blieb bis zuletzt ein SS Mann unter der Türe stehen. Wichtig war vor allen Dingen, dass bei dem ganzen Vorgang des Ankommens und Entkleidens möglichst größte Ruhe herrschte. Nur kein Geschrei, kein Gehetze. Wenn sich einige nicht ausziehen wollten, mussten schon Ausgezogene helfen oder die vom Sonderkommando. Mit gutem Zureden wurden auch Widerspenstige besänftigt und ausgezogen. Die Häftlinge des Sonderkommandos sorgten auch dafür, dass der Vorgang des Entkleidens schnell vor sich ging, damit den Opfern nicht lange Zeit zu Überlegungen blieb".[46] Eine Art emotionaler Autismus erlaubte ihm, der Mordszenerie den Anschein eines gefühlsmäßigen menschlichen Vorganges zu unterstellen, nicht ohne Stolz, die wehrlosen Opfer erfolgreich getäuscht zu haben. Höß beispielloser, aus seiner emotionalen Dunkelheit herrührender Zynismus lässt ihn angesichts dennoch auftretender dramatischer Situationen am Ende dieses Berichtes voller Selbstmitleid sagen: „So gab es viele erschütternde Einzelszenen, die allen Anwesenden nahegingen".[47] Auch an dieser Stelle seiner Autobiographie wird das grenzenlose Leid der Opfer lediglich zur psychischen Belastung der Täter heruntergeredet.

Am 11. März 1946 wurde Höß in Schleswig-Holstein unter dem Namen Fritz Lang von den Engländern gefasst. Nachdem er einige Wochen später zum Internationalen Gerichtshof in

Nürnberg überführt wurde, überstellte man ihn nach Polen. In dem Warschauer Prozess vom 11. März bis zum 2. April 1947 wurde er zum Tode verurteilt und am 16.April 1947 im ehemaligen Konzentrationslager Auschwitz, der Stätte seiner Verbrechen, durch den Strang hingerichtet. Ausführlich, nicht ohne Vorwürfe einer ungerechten Behandlung zu erheben, beklagte er sich in seinen Memoiren darüber, wie sie ihn, der Millionen unschuldiger Menschen in den Tod trieb, in der polnischen Haft schikaniert habe um sich im gleichen Atemzug darüber zu empören, dass er auch hier wiederum jene typischen Gefängniskreaturen vorfand, denen er bereits in seiner Brandenburger Haftzeit und später als Lagerleiter in Dachau und Auschwitz begegnet war.[48] Über deren „Verkommenheit" erhob sich ebenso seine selbstherrliche Moralität, wie zuvor in Auschwitz über die Juden des Sonderkommandos in der sogenannten Todeszone. Darum bemüht, sich hiervon zu distanzieren, versuchte er wie in früheren Haftzeiten, als vorbildlicher Häftling zu erscheinen. Obgleich er nach polnischem Strafrecht zu keiner Aussage verpflichtet war, schien er hiervon keinerlei Gebrauch zu machen. red- und schreibselig eröffnete er in seinen Niederschriften, die als Grundlagen seiner Vernehmungen galten, eine detaillierte und sachkundige Aufklärung über alle möglichen Personen und Zusammenhänge seines Umfeldes als Kommandant in Auschwitz. Trotz mancher perspektivischen Verzeichnung und verschönernden Korrekturen sind diese dennoch von frappierender Deutlichkeit und als historische Zeugnisse anzusehen. Bei aller Subjektivität und täterspezifischen Voreingenommenheit eröffnet sein Bericht einen tiefen Einblick in die bürokratische und rationale Atmosphäre, in der die Verantwortlichen den Holocaust planten, organisierten und mit den technischen Mitteln, die sie hierzu entwickelten, durchführten. Jedoch auch hier, am Ende seines Lebens, kommt die kaum zu ertragene Widersprüchlichkeit seines Verständnisses von Moral, Anstand und Selbstbeschönigung zum Vorschein. In Nürnberg stellte der amerikanische Gerichtspsychologe G. M. Gilbert nach einer Unterredung mit Höß fest, dass dem ehemaligen Kommandanten von Auschwitz die Ungeheuerlichkeiten seines Verbrechens „nie zum Bewusstsein gekommen wäre, wenn ihn nicht jemand darauf aufmerksam gemacht hätte".[49] Seine autistische Gefühlskälte gegenüber dem, was er tagtäglich angerichtet hatte, ließ solche moralischen Skrupel nicht zu. Als er in Warschau bei seiner Auslieferung an die polnischen Behörden von drei Beamten abgeholt wurde und diese ihm ihre eintätowierten Nummern von Auschwitz auf dem rechten Unterarm zeigten, bemerkte er nur lakonisch, so als ginge ihm alles das nichts an, dass er nicht verstehen konnte, warum sie ihn damit konfrontierten.

Aus alledem, was über Höß bekannt geworden ist sowie aus den Selbstzeugnissen seiner Biographie enthüllt sich das Bild eines Durchschnittsmenschen, der sich durch den pseudomoralischen Anspruch einer totalitären Ideologie verführen ließ und sie zu seiner eigenen machte. Dies gelang ihm umso leichter, als dass seine Persönlichkeit von jeher auf Befehl und Gehorsam fixiert schien. Bis zuletzt blieb ihm sein strikter Befehlsgehorsam erhalten. Am Ende seiner Autobiographie schreibt er resignierend, ohne jedoch auch nur im geringsten Zweifel an der Erfüllung noch so sinnloser Befehle aufkommen zu lassen, mit denen die Absatzbewegung seiner Amtsstelle vor dem beginnenden totalen Zusammenbruch angeordnet wurde: „Wir mussten flüchten. Zuerst nach dem Norden, nach dem Darß, nach zwei Tagen weiter nach Schleswig-Holstein. Immer befehlsgemäß dem RFSS (Reichsführer SS – Himmler; Anmerk. d. d. Verfasser) nach. Was wir überhaupt noch bei ihm sollten, was wir überhaupt noch an Dienst verrichten sollten, war uns allen unerklärlich".[50] Am Ende eines unselbständigen Lebens, eines Lebens aus zweiter Hand, steht in der sinnlosen Fügung in noch so sinnlosere Befehle das Eingeständnis blinden Gehorsams. So wenig wie er den Anordnungen zum Völkermord etwas willensmäßig Eigenständiges entgegenbringen konnte, war er unfähig zu erkennen, wer er wirklich war. Seine Fixierung auf Befehl und Gehorsam entsprach nicht der Rechtfertigung seines Verhaltens unter den Zwängen eines totalitären Systems, sondern resultierte aus dem Umstand, dass er nicht in der Lage war, es anders zu begreifen. Joachim Fest hat sein Selbstverständnis mit dem des Beiles verglichen, das die Exekutoren der Französischen Revolution in den Händen hielten und bei seiner Aburteilung war er verwundert darüber, daß man über ein Beil zu Gericht saß.[51]

In Höß steinerner und kalter Haltung, die er sich seinen eigenen Ausführungen zufolge abverlangte, ließ sich die Übereinstimmung mit Himmlers Vorstellungen einer pervertierten Moral als Tugendbegriff erkennen welche die Distanz zum Geschehen in einen ethischen Zusammenhang noch zu stellen versuchte. In diesem Sinne verstand Höß sich selber als anständig, pflichtbewusst und aufrecht, entsprechend dem Tugendkatalog der SS. Außerhalb aller tradierten moralischen Kategorien sah er deshalb seine mörderische Tätigkeit als einen ideologisch und politisch gerechtfertigten Normalfall an, bei dem kein Schuldgefühl entstehen konnte und auch nicht entstehen durfte. Er brachte die Massenmorde bewusstseinsmäßig auf die Ebene buchhalterischer Genauigkeit, Pflichterfüllung und ohne irgendeinen erkennbaren Hass auf die Opfer. In Höß begegnen wir einem sogenannten Schreibtischtäter, der als Massenmörder dennoch unmittelbaren Kontakt mit seinen Opfern hatte, da er oftmals bei den Vernichtungsaktionen als Augenzeuge anwesend war. Entgegen den landläufigen Vorstellungen über solche Charaktere, denen in der Regel Sadismus, brutale Rohheit und persönliche Grausamkeit unterstellt wird, sehen wir in Höß einen Menschen, der sich selbst als ordnungsliebend, naturverbunden und tierliebend schildert, was in gewisser Weise zutraf. Außer seiner ausgesprochenen Gefühlskälte, die eher eine Gefühlsneutralität ist, mit der er seinen Aufgaben in Auschwitz nachging, sehen wir einen ganz normalen Durchschnittsbürger vor uns, wie sie millionenfach in der damaligen Zeit als angepasste Staatsbürger vorzufinden waren und von denen etliche in ähnlicher Weise am Massenmord beteiligt waren und jenseits der Verbrechen in bürgerlichen Berufen tätig sein konnten. Sicherlich kann man nicht davon ausgehen, dass Höß das Opfer unglückseliger moralischer Konfliktverkettungen (Broszat) war, denn seinen Angaben zufolge, bedeutete die Abberufung von Auschwitz im November 1943 eine „schmerzliche Losreißung", da er zu sehr „mit Auschwitz verwachsen" gewesen sei. Höß und das System der Massenvernichtung waren in psychischer und moralischer Hinsicht eine Einheit.

Am Fall Höß wird besonders deutlich, inwieweit die allgemeine Pervertierung des Gefühls und der tradierten Moralbegriffe im Bewusstsein verankert waren, durch das sich im national-sozialistischen Deutschland zahllose Menschen haben leiten lassen und sie mit einer Attitüde der Gewissheit ausstatteten, das im Sinne des Regimes Notwendige und Richtige zu tun, auch wenn das Verbrecherische dieses Handelns nicht mehr zu übersehen war. Die Ingenieure der Firma Topf in Erfurt verwiesen nicht ohne Stolz darauf, auf Wunsch des RSSH Verbrennungsöfen hergestellt zu haben, die den Vorgang der Leichenbeseitigung in Auschwitz noch schneller und effektiver durchführen konnten als bislang.[52] Auch hierin zeigte sich das geräuschlose Zusammenwirken verbrecherischer Politikentwürfe und einer technischen Rationalität und Zweckgerichtetheit, die jegliche moralischen Skrupel auszuklammern wusste und der sich der einzelne normale Täter unterwarf. Mehr als die Taten schuldunbewusster Psychopathen, offenbart sich die Schrecklichkeit menschlichen Verhaltens und Handelns in der Befehlshörigkeit und seelischen Ungerührtheit, die in weitaus größerer Schuld führt, als die Taten vereinzelter „seelenloser" Verbrecher.

Entleerte Menschlichkeit und von der Normalität des Unmoralischen

Höß und seinesgleichen verkörperten in idealer Weise die nationalsozialistischen Vorstellungen der Massenvernichtung, die eben nicht in willkürlichen und spontanen Aktionen stattfinden sollte, sondern mittels rücksichtsloser Disziplin ihrer führenden Protagonisten durchgesetzt wurde. Irgendwelche Skrupel waren ihnen fremd oder wurden da, wo sie auftraten, den Zielen untergeordnet. Höß, der sich infolge seiner automatenhaften Autoritätshörigkeit, verbunden mit seelisch-moralischer Dumpfheit, zu Himmlers vorzüglichem Werkzeug des Völkermordes entwickelte und hinterher erschrocken feststellen mußte und nie begreifen konnte, daß die Welt solches als beispielloses Verbrechen sah, war indes kein Einzelfall, sondern die individuelle Zuspitzung einer weitreichenden kollektiven Verfehlung, Sinnverkehrung und moralischen Wahns während des Dritten Reiches. Auf dieses seelische und moralische Kontinuum an furchtbarer personaler Leere und Subalternität, auf dem sich Höß, Eichmann und andere bewegten, wollte Hannah Arendt ihren Begriff von der Banalität des Bösen verstanden wissen. In ihm kam, mehr als in den vielfältigen unterschiedlichen Exzessen von Folter und Totschlag durch SS-Schergen, die es auch in den Konzentrationslagern gab, das eigentliche Wesen der im „Dritten Reich" hervorgebrochenen Unmenschlichkeit zum Ausdruck. Mit dieser Interpretation des „Bösen" schlechthin, hat Hannah Arendt jene geschäftsmäßige, sachliche, bürokratische und dienstbeflissene Eilfertigkeit charakterisieren wollen, mit der die Mordmaschinerie von einzelnen Menschen in Gang gehalten wurde. Die Banalität des Bösen bricht nicht aus den psychopathologischen Untiefen der menschlichen Existenz hervor, sondern scheint Bestandteil des ganz normalen Lebens zu sein, welches nur entsprechender Voraussetzungen bedarf. Entgegen einem Töten, daß sich ausschließlich auf Haß und Mordlust begründet und dem in seiner quantitativen Auswirkung normalerweise Grenzen gesetzt sind, da psychische Exzesse erfahrungsgemäß irgendwann in sich zusammenbrechen, existierte diese Grenze nur im Hinblick auf die technischen und bürokratischen Möglichkeiten. Nicht Ethos und Moral erwies sich als Grenze zum Bösen, sondern die vorhandenen technischen Kapazitäten, wenn sie an ihre Grenzen stoße. Das, was in den Konzentrationslagern und im Zusammenhang mit der nationalsozialistischen Vernichtungspolitik geschah, läßt sich nicht mehr mit den gängigen Stereotypen von krimineller Energie und der Mobilisierung destruktiver Affekte erklären.

Auch die Psychoanalyse kann dieses Ausmaß an moralischer Verkommenheit nicht alleine aus der Präsenz des sogenannten Todestriebes erklären, denn dies alles auf einen Trieb zurückzuführen, käme einer grundsätzlichen Aufkündigung der moralischen und politischen Möglichkeiten gleich, solches zu verhindern. Außerdem hieße dies, daß die menschliche Natur stets vor ihrer Triebdominanz kapituliert und jegliche Anstrengungen zu einem zivilisatorischen Umgang von vorneherein vergeblich wären. Obwohl der Nationalsozialismus die politische Verwirklichung nekrophiler Ideen und Einstellungen war, die Fromm zufolge Ausfluß des Todestriebes als eine soziokulturelle Bereitschaft zum Morbiden und Destruktiven darstellt, so sind dennoch die Ideen des Todes und die tatsächliche Durchführung solcher Einstellungen durch einzelne Individuen nicht unbedingt dasselbe. Ob sich der einzelne diesen destruktiven Ideen unterwirft und sein Handeln danach ausrichtet hat er immer noch selber zu entscheiden und auch für seinen Gehorsam ist er letztlich selbst verantwortlich und nicht die Idee an sich. Beides beruht, wie die Geschichte gezeigt hat, auf unterschiedliche Voraussetzungen der kollektiven und individuellen Psyche. Weit weniger spektakulär und fast schon wie aus der Normalität des bürgerlichen Lebens, gewissermaßen aus der Mitte der Gesellschaft heraus, reichte es aus, an einen fehlgeleiteten Idealismus und an die Bereitschaft zur bedingungslosen Unterordnung zu appellieren, um jene Kräfte zu mobilisieren, die sich vorbehaltlos den utopischen Zielen eines verbrecherischen Systems zu Diensten stellten. Ohne diese Voraussetzungen wäre es dem Regime kaum möglich gewesen, die Vernichtung von Millionen Menschen mit einer derartigen arbeitsteiligen Perfektionierung und Bürokratisierung durchzuführen.

Die von oben angeordnete Betriebsamkeit und industrielle Gleichförmigkeit des Mordens haben es den Normalbürgern, die Täter waren, ermöglicht, ihr Gewissen davon frei zu halten. Weniger die sprichwörtliche teutonische Berserkerhaftigkeit waren die Kennzeichen des Nationalsozialismus, sondern die roboterhafte Pflichterfüllung, die als psychisches Merkmal des autoritären Charakters offenkundig zutage trat. Figuren wie Höß, Eichmann, Mengele und zahlreiche andere haben den manipulativen Charakter autoritätshöriger Menschen, die jederzeit und zu allem verfügbar sind, in bestürzender Weise repräsentiert und sind hierbei nicht in Bedrängnis geraten, wenn sie schlechterdings Unvereinbares und Widersprüchliches mit ihrer bürgerlichen Existenz ins Gleichgewicht bringen mußten. Organisation und Planungen zur Verbesserung der Massenvernichtung, Konferenzen und Dienstgespräche darüber, wie man größere Verbrennungsanlagen effizient einsetzen könne, standen wie selbstverständlich den trauten Familienabenden, Kammermusikerlebnissen, sentimental anrührenden Weihnachtsfeiern und einer fast zärtlichen Familienbeziehung gegenüber. Mordpraxis und ein strenges Ethos der „Anständigkeit", sowohl als Entrüstung über Vergehen der Opfer, als auch selber bei allen Morden „anständig" geblieben zu sein und sich nicht persönlich bereichert zu haben, das alles stand unvermittelt nebeneinander. In moralischer Hinsicht war dies jedoch, auf den Einzelfall bezogen, mehr als nur bloße Banalität. In ihm kam die moralische Verrohung einer ganzen Generation normaler und bis dahin anständiger Bürger zum Ausdruck, die ihre Vernichtungstätigkeit als ideologische und vor allem als eine politische Pflichterfüllung ansahen. Indes diente solches nicht nur zur Fassade einer Selbsttäuschung, vielmehr war es Ausdruck ihrer bürgerlichen Welt, aus der sie kamen, und entsprach in einem gewissen Sinn ihrer psychologischen Wirklichkeit, die sie gelehrt hatte, Befehlen immer und überall zu gehorchen.

Wie sehr ihr pervertierter „Ethos" der Anständigkeit, von dem Himmler sprach, jegliches Schuldgefühl verschüttete, wird vor allem bei Speer, Göring und Himmler deutlich, die gegen Ende des Dritten Reiches davon ausgingen, daß die alliierten Siegermächte sie zum Wiederaufbau Deutschlands benötigen würden. Von normalen Maßstäben weit entfernt, kam ihnen überhaupt nicht in den Sinn, daß sie ungeheure Verbrechen begangen hatten, die sie ein für allemal außerhalb der menschlichen Gemeinschaft stellten. Himmlers „Ethos der Anständigkeit", welcher Töten zum Normalfall machte, sprach ebenso auch die ganz normalen Bürger an, deren Phantasien nicht durch Vernichtungsobsessionen durchsetzt waren, die aber dennoch hofften, durch das System zu gesellschaftlicher Anerkennung zu gelangen und aus diesem

Grund sich den NS-Organisationen anschlossen. Aus einer ungewissen Existenz heraus, ohne Zukunft die oftmals das Überleben nicht sicherte, verdingten sich die Familienmenschen als Henker und Mittäter des Massenmordes. Himmler errichtete sein flächendeckendes Terror- und Mordsystem, wohlwissend, daß es hierzu nicht der Existenz von Perversen und Geistes-gestörten bedurfte, sondern ganz normaler Familienmenschen, die sich unter dem Druck der herrschenden Bedingungen zu skrupellosen Abenteurern der Vernichtung wandelten. Ihrem Wesen nach waren es sogenannte Durchschnittsdeutsche, die trotz jahrelanger Propaganda nicht in der Lage waren, eigenhändig einen Juden totzuschlagen, auch wenn man ihnen Straffreiheit zugesicherte hätte. Wenn es jedoch um die eigene bürgerliche Existenz ging, um die Teilhabe am allgemeinen völkischen Rausch der eine gesicherte Stellung im Terrorsystem versprach, dann war man bereit, die Tötungsapparaturen widerspruchslos zu bedienen. So wie Himmler selber, waren sie weder Bohemien, eher Gestrandete aus dem Bodensatz des Ersten Weltkrieges und der Hoffnungslosigkeit der Rezessionsjahre der Weimarer Republik; noch entstammten sie jener Intellektuellenschicht aus dem Bildungsbürgertum, auf deren Bedeutung für die Bildung der Nazi-Elite wiederholt hingewiesen worden ist. Sie waren lediglich banale, gewissenlose Spießbürger, denen die Ehrfurcht vor Gott und die Achtung vor ihren Mit-menschen abhanden gekommen war und die nur noch ihrer privaten Existenz nachhingen, freilich bei weitem keine Monster im üblichen Sinn. Das führende Personage des Dritten Reiches war vergleichbar mit dem, was Hannah Arendt als den *Mob* bezeichnet hat, der die entmündigten Massen führte. So wie der Mob, kamen auch sie aus den untersten Schubladen der Gesellschaft, ausgestattet mit der „Moral der Gosse" und dem „Charakter von Gangstern", verkommen und skrupellos zugleich, wie der amerikanische Verhöroffizier Burt Klein diese gegenüber Speer im Zuge der Verhöre zum Nürnberger Hauptkriegsverbrecherprozeß in treffender Weise bezeichnete.[53] Bei den meisten der führenden Nazi-Figuren war eine gewisse Richtungslosigkeit ihres Lebens erkennbar gewesen, bis zu dem Zeitpunkt, als sie auf Hitler trafen. Erst ab da gewann ihr weiterer Lebensweg Konturen, wenngleich diese auch absonderliche Neigungen aufwiesen, die in der Suche nach historischen „Vordermännern" zum Ausdruck gelangten. Beispielsweise sah sich Himmler als Reinkarnation Heinrich I. und ließ sich gerne als der „schwarze Herzog" bezeichnen; Rosenberg liebte es, als Nachfahre Heinrich des Löwen, Bismarcks oder Friedrich des Großen angesehen zu werden Göring pflegte mit unablässiger Ausdauer und exorbitantem Pomp den Lebensstil eines barocken Lebefürsten und umgab sich standesgemäß mit den entsprechenden Staffagen von Seidenbekleidungen, Juwelen bis hin zu fürstlich ausgerichteten Jagdveranstaltungen, was ihm bei einem großen Teil der Bevölkerung merkwürdigerweise gewisse Sympathien einbrachte. Über allen damit verbundenen machiavellistischen Machtattitüden war es der Versuch, mit Hilfe oberflächlich erscheinende Maskeraden, das wahre leere Selbst ihrer Persönlichkeiten zu verbergen. Erst die Einordnung in das totalitäre Herrschaftssystem, welches der Hitlerismus errichtete und in dem sie Teil und Träger zugleich waren, enthob sie ihrer bislang bedeutungslosen Existenz. Ihre Voraussetzungslosigkeit, die sie zu einem totalitär geprägten Menschen disponierten, basierte auf ihrer Kontaktschwäche, ihrer Unselbständigkeit und einer Führervergottung, die letztlich das Ergebnis ihrer personalen Armut war. Erst nachdem das System zusammenbrach, offenbarte sich ihre wahre Natur vor den Schranken der Nürnberger Kriegsverbrecherprozesse. Joachim Fest hat sie „eine gesichtslose Herde von Unpersönlichkeiten genannt, denen noch nicht einmal die Millionen Opfer, die ihre Herrschaft gekostet hatte, ein flüchtiges Gewicht zu geben vermochte".[54] Ohne die Attribute rauschhaften Machtwahns waren sie leer, bereit, sich für fremde Zwecke mißbrauchen zu lassen und in Wirklichkeit ausgelaugte inhaltslose Existenzen, die sich, wie einer der Angeklagten versicherte, einem „mächtigeren mitreißenden Schicksal „ergaben."

Wenn auf der Folie eines unzulänglichen Charakterbildes die dauerhafte Erwerbslosigkeit, wie zu Zeiten der Endphase der Weimarer Republik, den normalen und angepaßten Staatsbürger um seinen letzten Rest an Selbstachtung gebracht hatte, war dieser bereit, die Rolle des Henkers in Buchenwald, Auschwitz, Sobibor und anderswo zu übernehmen, um damit zugleich sein Knechtdasein zu „verewigen", wie es Theodor W. Adorno formuliert hat. Wenn auch Hans Frank, Hitlers Statthalter im Generalgouvernement, in Nürnberg versicherte, Hitler sei der Teufel gewesen und sie die Verführten oder Albert Speer in seinen ERINNERUNGEN beteuerte, dem Bann Hitlers erlegen gewesen zu sein, so ändert das nichts an der Tatsache, daß ein einzelner Mensch und der überwiegende Teil der Bevölkerung zuallererst die sozialpsychologischen Bedingungen seiner Verführbarkeit besitzen muß, um sich auf einen solchen Totalitarismus einzulassen und dessen Bann zu verfallen. Und erst recht mildert die Schwäche der Verführbarkeit nicht die eigene Verantwortung. Jene nationalsozialistischen Figuren, von denen die Rede ist, sind nur die phänotypischen herausragenden Erscheinungen, die in der gesamten Gesellschaft in mehr oder weniger exemplarischer Ausprägung zu finden waren. In der auffälligsten Weise verkörperten diese Typologie jene Angeklagten, die in den Nürnberger Nebenprozessen gegen die nationalsozialistische Richter- und Ärzteschaft vor den Schranken des Gerichtes standen. Anstatt Monster aus archaischen Untiefen, saß dort die platte Normalität auf den Anklagebänken. Sie konnten nicht einmal eine besondere kriminelle Energie vorweisen, sondern ihre Taten steuerten sie aus Pflichtbewußtsein und einem Fanatismus aus besonderer Tüchtigkeit, die sie als Überreste ihrer kleinbürgerlichen Haltungen stets bewahrt hatten. Im Grunde verkörperten sie eine repräsentative Palette des deutschen Durchschnittsbürgers in jenen Zeiten, geprägt durch generationenlange Erziehung zur Härte und Disziplin, einer Erziehung, die sich an den Umgangsformen auf Kasernenhöfen orientierte und in der die Brechung der Persönlichkeit die dringlichste Aufgabe war. Das Erscheinungsbild des Dritten Reiches fand sich daher nicht nur in diesen Personen wieder, die auf den Anklagebänken saßen, sondern war Ausdruck eines Kollektivs, welches den national-sozialistischen Obsessionen aufgesessen war.

In Buchenwald entdeckte ein jüdischer Gefangener in einem SS-Mann, der ihm die Entlassungspapiere aushändigte, seinen ehemaligen Mitschüler. Ohne ihn darauf anzusprechen, sah er ihn an. Spontan äußerte dieser, wie in einem Anflug hilfloser Rechtfertigung: „Du mußt verstehen – ich habe 5 Jahre Erwerbslosigkeit hinter mir; mit mir können sie alles machen."[55] Im Unterschied zu den frühen SA-Organisationen aus der Kampfzeit der NSDAP, die sich überwiegend aus kriminellen und gescheiterten Randexistenzen zusammensetzten, waren die SS-Angehörigen der späteren Organisation unter Himmler Typen wie er: spießbürgerlich, verschroben und bereit, zur Sicherung ihrer erbärmlichen Existenz sich mit kalter Rationalität dem millionenfachen Vernichtungswerk zu verschreiben. Angepaßte Familienmenschen, denen man ihre äußere Normalität förmlich ansah. Sicherlich fand der Spießer als moderner Typus der Massengesellschaft in Deutschland ein Klima vor, das seiner unpolitischen und gesellschaftsfeindlichen Haltung entgegenkam. Denn kaum eine andere abendländische Kulturnation hat die Trennung öffentlicher Tugenden von der privaten Existenz so nachhaltig vollzogen. Die stets propagierten Nationaltugenden wie Vaterlandsliebe, deutsche Treue, deutscher Mut und dergleichen mehr, zeigten immer die negativen Seiten eines National-charakters, der in Wirklichkeit ein Nationallaster war. Unter den gegebenen Umständen wendete sich Treue zu Verrat an den Idealen von Menschlichkeit, Mut zu Opportunismus im Privaten und Vaterlandsliebe zu nichts anderem, als Ausdruck zu grenzenloser Verführbarkeit und hemmungslosem Haß auf alles nichtdeutsche, so daß aus der Spaltung der öffentlichen und privaten Identität kein Schuldbewußtsein darüber entstehen konnte, etwas völlig Unmensch-liches und Verwerfliches getan zu haben Und keineswegs wurde es als Unrecht empfunden, gewissermaßen aus beruflichen Gründen zu morden. Aber das Erschreckende daran ist, daß die Täter nicht nur kein Schuldbewußtsein besaßen, sondern daß sie sich im Nachhinein als Opfer ihrer eigenen Verbrechen sahen, die mehr gelitten hätten als diejenigen, welche sie umbrachten. Das Grauen über solche Umkehrungen der Moral ist kaum noch zu ertragen, wenn man die zynischen Aussagen liest, die derartige Täter vor Gericht gemacht hatten: „Ich muß sagen, daß unsere Männer, die daran teilgenommen haben, mehr mit ihren Nerven `runter waren als diejenigen, die dort erschossen werden mußten".[56] Aufgrund ihrer moralischen Verkommenheit waren sie fähig, sich selbst als Opfer einer Aufgabe zu sehen, von der sie überzeugt waren, sie unter den vorgegebenen Bedingungen erfüllen zu müssen. Nicht nur, daß sie sich dieses selbst einreden konnten und letztlich davon überzeugt waren, versuchten sie auch, ihr Handeln Jahre später, vor Gericht, plausibel darzustellen, gewissermaßen als eine Notwendigkeit, deren Erfüllung etwas ganz Normales bedeutet. Daher konnten sie auch ihre Person, damals wie heute, „als ungebrochen und kontinuierlich wahrnehmen".[57] Im Gegensatz zu den Ange-hörigen der jüdischen Sonderkommandos, die bei der Ermordung und Ausplünderung ihrer jüdischen Leidensgenossen behilflich sein mußten,[58] und die niemals mehr ihre ursprüngliche Identität wiederfinden konnten oder die Überlebenden des Holocaust, die ihr Leben lang von Traumata heimgesucht wurden, verfügten die Täter über eine psychologische Bruchlosigkeit, die ihnen ein Leben nach den Verbrechen ermöglichten, in dem es ebenso selbstverständlich erschien, zu den Normalitäten des zivilen Alltages zurückzukehren. Den Tätern ist es gelungen, ohne irgendwelche psychischen oder körperlichen Folgen, jedenfalls nicht in epidemiologisch auffallender Weise, sich als normale Bürger in die bestehenden demokratischen Strukturen der bundesdeutschen Nachkriegsgesellschaft einzufügen. Etliche von ihnen ist es gelungen, politische und funktionale Ämter in der bundesdeutschen Nachkriegsgesellschaft einzunehmen. Es mag unbestritten sein, daß manche unter ihnen in der ein oder anderen Weise zum Aufbau der bundesrepublikanischen Gesellschaft beigetragen haben, wenngleich ihre Gesinnung reaktionär geblieben war und den gleichen Moralvorstellungen anhing, die sie auch während des Dritten Reiches innehatten. Bei den sensiblen Zeitgenossen und Beobachtern war daher das Erstaunen darüber groß, daß eine politische Neuorientierung nicht unbedingt einer moralischen Läuterung bedurfte. Manchem von uns sind sie im hohen Alter als liebenswürdige und sozial angepaßte Menschen begegnet, denen man ihre verbrecherische Vergangenheit nicht ansah.[59] Dem einzelnen Täter konnte dies nur gelingen, da offensichtlich die Menschen grundsätzlich dazu in der Lage sind, ihr Handeln einem spezifischen Referenzrahmen zu unterwerfen und ihre moralischen Skrupel davon abzuspalten, um einer Schuld- und

Schamspirale zu entgehen und somit den moralischen Konsequenzen für das eigene Gewissen auszuweichen. Dies deutet daraufhin, wie schwach es in Wirklichkeit um die Integration verbindlicher Wertmuster in die eigene Psyche bestellt ist und wie wenig solches das Binnengefüge einer modernen Gesellschaft zu festigen vermag, an das wir alle so gerne glauben möchten, zumal ähnliche Vorkommnisse, sich auf dem europäischen Kontinent ereignet haben. Überdies deckt es den Glauben an die Integrationskraft verbindlicher humaner Werte und deren persönlichkeitsbildende Wirkung als eine irrige Vision vom edlen und guten Menschenbild auf, daß wir alle gerne so sehen möchten, weil alles andere schwer zu ertragen wäre. Wenn man bedenkt, daß die deutsche Gesellschaft sich ab Januar 1933 in einem verhältnismäßig kurzen Zeitraum „nationalsozialisiert" hatte, zerbricht die Gewißheit, sich auf die vermeintliche Stabilität von Wertesystemen und Kultur vor dem Hintergrund der abendländischen Zivilisation verlassen zu können. Diejenigen Menschen, die zu Tätern wurden, und es gab sie tausendfach, fühlten sich nicht mehr an die zivilen Regeln gebunden, sondern richteten ihr Handeln nach den Gesetz des Stärkeren aus, welches nichts anderes war, als ein Tötungsgebot gegen minderwertig erachtete Mitmenschen. Damit verließen sie die uralte Abmachung der menschlichen Gemeinschaft, nach der das Leben des anderen, den höchsten zu schützenden Wert bedeutet. Es sind nicht nur Systeme und abstrakte analytische Kategorien wie „Totalitarismus" und „Herrschaftsformen", die derartiges bewirken, sondern die Menschen, welche unter gegebenen Umständen ihre Identifikationen, Überzeugungen und ihr zwischenmenschliches Verhalten innerhalb kurzer Zeit verändern können.

Der Nationalsozialismus hat in erschreckender Weise deutlich gemacht, wie fragil das normative Geflecht kultureller, ethischer und zivilisatorischer Regeln ist, und wie sehr der Mensch in bestimmten historischen Situationen dazu gebracht werden kann, sich nicht nur außerhalb dieser Regeln zu stellen, sondern den Bruch mit ihnen als moralischen Auftrag im Dienste einer höheren Sache wie selbstverständlich zu rechtfertigen. Verhältnismäßig leicht und geräuschlos gelang es dem Regime, jahrhundertealte Traditionen von Anstand, Moral und Humanität zu brechen und die Menschen in das Gegenteil dessen einzubinden, was diese Traditionen bislang bedeuteten. Herrschaft und politische Macht trägt in sich schon immer den Keim der Zerstörung dieser Werte um der Macht willen und es obliegt Menschen, dies zu verhindern, indem sie die Träger der Macht kontrollieren, anstatt ihnen blind zu vertrauen. Ob die Menschen gewillt und in der Lage sind, aus der Vergangenheit zu lernen, kann leider erst durch die geschichtliche Erfahrung bewiesen werden. Wenngleich die ungeheuren Verbrechen im Dritten Reich und das Entsetzen darüber, die Erkenntnis vortäuschten, daß es nur die epochebestimmten Bedürfnisse, Zukunftsängste und Widerstandsmotive gegen den aufbrechenden Zeitgeist waren, die derartiges hervorbrachten, so darf der Blick für die grundsätzliche Anfälligkeit des Menschen hierzu nicht verdunkelt werden. Je mehr Hitler und sein System der Dämonie anheimfällt und als historisches Schicksal gedeutet wird, umso mehr trübt sich der Blick dafür, daß es nicht Ungeheuer und pathologische Monster waren, die ihm gefolgt sind, sondern Menschen mit all ihren Voraussetzungen und sozialen Bedingungen, mit ihrer Veranlagung zur Verführbarkeit durch Rausch und dem Versprechen nach Geborgenheit, ihrer Sehnsucht nach hedonistischer Erfüllung und paradiesischem Urzustand und einfachen Lösungen. In diesen Anfälligkeiten liegt auch die tiefere Bedeutung, welche die Erfahrungen mit den mythischen Begleiterscheinungen des Nationalsozialismus gezeigt haben, dessen paradoxe Modernität, die sich in perfekter Weise in der heutigen Welt zeigt, nämlich, daß Illusionen und omnipotenter Wahn, überhaupt die Kunst des äußeren Scheins, die Wirklichkeit und die narzißtischen Selbstdarstellungen auf der Bühne von Politik und Gesellschaft die Verantwortung des Einzelnen ersetzen. Wenngleich man kaum noch romantizistischen Visionen oder aggressiven Fluchten in unwirkliche Politikentwürfe begegnet, so kann daraus nicht gefolgert werden, daß damit die Schatten der Vergangenheit, ihre Phantasien und Identifikationsbilder, mit denen die Menschen den Traum vom „Dritten Reich" träumten, gänzlich aus dem Bewußtsein verschwunden sind. Ob die gegenwärtigen Verhältnisse in unserem Land so weit gediehen sind, daß die Politikentwürfe vernunftorientiert und der Freiheit des Menschen dienlich bleiben, ist abzuwarten. Zu vieles ist durch unsere Vergangenheit belastet und nur ansatzweise überprüft worden: etwa das Verhältnis von Staat, Gesellschaft und bürgerlicher Freiheit, die augenscheinliche Ohnmacht vor Bürokratien und Institutionen, die dem einzelnen übermächtig erscheinen; die Frage nach den Grundvoraussetzungen eines vernunftorientierten, demokratischen und liberalen gesellschaftlichen Bewußtseins statt irrealen Wahnvorstellungen anzuhängen, die Bereitschaft des einzelnen zu staatsbürgerlicher Verantwortung und zivilem Ethos, einem Ethos, der gerade unter dem Nationalsozialismus zerbrochen wurde. Und vielleicht ist die „politische Vernunft" und demokratische Reife der Menschen in unserem Land, von der so häufig die Rede ist, „nur der Reflex vernünftiger Umstände",[60] die größtenteils nicht allein aus unserer Geschichte herrühren und insofern auch nicht das Ergebnis einer reflexiven Vergangenheitsbewältigung sind.

In ihrem Buch ELEMENTE UND URSPRÜNGE TOTALER HERRSCHAFT hat Hannah Arendt bemerkt, daß sich totalitäre Systeme nur überhaupt halten können, solange sie in Bewegung sind und alles um sich herum in Bewegung versetzen. Deren genuine Umstellungsfähigkeit sich den Zeitströmungen anzupassen, bei gleichzeitiger Kontinuitätslosigkeit garantiert ihren Erfolg und die Gewißheit, die Massen an sich zu binden. Der Nationalsozialismus ist letztlich Opfer seiner eigenen Kontinuitätslosigkeit geworden und seine Weltanschauungen, die er mit großem Aufruhr in Szene setzte, erwecken nur noch Verlegenheit bei den Überlebenden. Vieles was sich ereignete, ist der Vergeßlichkeit anheim gefallen, aber es wäre ein Irrtum anzunehmen, daß Vergeßlichkeit und Unbeständigkeit Garanten dafür wären, daß sich ein solcher Wahn nicht wiederholen könnte. Auschwitz und das, was es hervorgebracht hat, sind und bleiben immer auch Schatten und Teil unserer Gegenwart. Die Voraussetzungen, die zu Auschwitz führten und schließlich Auschwitz selber als Synonym der Massenvernichtung und menschlichem Größenwahn, der dazu führte, sich zu einer gottähnlichen Instanz, einem universalen „Magnetiseur" aufzuwerfen der über Leben und Tod entscheidet, sind nicht nur in den epochalen Verwerfungen zu sehen, die immer wieder in der Geschichte der Menschheit mit gewisser Beharrlichkeit auftreten. Sie sind auch nicht in den funktionalen und strategischen Begleitumständen zu sehen, welche infolge des Raumeroberungs- und Vernichtungskrieges zwangsläufig auftraten und nicht vorhergesehene Sachzwänge produzierten, wie dies von einer bestimmten historischen Forschungsrichtung behauptet wurde. Totalitarismen und die durch sie hervorgebrachten Wirkungen entstehen zuerst in den generationalen Ursprüngen eines Kollektivs und somit in der Summe ihrer einzelnen Individuen, sind sie doch in erster Linie die „Folge eines irrigen Selbstverständnis des Menschen"[61]

Exkurs: Der Pedant des Schreckens: Facetten einer Existenz zwischen Massenmord, Germanenmythos und Esoterik

„Der undurchsichtigste unter den Gefolgsleuten Hitlers war der Reichsführer-SS Heinrich Himmler. Der unscheinbare Mann, entgegen den nationalsozialistischen Rassemerkmalen mit allen Zeichen rassischer Inferiorität behaftet, trug äußerlich ein einfaches Wesen zur Schau. Er war bemüht, höflich zu sein. Seine Lebensweise war im Gegensatz zu der Görings fast spartanisch einfach zu nennen. Um so ausschweifender war aber seine Phantasie [...]. Nach dem 20. Juli plagte Himmler der militärische Ehrgeiz; dieser trieb ihn dazu, sich zum Oberbefehlshaber des Ersatzheeres, sogar zum Oberbefehlshaber einer Heeresgruppe ernennen zu lassen. Auf dem militärischen Gebiet scheiterte Himmler zuerst und vollständig. Seine Beurteilung unserer Feinde war geradezu kindisch zu nennen [...]. Ich hatte mehrfach Gelegenheit, sein mangelndes Selbstbewußtsein, seine fehlende Zivilcourage in Hitlers Gegenwart festzustellen"

(H. Guderian)[1].

Eine der wichtigsten Gründe für eine demokratische Staatsform sind die, daß Individuen, die politische Macht besitzen, Grenzen aufgezeigt werden, welche verschrobene Einzelentscheidungen in Schranken halten und stattdessen dem politischen Diskurs Raum geben. Dem persönlichen Wahn wird es daher in der Regel nicht gestattet, zum Zentrum politischer Entscheidungen zu werden. Da demokratische Entscheidungsprozesse davon leben, daß die konkurrierenden Meinungen und Ansichten in einem offenen Diskurs ausgetragen werden müssen, gelingt es unter dem Prinzip divergierender Meinungen einem Einzelnen wohl kaum seine privaten verschrobenen Vorlieben in handfeste Politik umzusetzen. Betrachtet man dagegen die führende Personage des Dritten Reiches so fällt auf, daß neben brutalem Durchsetzungswillen und Streben nach Macht zur Kompensierung eigener Schwächen, es vor allem die persönlichen Vorlieben, Obsessionen und Verrücktheiten waren, die deren Politik das eigentümliche Gepräge gaben. Und hierin liegt eine der wesentlichen subjektiven Motive totalitärer Herrschaftsansprüche, die weit weniger um der Sache willen existieren, sondern vielmehr der persönlichen materiellen und psychischen Bereicherung ihrer führenden Protagonisten dienen. Totalitären System geht es kaum um die Durchsetzung abstrakter Ideologien, sondern ihre Machtentfaltung dient einer pathologisch anmutenden „Selbstverwirklichung" ihrer führenden Eliten und deren Gefolgsleute auf Kosten von Millionen von Opfern und einem unfaßbaren menschlichem Leid. Göring, der sich als barocker Potentat sah, erhob die Verschwendungssucht und das glamouröse Vergnügen zu seiner hauptsächlichen politischen Betätigung, die darin gipfelte, für sich den phantasievollen Titel eines „Reichsjagdmeisters" zu erfinden. Entsprechend seiner Sucht nach Verschwendung und Pomp stattete er sich mit goldfarbenen Morgenmänteln, roten Seidenstrümpfen und großjuweligen Ringen aus, in denen er bisweilen auf einem Canape posierend, Besucher auf Karinhall zu empfangen pflegte. Hitlers Statthalter im Generalgouvernement, Frank, besaß schon immer eine Vorliebe für ausschweifende Herrschaftsattitüden, die er auf der Krakauer Burg als Hitlers

„Vizekönig" in Polen korrupt und mit einer Grausamkeit und Habgier auslebte, die selbst das für Nazis übliche Maß überstiegen. Rosenberg, der sich in ähnlich seltsamen Dunkelzonen des Denkens wie Himmler und Heß heimisch fühlte, sah sich als Hohepriester eines pseudoreligiösen Germanismus, der neben der Beschäftigung mit germanischer Ahnenforschung und einem mörderischen Antisemitismus ernsthaft an den Nationalsozialismus als rassische Heilslehre glaubte. Heß, dem nicht die Macht der Vorgenannten zukam, errichtete um sich die Aura esoterischer Berufung durch den „Führer", die ihn über Kräutertee, kalten Wasserabreibungen, esoterischen Anwandlungen und pseudoreligiösem Verehrungskult zu einem götzenhaften „Vorbeter" des nationalsozialistischen Führermythos machten und inbrünstiger als alle anderen vor den Symbolen des Regimes knien ließ. Himmler hingegen, der in Wirklichkeit das Erscheinungsbild eines subalternen Kleinbürgers abgab mit dem Habitus eines rechthaberischen Volksschullehrers, streng gegen sich selbst und noch strenger und unerbittlicher gegen andere, verstand sich, vermutlich um die Biederkeit seines Charakters zu kompensieren, in der Nachfolge Heinrich des Ersten, welcher die Slawen bezwungen hatte und dem er in ähnlicher Weise nacheifern wollte.

In der Person Heinrich Himmlers trat dieses selbstverständliche Nebeneinander von relativ harmlos erscheinenden Verschrobenheiten, die jede Nuancierung eines Schäferglaubens ausfüllten und einer kalten und pedantischen Gesinnung zu Tage, die das millionenfache, von ihm angeordnete Morden als nüchternen Verwaltungsakt erscheinen ließen. Hinter der glatten und spießbürgerlichen Fassade seiner Physiognomie war die Zerrissenheit eines monströsen Charakters nicht zu erkennen. Eben weil sein Auftreten und sein Äußeres blaß und undeutbar schienen, heftete sich wegen des mit ihm verknüpften Terrors ein mythisches Prinzip an seine Person, indem sein bloßer Name bereits als Schrecken erschien. Ganz in diesem Sinne hat er von sich selbst gesagt, daß er „ein gnadenloses Richtschwert" sein werde. Walter Dornberger, der die Raketenstation in Peenemünde leitete, beschrieb sein Erscheinungsbild, welches eine derartige Besessenheit nicht vermuten ließ, in treffender Weise: „Er kam mir vor wie ein intelligenter Volksschullehrer, bestimmt nicht wie ein Mann der Gewalt. Ich konnte für mein Leben nichts Hervorragendes oder Besonderes an diesem mittelgroßen, jugendlich-schlanken Mann in grauer SS-Uniform entdecken. Unter seiner Stirn von mittlerer Höhe sahen mich zwei graublaue Augen hinter einem blitzenden Kneifer mit ruhig-fragendem Ausdruck an. Der gepflegte Schnurrbart unterhalb der geraden, wohlgeformten Nase zeichnete eine dunkle Linie auf seinem ungesund blassen Gesicht. Die Lippen waren farblos und sehr schmal. Nur das kaum hervortretende Kinn überraschte mich. Die Haut an seinem Halse war schlaff und faltig. Wenn sein ständiges starres Lächeln um die Mundwinkel, das leicht spöttisch und zeitweise verächtlich war, breiter wurde, erschienen zwischen den Lippen zwei Reihen glänzender weißer Zähne. Seine schlanken, blassen und beinahe frauenhaft zarten Hände, die mit blauen Adern bedeckt waren, lagen während unserer ganzen Unterhaltung bewegungslos auf dem Tisch."[2]

Bei näherer Betrachtung indes erkannte man hinter diesem offenkundig dämonischen Erscheinungsbild, welches man zwangsläufig in Kenntnis seiner Verbrechen gewinnen mußte, die simplen Züge eines romantisch überspannten Kleinbürgers, der unter den Bedingungen eines totalitären Systems zu grenzenloser Macht gelangte und seine Narrheiten blutig bekräftigen konnte. Auf den Historiker Carl Jacob Burckhardt hinterließ er den Anschein konzentrierter Subalternität mit einem pedantischen Hang zum Automatentum und Engstirnigem. Seine unübersehbare Mittelmäßigkeit täuschte jedoch über die simple Brutalität seines Charakters hinweg, mit der er mit erstaunlicher Betriebsamkeit und nach außen hin gewendeter Korrektheit sein Terrorsystem ausübte. Hitlers ständige Drohungen von der Raumeroberung im Osten und der Beseitigung artfremder Schädlinge im „Volkskörper" hat er mit niemals nachlassender Eilfertigkeit und Unnachgiebigkeit Schritt für Schritt Wirklichkeit werden lassen. Und hierin war er der einzige, der über die bloßen phantastischen Utopien hinaus, an deren konkrete Umsetzung emsig wirkte, und somit die scheinbar unrealistischen Versponnenheiten dieser Ideen aufs Praktischste widerlegte. Hierbei kam er nicht nur Hitlers Befehlen und Visionen nach, sondern er dachte sie in ihrer Konsequenz zu Ende. Seine Fähigkeit, die Hintergrundideen Hitlers in seiner für ihn typischen Mischung aus kalter Vollstreckermentalität und belächelter Schwärmerei, mit der er den Nationalsozialismus in ein erzieherisches Programm zum Herrenmenschentum umdeuten wollte, in die Praxis umzusetzen und sie mit durchorganisierten Strategien von Mord und Terror auszustatten, machte ihn zu einem der gefürchtetsten und mächtigsten Paladine im Machtzentrum des Regimes. Und eben diese Eigenschaften bewahrten ihn davor, das Schicksal anderer, versponnener Sektierer innerhalb der Bewegung zu teilen, die alle mehr oder weniger in die Bedeutungslosigkeit versanken. Insofern taten auch seine Bemühungen, dem angeblich zusteuernden Zerfall einer Welt die kruden Prospekte von Runengläubigkeit, Naturheilverfahren und abstrusen Rassentheorien entgegenzusetzen, seinem Machteinfluß in der unmittelbaren Umgebung Hitlers keinen Abbruch. Für die SS empfahl er Lauch und Mineralwasser als gesündestes Frühstück und an seiner Gästetafel duldete er nie mehr als zwölf Teilnehmer, ganz der sagenhaften Tafelrunde König Artus nacheifernd. Alle diese Verrücktheiten konnte er ungehemmt ausleben und mit seinem politischen Amt verknüpfen, ohne jemals ernsthaft in Frage gestellt worden zu sein. Seine außerordentliche Geschwätzigkeit, mit der er seine Umgebung überzog, war ebenso Ausdruck seines sadistischen Zwanges, andere zu beherrschen und ihnen sein verquastes Weltbild aufzudrängen, wie er auch seine engsten Mitarbeiter bis in deren Privatsphäre kontrollierte. Dabei waren seine Ausführungen eine merkwürdige Mischung aus martialischer Großsprecherei, kleinbürgerlichem Stammtischgeschwätz und dem prophetierenden Eifer eines Sektenpredigers. Die penetrante Unnachgiebigkeit, mit der er andere mit seinen obskuren Ideen überzog, spiegelte seinen grundlegend sadistischen Charakter wider. Himmler war ein Schwätzer und er war sich dessen bewußt, nur fehlte es ihm an Selbstdisziplin, Willenskraft und Initiative dagegen anzugehen. Gleichzeitig pries er die Tugenden, die ihm gänzlich fehlten als Ideale des SS-Mannes. Den Mangel an Willenskraft kompensierte er damit, daß er andere unter seinem Willen zwang. Im Grunde schwach, forderte er von seinen Gefolgsleuten unerbittliche Härte als Voraussetzung des arischen Herrenmenschen, welcher die gesamte Menschheit unterwerfen sollte.

Dieser glattgesichtige Pedant des Schreckens wurde am 7.Oktober 1900 in München geboren. Sein Vater, ein strenger, engstirniger und ebenso frommer Mann, der einst Prinzenerzieher am bayerischen Hof war und Schulleiter, galt in der Familie als gebieterisch und autoritär. Im Mittelpunkt der familialen Klimas standen die Bekundungen zu einem unaufrichtigen Bekenntnis zu Patriotismus und sogenannter Rechtschaffenheit.[3] In jenem bigotten Erziehungsklima, in dem alles einer rigiden Pädagogik unterworfen wurde, hat Himmler offensichtlich von seinem Vater die Neigung zu seinem späteren Erziehungsfanatismus übernommen, der ihn immer wieder nach neuen Möglichkeiten völkischer Lebensgestaltungen suchen ließen und die mitunter recht bizarre Ausdrucksformen annahmen. Himmlers innere „Wanderung" vom strengen Christentum seines Elternhauses zum arischen Heidentum vollzog sich nicht spontan, sondern die Schritte auf diesem Weg, der ihn über den seinerzeit bewunderten SA-Hauptmann Ernst Röhm zu dem Landshuter Apotheker Strasser und schließlich zu Hitler führten, waren wohlüberlegt und mit der entsprechender Vorsicht verbunden, nicht zu scheitern. Jedes Risiko scheuend, unternahm er nichts, was ihm persönlich oder politisch zum Nachteil gereichen würde. Strassers Idee einer nationalsozialistischen Partei bestand darin, die wesentlichen Wirtschaftszweige, wie Banken, Energiewirtschaft, Stahlindustrie etc. zu verstaatlichen. Als Himmler bemerkte, daß sich die sozialistische Linie der NSDAP um die Gebrüder Strasser nicht gegen die Münchener Fraktion Hitlers durchsetzen konnte, schwenkte er kurzerhand zum Münchener Kreis um. In diesem opportunistischen Charakterzug liegt vielleicht der wesentliche psychologische Unterschied zwischen Hitler und Himmler, die sich dennoch in der Ideologie, Planung und Durchführung ihrer politischen Verbrechen sehr gut ergänzten. Hitler war ein Rebell gegen väterliche Autoritäten, zuerst gegen seinen eigenen Vater, in seinen Wiener Jahren gegen die kaiserliche Autorität der verhaßten Donaumonarchie und schließlich gegen die väterlichen Ordnungsprinzipien der Weimarer Republik mit ihrem Repräsentanten Hindenburg. Himmler dagegen ging das rebellische Element völlig ab. Vielmehr suchte er eine starke Autorität, die seinem schwachen Selbst Halt geben würde und die er offensichtlich in der frühen SS-Bewegung fand. Diese verfügte zwar noch nicht über die Durchschlagskraft der späteren Jahre, aber dennoch bei ihren selbstinszenierten Saalschlachten mit großer Aggressivität und Brutalität auftraten und sich hierbei nicht nur gegen die Linke wandte, sondern auch dasjenige bürgerliche Milieu bekämpfte, aus der seine Familie stammte. Himmlers Wandlung zum Nazi war kein Protest gegen seinen eigenen Vater, was man hätte annehmen können, sondern eine stille Unterwerfungsgeste unter das väterliche Prinzip, nur daß die Vaterbilder hierbei ausgetauscht wurden. Das gefürchtete Vaterbild wurde durch die Struktur der SS ersetzt. Die SS der frühen Jahre war eine Ansammlung junger Männer, welche die Rolle von anarchistischen Helden spielten und denen die Zukunft gehörte. Zu ihnen fühlte sich Himmler hingezogen und fand in ihnen eine geeignete Gruppierung der er sich besser unterwerfen konnte, als seinem eigenen Vater. Für sein kaltes Machtkalkül spricht freilich die Tatsache, daß er einige Jahre später der unumschränkte „Herrscher" dieser Organisation wurde. Aus dem selbstunsicheren jungen Mann, der einer gesellschaftlich untergeordneten Familie entstammte, welche die Mitglieder des Adels bewunderte und zugleich beneidete, wurde er zum mächtigen Haupt der SS, die nach seinem Willen den neuen deutschen Adel bilden sollte. Ab da stand kein Adel mehr über ihm, auch nicht der bayerische Prinz Heinrich, dessen Privatlehrer Himmlers Vater war und der sich als Taufpate für ihn zur Verfügung gestellt hatte. Er, der Reichsführer SS mit seinen Handlangern war der erste Prinz im neuen Staat des Dritten Reiches. So oder ähnlich mögen seine Phantasien ausgesehen haben, die ihn bei aller ihm innewohnenden Subalternität und Unentschlossenheit zu einem der mächtigsten und gefürchtetsten Nazi-Größen emporsteigen ließen. In Hitler fand er sodann jene „väterliche" Führerfigur, der er sich fortan bedingungslos unterwerfen würde, ohne nicht auch diesen, am Ende als alles zusammenbrach, zu verraten.

Himmlers Verhältnis zu seiner Mutter war von völlig anderer Art. Zu ihr hatte er ein tiefes Abhängigkeitsverhältnis mit eindeutig narzißtischen Zügen. Von ihr maßlos verwöhnt blieb er über einen langen Zeitraum unselbständig und ohne sie in gewisser Weise fast schon hilflos. Während seiner militärischen Ausbildung, die er fernab vom Elternhaus als 17-jähriger absolvierte, beklagte er sich ständig darüber, daß die Familie ihm über einen Monat „nur" zwölf Antwortbriefe auf seine insgesamt dreiundzwanzig Briefe geschrieben hatte. Lagen nur mehr als zwei Tage zwischen den Briefen, so schrieb er voller Selbstmitleid, daß er auf Antwort „schrecklich lange gewartet habe" und sehr darunter leide, von der Familie nichts zu hören. Seine Briefe waren ständige Klagen über die mißlichen Umstände, unter denen er in seiner Ausbildung zu leiden hatte. Mal waren es das schlechte und knappe Essen, die kalte und kahle Ausstattung seines Zimmers, das Ungeziefer, welches ihn plagte und überhaupt die gesamten Lebensumstände, die seiner schwächlichen Konstitution entgegenstanden. Kleinere Mißgeschicke nehmen die Ausmaße von Tragödien an und werden der Familie in allen Einzelheiten mitgeteilt. Zum Teil waren diese Klagen an seine Mutter gerichtet, die daraufhin Geldanweisungen und mehrere Pakete zusandte, die Süßigkeiten, Wäsche, Insektenpulver, zusätzliches Bettzeug und Lebensmittel enthielten. Offensichtlich wurden diese Zuwendungen mit einer Reihe von Ratschlägen begleitet, die sich auf seine Haltung als künftigen Soldaten bezogen. Unter dem Eindruck, ein tapferer Soldat zu sein, nahm er gelegentlich die Klagen zurück, welche die mütterlichen Aktionen hervorgerufen hatten. Zweifellos wurde Himmlers Abhängigkeit, die sich infolge seines schwächlichen Charakters und seiner unselbständigen, selbstunsicheren Persönlichkeit noch verstärkte, durch die Nachsichtigkeit seiner Mutter gefördert.

Ursprünglich sollte Himmler Landwirt werden, woran ihn jedoch seine schwächliche Konstitution und hypochondrische Veranlagung hinderte. Versuchsweise betätigte er sich in Waldtrudering bei München als Hühnerzüchter und die hier gewonnenen Eindrücke haben sicherlich mit dazu beigetragen, späterhin von bäuerlicher Kultur, Blut- und Bodenverbundenheit, Neuzüchtung der Menschenrassen, germanischer Auf-Nordung des Lebensraumes zu sprechen und in den Kategorien von rassischen Experimentierfeldern und biologischen Grundgesetzen zu denken. Als einer der „Männer der ersten Stunde" der Bewegung befehligte er 1929 eine damals 300 Mann umfassende Schlägertruppe, die sich SS nannte und zum Vorläufer des späteren Schreckenordens wurde. Bis 1933 baute er diesen Verband durch seine Organisationsfähigkeit auf über 50 000 Mann aus. Seine Visionen entwarfen Pläne der „Heranzüchtung eines neuen Menschentypus", der in den „Pflanzgärten des germanischen Blutes" herangezogen werden sollte. Hinter alledem stand ein verbissener Ernst und die Vorstellung, angesichts einer eingebildeten Krise, daß die Menschheit, die er vor ihrem Untergang oder ihrem Fortbestand gefährdet zu sehen glaubte, nur durch die arische Rasse zu retten sei, da diese von der Schöpfung dazu ausersehen war, Segen für die Welt zu sein, sie zu beherrschen und ihr „Glück" und Kultur zu bringen. Sein ideologisches Gemisch aus Rassentheorie, barbarischer Pseudoreligiösität, Eschatologenernst und pessimistischer Geschichtsbetrachtung war nicht nur seinem versponnenen Charakter geschuldet, sondern entsprach einer kollektiven Grundströmung jener Epoche, die gegen die Modernisierung und Industrialisierung einer sich zunehmend entfremdeten Gesellschaft auf die uralten mystischen Rezepte der Menschheitserneuerung zurückgriff. Wie für viele andere seiner Zeitgenossen und frühen „Kampfgefährten" der Bewegung, schien ihm „die Welt am Ende gekommen zu sein" und eine Rettung konnte er sich nur in einer Rückbesinnung auf die Zeit vor Beginn der großen Irrwege, wie Christianisierung und Aufklärung vorstellen. Damit stand er in einer Reihe mit zahlreichen Heilsverkündern, Welterneuerungspropheten und politisierenden Sektenpredigern, die den richtungslosen Aggressionen der Massen neue Ziele vermitteln wollten. Gelegentlich beschworen Himmlers excessive Vorlieben fürs Okkulte und Sektiererische den Zorn Hitlers herauf, der von solchem Humbug nichts wissen wollte, da er hierdurch die eigentliche Aufgabe der nationalsozialistischen Revolution gefährdet sah. Für Hitler war der Nationalsozialismus, bei aller Rückbesinnung auf germanische Urgründe, doch letztlich eine Bewegung des modernen Zeitalters und des technischen Fortschrittes. Er sah im Gegensatz zu Himmler den Erfolg der Bewegung als Ergebnis einer aufkommenden Massengesellschaft mit ihren kollektiven Erscheinungen des Zeitgeistes und nicht im versponnenen Subjektivismus einer verordneten Esoterik. Wenngleich er bei seinen Ansprachen oftmals die Vorsehung beschwor, so war dies lediglich in einem propagandistischen Sinne gemeint und sollte keinesfalls den Anschein einer pseudoreligiösen Gegenbewegung vermitteln. In seinem Buch MEIN KAMPF hat Hitler einer ins Esoterische abgleitenden Richtung der nationalsozialistischen Bewegung widersprochen und sich gegen das pseudo-wissenschaftliche Geschwätz" des völkischen Okkultismus gewandt und davor gewarnt, „unklare mystische Elemente" in die Bewegung und den Staat aufzunehmen, da nicht das geheimnisvolle Ahnen an der Spitze des Programms zu stehen habe, sondern das klare Erkennen und Bekenntnis. Möglicherweise richteten sich solche Formulierungen, wenn er sie später bei passender Gelegenheit wiederholte, nicht zuletzt gegen Himmler.

Nachdem die Unternehmungen eine bürgerliche Existenz zu gründen gescheitert waren, schloß Himmler sich nach dem Ersten Weltkrieg einer der zahlreichen Freikorps an, in denen die Entwurzelten der Nachkriegsjahre ihre politische und vor allem mentale Heimstätte fanden. Über die Freikorpsmitgliedschaft im Bund Blücher stieß er schließlich zur NSDAP, die zu diesem Zeitpunkt noch eine kleine, relativ unbedeutende Partei war. Innerlich blieb er den germanisch-bäuerlichen Phantasmagorien der „Artamanen" verbunden, einer „Sektenbewegung", welche die Nation und deren Voraussetzungen nur aus dem Blickwinkel verschrobener Schollenromantik begreifen konnte und alles auf die urtümliche Verbundenheit von heimatlicher Erde und rassisch reinem Blut zurückführen wollte. Diese absurden Besonderheiten sind bei aller Undurchführbarkeit in konkrete Konzepte stets die ideologischen und programmatischen Instrumente seiner Politik geblieben. Solche Kuriositäten dienten eher der Kompensation unerfüllter Berufswünsche, einmal selber Bauer zu werden, als daß sie ernsthaften volkswirtschaftlichen Überlegungen gegolten hätten. Anläßlich der 1000 Jahrfeier zum Todestag von Heinrich dem I. ließ er verlauten, daß dieser höchstpersönlich ein „edler Bauer seines Volkes" gewesen, und er selbst „nach Abstammung, Blut und Wesen Bauer sei". Neben diesen geschichtsklitternden Selbsthudeleien stand sein rücksichtloses Streben nach Machterweiterung auf allen nur denkbaren Gebieten staatlicher und nebenstaatlicher Institutionen und Einrichtungen, die eben so wenig von seinen individuellen Arabesken verschont blieben. Die Mehrzahl der von ihm beherrschten Organisationen diente seiner persönlichen Machterweiterung und seinem Hang zur umfassenden Kontrolle über alles und jeden. Diesem persönlichen Kontrollzwang entsprach neben machttechnischen Erwägungen zur

Absicherung des Regimes, auch die Übernahme der Gestapo in seinen Einflußbereich. Während die einen der Institutionalisierung seiner Narrheiten dienten, so der Lebensborn e.V., der jedoch ohne nachhaltigen Niederschlag blieb, die Anpflanzungen der Kog-Sagys-Wurzeln, die SS-Forschungs- und Lehrgemeinschaft Ahnenerbe, wozu er Expeditionen nach Asien entsandte - um die indische Abstammung der Germanen nachzuweisen- und deren Aufgabe es war, „Raum, Geist, Tat und Erbe des nordrassischen Indogermanentums zu erforschen",[4] überzog er andererseits den Staat mit einem Netzwerk der restlosen Überwachung, des Terrors und Mordens. Um Rosenbergs Einfluß auf die ideologische Auskleidung der germanischen Volkstumskunde und Archäologie zu beschneiden, lag es im Interesse Himmlers, die „neugermanische Religion" der SS durch natur- und geisteswissenschaftliche Forschung, die in Wirklichkeit den Geruch einer Pseudowissenschaft besaß, zu untermauern. Seine weltanschaulichen Phantasien und sein rassischer Fanatismus sollten im Nachhinein durch das Projekt „SS Ahnenerbe" durch entsprechende Forschungen legitimiert werden. Diese Vorhaben standen indes in keinem Widerspruch zu seiner Vernichtungspolitik, sondern sollten vielmehr den pseudowissenschaftlichen Begründungen der willkürlichen Einteilung der Menschen in mindere und höherwertige Rassen das entsprechende „anthropologische Material" liefern. In einem widersprüchlichen Nebeneinander von Verstehen und Vernichten des Fremdartigen knüpften derartige obskure „Forschungen", an die tradierten Vorstellungen von Rasse, Blut und Volk an. Insofern bildeten derartige Forschungsunternehmungen, die den Namen nicht verdienten, den ideologisch anthropologischen Begründungsrahmen des nationalsozialistischen Vernichtungsprogramms, woran sich zahlreiche Ethnologen beteiligten. Denn immerhin ging es in diesem Forschungsfeld um ewige Werte, Riten, fundamentale Bewegungen und Herkunftsmythologien des Volkes und Traditionen, allesamt Phänomene, die schon von Anbeginn der nationalsozialistischen Bewegung wichtige Begründungen ihres gesellschaftspolitischen Auftrages lieferten. Einerseits war dieser Disziplin die Neugier und Abenteuerlust nicht abzusprechen, die aber jederzeit in Fremdenfurcht bis hin zu Vernichtungsobsessionen umschlagen konnte. So war deren Weg in einen arischen Biologismus nicht weit, der sich nach den Eroberungszügen in Polen und der Sowjetunion in den Konzentrationslagern als fabrikmäßige Vernichtung sogenannten unwerten Lebens tödlich niederschlug.

Die Konzentrationslager, welche allesamt Himmlers Kontrolle unterlagen, waren rechtlose Einrichtungen der Vernichtung, der als minderwertig deklarierten Menschen und die Basis seiner SS-Schreckensherrschaft, die ihm als Vollendung des Staatswesens vor Augen stand. Von dämonischem Zynismus durchsetzt, ließ er, gleichsam einer gespenstischen Wirklichkeitsverfremdung verfallen, am Rande von Konzentrationslagern, Kräutergärten anlegen, eine naturhafte Idylle am Rande der größten politischen Verbrechen der Menschheitsgeschichte. Dieses, den realen Schrecken entgegengesetzte Bild offenbarte, wie bruchlos und selbstverständlich scheinbare Unvereinbarkeiten im Charakter dieses verhinderten völkischen „Hühnerzüchters" angelegt waren und dessen Subalternität geradezu verblüffend unauffällig das typische Bild eines deutschen Untertanen zeichnete, das bis ins närrisch Verschrobene reichte. Seine Vorlieben für okkulte Deutungszusammenhänge und Mesmerismus erwuchsen aus der permanenten Beschäftigung mit germanischer Runen- und Ahnenkultur, der Welteiszeitlehre des umstrittenen Privatgelehrten Hörbiger und der Annahme, daß die

Germanen ursprünglich nach dem Untergang von Atlantis, wo er den Zufluchtsort der arischen Urrasse vermutete, über Asien, einer Insel im Norden namens Thule und schließlich nach Europa gelangt seien. Die Welteiszeitlehre verknüpfte den „Tibet-Mythos" der Germanenabstammung mit der Mär vom Sturz eines Eismondes auf die Erde, der dazu führte, daß der Zufluchtsort Atlantis durch eine große Sintflut in die unendlichen Tiefen des Meeres, oder besser gesagt, in die metaphysische Spekulation versunken sei. Himmler, der für dererlei Unsinn empfänglich war, und beeinflußt durch seinen Mitarbeiter Kiss, einem Schüler des Welteiszeitpropheten Hörbiger, trieb es daher in jede obskure Dunkelecke, die zur pseudoreligiösen Darstellung seines Germanenkultes und Artamanenglaubens dienlich sein konnte. Bereits vor seinem Eintritt in die NSDAP war Himmler Mitglied in der sogenannten Thule-Gesellschaft, einem germanophilen Zirkel von alldeutschen Rassisten und durch die okkulten Lehren von R.J. Gorsleben und Rudolf von Sebottendorf, zwei politisch ambitionierten Okkultisten, beeinflußt worden.[5] Die Thule-Gesellschaft in München von Sebottendorf in der Endphase des Ersten Weltkrieges 1918 gegründet, galt als antisemitische Tarnorganisation des ursprünglichen Germanenordens. Der Namen der Organisation ging auf die mythische Insel Thule zurück, die unter den Griechen als nördlichste Insel galt und daher für die Anhänger nordischen Kults eine mystische Bedeutung besaß. Einige der führenden NS-Funktionäre waren Mitglieder in dieser konspirativen Geheimgesellschaft gewesen, so unter anderen: Rosenberg, Heß, Streicher -der üble Hetzer gegen alles Jüdische-, sowie Hans Frank, der spätere Generalgouverneur in Polen. Es wurde immer wieder behauptet, die Thule-Gesellschaft hätte intern eine satanische und okkulte Ausrichtung besessen, die aber jenseits einer gewissen Runen-Mystik, die neben andern dem Hakenkreuzsymbol in ihrem Emblem geschuldet war, nicht eindeutig nachgewiesen werden konnte. Nach außen stellte sich die Gruppierung als „Studiengruppe für germanisches Altertum" dar, was sich in Wirklichkeit als systematisch betriebene rassistische Propaganda enthüllte. Dem Einfluß der Thule-Gesellschaft scheint Himmler auch die Anregungen für seine zweifelhafte ethnologische Ahnenforschung in Tibet entnommen zu haben. Über alle diese bizarren und neuheidnischen Lehren stand eine urgermanische und rassistische Gesinnung, die sich in den verschiedensten Vereinigungen, wie Artamanenbund, Armanen-Orden, Edda-Gesellschaft und den Ariosophen niederschlug, der auch der österreichische Rassist Lanz von Liebenfels angehörte, einer der altvorderen „rassistischen Lehrmeister" des jungen Hitlers während dessen Wiener Zeit. Obwohl diese skurrilen Lehren von seriösen Forschungsinstituten mit massiver Kritik überzogen wurden und einer wissenschaftlichen Überprüfung nicht standhalten konnten, so dienten sie insgesamt als ideologisch-politische Machtinstrumente der Himmlerschen Rassenpolitik. Einige ihrer extremsten Vertreter, wie der Okkultist Karl Wiligut, genannt „Weisthor", mußte allerdings auf Druck von Rosenberg, der in ihm einen Konkurrenten witterte, seinen Abschied nehmen, blieb aber als SS-Brigadeführer weiterhin Himmlers Berater.[6]

Himmlers Interesse galt der Vernichtung ganzer Völker, wie er sich ebenso in rastloser Geschäftigkeit um den Verzehr von Pellkartoffeln, vitaminreichen Gladiolenzwiebeln und wasserzubereitetem Haferschleim zur Stärkung der Volksgesundheit kümmerte. Dies alles unterlag seiner beinahe zwanghaften persönlichen Kontrolle, die auch die nebensächlichsten Dinge einbezog. Auch wenn ihm ständig die Visionen eines totalitären SS-Staates vor Augen schwebten, so hätte er in Anbetracht des kommenden Germanenreiches die Völker viel lieber erzogen, anstatt sie auszurotten. Zu seinem Masseur Kersten bemerkte er mehr als einmal, daß wir erziehen müssen und nochmals erziehen, damit die Völker unserer Vorstellung genügen.[7] Den SS-Staat sah er denn vielmehr als rassezüchtendes und erziehendes Internat, wie als nebenstaatlichen Hort einer brutalen Mördertruppe. In der Gegend von Auschwitz betrieb er Versuche mit biodynamischem Landbau, währenddessen Millionen in unmittelbarer Nachbarschaft auf seine Anordnungen hin ins Gas geschickt wurden. Hinter seiner blassen und gemütsarmen Fassade verbarg sich die Doppelbödigkeit einer Person, die sich wie selbstverständlich zwischen Volkserziehung, Gladiolenzwiebelideologie, pseudoreligiöser Germanenfrömmigkeit, Elitebewußtsein und Großreichphantasien bewegte und die er mit rücksichtslosem Terror, Mord und pedantischer Genauigkeit, die nicht ohne moralisierenden Beiklang auftrat, in die Wirklichkeit umsetzte. Unbeirrt davon überzeugt, eine geschichtliche Mission zu erfüllen, sah er sich in unangefochtener Naivität als Reinkarnation des Slawenbezwingers Heinrich I., zu dessen Todestag er alljährlich zu mitternächtlicher Stunde in der Krypta des Doms zu Quedlinburg eintraf, um dort einsame Zwiesprache mit seinem früheren Selbst zu halten. All diese Marotten, mit tödlichem Ernst betrieben, standen so unvermittelt nebeneinander, wie man sie normalerweise in einer Person nicht anzutreffen glaubt. Zusammengehalten wurden sie von einem zwanghaften Organisationstalent, welches sich um jede Nebensächlichkeit kümmerte und einem fanatischen Machtbewußtsein, durch das sich gelegentlich selbst Hitler bedroht sah. Himmlers Utopie eines SS-Staates, bezeichnete Hitler in einem Zornesausbruch als „schwarze Pest" und die verrückten pseudoreligiösen Anwandlungen seines Germanenkultes standen Hitlers Planung einer zweckrationalen und machttechnischen Ausrichtung seiner Politik im Wege. Dennoch ließ er Himmler gewähren, denn offensichtlich erkannte und schätzte er den machtpolitischen und ideologischen Hintergrund dieser kultischen Gepflogenheiten, die Himmlers Vorstellungen eines SS-Staates durchzogen und im Wesentlichen zu dessen zeitweise Verwirklichung beitrugen. Überdies hat wohl kaum eine der nationalsozialistischen Organisationen das Machtsystem des Dritten Reiches nach innen und während des Krieges auch nach außen hin so abgesichert, wie der „Schwarze Orden" der SS und die Gestapo, die Himmler unterstanden. Himmler schwebte eine ordensgleiche Gemeinschaft vor, eine von allen konventionellen Traditionen und moralischen Geboten entfernte „Prätorianergemeinschaft", die durch inszenierte Rituale einer mystischen Liturgie und in immer sich wiederholenden Akten der Weihen und Berufung auf ihre Überzeugungsgewißheit gebunden wurde und zu deren Zwecke die Wevelsburg und andere Stätten seiner Glaubensgewißheit herhalten mußten. Einer Gemeinschaft, die tödlichen Ernst machte, „mit der bedingungslosen Loslösung aus der alten gesellschaftlichen Kasten-, Klassen- und Familienwelt".[8] Die Ernst machte mit der Verneinung gesellschaftlicher Umgangsformen und statt dessen sich nur der Pseudomoral einer auf Gedeih und Verderben orientierten Mordgemeinschaft verpflichtet fühlte. Führende Protagonisten der SS erschien sie daher nicht nur als innerstaatliches Kriegsinstrument gegen die inneren Feinde des Dritten Reiches, sondern der Entwurf zu einer grundsätzlich neuen Form des Staates, mit dem Ziel, die alten Ordnungen abzulösen, um als Avantgarde eines imperialen Herrschaftssystems Europa und schließlich die Welt neu zu organisieren.

Diesen politisch utopischen Prospekten standen regressiv verortete Planungen betont anachronistischer Natur gegenüber. Schon vor Kriegsbeginn hatte er eine Reihe von Anordnungen verfaßt, die dem Aussterben der nordisch-arischen Rasse entgegenwirken sollten und den unreinen, verdorbenen Typus „abzusieben" und das „gute Blut zu mehren". Erst die großflächigen Raumeroberungen im Osten eröffneten ihm die Möglichkeit, diese kruden Ideen in handfeste germanophile Rasse- und Besiedelungspolitik umzusetzen. Im Gegensatz zum modernistischen Erscheinungsbild des totalitären nationalsozialistischen Staates, in dem die moderne Technik und moderne Verwaltungsstrukturen zu wesentlichen Elementen der absoluten Herrschaft wurden, sah Himmler in der Besiedelung östlicher Teile Rußlands durch weitverzweigte Wehrdörfer, die Rückwendung des Germanentums zu ihren bäuerlichen Wurzeln. In diesem arischen Paradies sollten die städtischen Strukturen abgebaut und die Angehörigen des SS-Ordens, der „Neue Adel", zur urtümlichen Verbundenheit mit dem Boden zurückgeführt werden. Himmlers wahnhafte Ideenwelten waren von solcher Absurdität, daß man den behaupteten Ernst ihrer zukunftsweisenden Absicht unter normalen Umständen sich nicht hätte vorstellen können. Ihm schwebte vor, in den eroberten Weiten Rußlands im Schutze von germanischen „Blutwällen" eine schöne neue, arische Welt zu erbauen, bestehend aus Kulttempeln, Wehrburgen und militärischen Stützpunkten mit kasernierten Garnisonen heroischer Krieger, die von Zeit zu Zeit Ausfälle in die nicht eroberten Gebiete jenseits des Urals unternehmen sollten, um ihre Wehrertüchtigung ständig zu trainieren. Derweil sollten die auserwählten „erbreinen" Volksgenossen Kinder zeugen, um ganze Geschlechterfolgen von „reinrassischen" arischen Helden dem germanischen Blutstrom zuzuführen, die bis in die zeitlichen Dimensionen eines tausendjährigen Reiches geplant, dieses Imperium der „Rassenreinheit" beherrschen würden. Die Urbevölkerung, soweit man sie am Leben ließ, und nicht, wie es in einer Denkschrift des Ostministeriums hieß, der „Verschrottung"[9] anheim falle, würde das niemals unerschöpfliche Sklavenheer stellen, welches den blonden Herrenmenschen zu allen Sklavendiensten bereit stünde. In diesen aberwitzigen Planungen, die gegen alle bestehenden Rechte und fremden Lebensansprüchen gerichtet waren, traten nur vordergründig die verschrobenen Merkmale jener völkisch-rassischen Sektierer, wie Chamberlain, Langbehn etc und den populären Germanenprophetien des späten 19. Jahrhunderts zum Vorschein. In Wirklichkeit ging dies alles noch weit darüber hinaus. Es war die ernsthaft gemeinte rationale und bürokratische Planung einer totalitären Umsetzung von Ideologie, im Rahmen eines gewissenlosen und kaltblütigen Durchsetzungsapparates von bislang nur theoretischen, und mit einem gewissen Mystizismus, behafteten Weltheilungslehren auf dem Boden eines vulgären Sozialdarwinismus zum Zwecke einer grundsätzlichen Neubestimmung von Politik und Gesellschaft. Angesichts dieser, ihm „heiligsten" Anliegen verblaßten gelegentlich die eigentlichen Aufgaben der SS, und er war überaus glücklich, daß ihm Hitler die ausdrückliche Zustimmung zu dieser wehrdörflichen Konzeption erteilte. Freilich wurde ihm schon bald klar, daß die vorhandene „Blutbasis" des germanischen „Kernbestandes" nicht ausreichen würde, diese unendlichen Weiten mit den herangezüchteten nordischen „Herrenmenschen" aufzufüllen. Dies brachte ihn zu einem Entschluß, der einen tiefen Einblick in den Mechanismus seines Denkens erlaubte. Im Verlaufe des Polenfeldzuges war ihm nämlich zu Ohren gekommen, daß einige besonders hartnäckige Verteidiger der Gegenseite „germanische" Namen trugen. In Warschau war dies ein General Rommel, auf Hela ein Admiral namens Unruh und der

Verteidiger der Festung Modlin, der aus einer Hugenottenfamilie stammende General Tomme`. Himmler schloß daraus, daß es immer nur das eigene Blut sein wird, was uns in der Geschichte und auf unserem Globus gefährlich werden kann Daher sei er entschlossen, dieses Blut „zu rauben und zu stehlen", wo immer es möglich wird. Selbst aus den sogenannten slawischen Völkern würden sich immer wieder Träger gesunder rassischer Merkmale „herausmendeln", die man dem deutschen Volk zuführen müsse. Widersetzen sie sich, werden wir sie totschlagen, so fügte er in seiner Selbstgewißheit, Herrscher über eine historische Neubestimmung der Weltrassen zu sein, hinzu.[10] In der bornierten Befangenheit des einstigen Landwirtschaftseleven, den Staat als Garten zu sehen, verstand er seine Aufgabe bis ins „Menschenzüchterische" hinein. Seine Vorstellung von Herrschaft bezog sich auf Veredelung, Aufzucht, Pflege ganzer Völkerscharen, wie ebenso deren Ausmerzung und Vernichtung zu seinem gärtnerischen „Programm" gehörten. Im krassen Widerspruch zu diesen archaischen und völkisch-romantischen Schwärmereien standen die kalte Technokratie seiner Vernichtungsorganisation und die bürokratische Beflissenheit, mit der er diese vorantrieb. Himmlers zwiespältige und im Grunde undurchsichtige Persönlichkeit spiegelte, mehr als bei jedem anderen der führenden Nazifiguren, das gesamte Ensemble der Wesensmerkmale einer autoritären, sadistischen Charakterstruktur wider: Pedantische Subalternität und zynischer Vernichtungswillen gegen alles, worüber er Macht ausübte, gepaart mit hemmungsloser Machtgier um Einfluß in alle erdenklichen Bereichen zu gewinnen. Mit dieser doppelbödigen Charakterstruktur ausgestattet, war er der ideale Gewährsmann und Organisator des millionenfachen Schreckens im nationalsozialistischen Totalitarismus. Zuletzt schuf sich Himmler sein eigenes Wirtschaftsimperium, als Staat im Staat, in Gestalt von Steinbruchbetrieben, Mineralwasserquellen, Bodenreformen mit entsprechenden Agrarbetrieben, Ziegeleien, Möbelfabriken, Konservenfabriken; gegen die Mückenplagen gründete er ein Institut des „Insektenabwehrunterführers" und ein pharmazeutisches Unternehmen. Dieses Netz unterschiedlicher wirtschaftlicher und ideologischer Organisationen kam seinem ureigenen Anliegen, den nationalsozialistischen Staat durch einen alle Lebensbereiche umfassenden SS-Staat abzulösen entgegen und vermutlich hätte er ihn auch vollenden können, wenn die geschichtlichen Ereignisse anders verlaufen wären.

Obgleich er immer darum bemüht war, seinen Sadismus unter den beschönigenden Beschwörungen zufällig auftretender Entscheidungszwänge zu verbergen, um sich vor den offenkundigen Grausamkeiten abzuschirmen, war die unverhohlene Perversität seiner Absichten unverkennbar. Sein Adjutant Wolff berichtete über die Szenerie einer Massenerschießung 1941 in Minsk, der Himmler beiwohnte und die ihn sehr erschütterte und an den Rand eines Nervenzusammenbruchs brachte. Aber hinterher habe er gesagt: „Ich halte es trotz allem für richtig, daß wir uns das angesehen haben. Wer über Leben und Tod zu entscheiden hat, muß wissen, wie das Sterben aussieht. Und was er den Erschießungskommandos zumutet".[11] In restloser Verkennung wirklich humaner Konventionen schuf er sich seinen eigenen Moralbegriff, den er zum Leitsatz des millionenfachen Mordens seiner Weltanschauungstruppe, der SS erhob. Wie kaum ein anderer der führenden Protagonisten des Dritten Reiches hat er die Verschiebung des universalen moralischen Referenzrahmens zu einer nationalsozialistisch legitimierten Partikularmoral betont und im Dienste der „Rassenhygiene" und „Aufnordungspolitik" für notwendig erachtet. Vor dem Hintergrund eines

„umgestülpten" und gänzlich entleerten Moralbegriffes bezog er sich zur Rechtfertigung seiner Verbrechen auf die Rolle eines unglücklich Verstrickten inmitten geschichtlich unabdingbarer Vorgänge. Ganz der Neigung entsprechend, seine Mordgesinnung mit historischen und mythischen Gestalten zu stilisieren, sah Himmler in dem harten und liebeleeren Hagen von Tronje aus den Nibelungen jenen Typus, der wie er, um eines höheren Prinzips willen mit Schuld überhäuft wurde, ohne sich schuldig zu fühlen. Wegen dieses höheren Prinzips untersagte er seinen Gefolgsleuten unter Strafandrohung jeden persönlichen Beweggrund bei der Erfüllung dieser „säkularen" Aufgaben, sei es aus ungezügelter Leidenschaft, Haß, Habgier oder Grausamkeit. Nur einzig diese distanzierte Pedanterie mit der er sein Vernichtungswerk betrieb, war der Anlaß die spontan inszenierten Ausbrüche jener Pogromnacht vom 9.November 1938, die Goebbels ausgerufen hatte, entschieden zu kritisieren, weil sie seiner rational begründeten Auffassung einer bürokratisierten Form der Massenvernichtung im Wege standen. Gleichwohl gelangte er, wie auch andere der nationalsozialistischen Nomenklatur, zu der Erkenntnis, daß solches nicht unter den Augen der deutschen Öffentlichkeit durchzuführen sei.

In seiner Redseligkeit hat er sich in der berüchtigten Posener Rede am 4. Oktober 1943, welche das furchtbarste deutsche Sprachdokument darstellt, vor den SS Gruppenführern unmiß-verständlich geäußert: „Ein Grundsatz muß für den SS-Mann absolut gelten: Ehrlich, anständig, treu und kameradschaftlich haben wir zu Angehörigen unseres eigenen Blutes zu sein und zu sonst niemanden. Wie es den Russen geht, wie es den Tschechen geht, ist mir total gleichgültig [...].Wir werden niemals roh oder herzlos sein, wo es nicht sein muß...Wir Deutsche, die wir als einzige auf der Welt eine anständige Einstellung zum Tier haben, werden ja auch zu diesen Menschentieren eine anständige Einstellung einnehmen [...]. Ich will hier in aller Offenheit auch ein ganz schweres Kapitel erwähnen. Unter uns soll es einmal ganz offen ausgesprochen sein, und trotzdem werden wir in der Öffentlichkeit nie darüber reden [...]. Ich meine jetzt die Judenevakuierung, die Ausrottung des jüdischen Volkes. Es gehört zu den Dingen, die man leicht ausspricht. >Das jüdische Volk wird ausgerottet<, sagt ein jeder Parteigenosse, > ganz klar, steht in unserem Programm, Ausschaltung der Juden, Ausrottung, machen wir.> Und dann kommen sie alle an, die braven 80 Millionen Deutschen, und jeder hat seinen anständigen Juden. Es ist ja klar, die anderen sind Schweine, aber dieser eine ist ein prima Jude. Von allen, die so reden, hat keiner zugesehen, keiner hat es durchgestanden. Von Euch werden die meisten wissen, was es heißt, wenn 100 Leichen beisammen liegen, wenn 500 daliegen oder wenn 1000 daliegen. Dies durchgehalten zu haben, und dabei – abgesehen von Ausnahmen menschlicher Schwächen- anständig geblieben zu sein, das hat uns hart gemacht. Dies ist ein niemals geschriebenes und niemals zu schreibendes Ruhmesblatt unserer Geschichte [...]."[12] Unter seinem pervertierten Moralbegriff wußte er zu trennen, zwischen der persönlichen Bereicherung aufgrund verhältnismäßig unbedeutender Tatbestände und der Ungeheuerlichkeit eines systematisch betriebenen Völkermordes. Daher fühlte er sich bemüßigt, gemäß seines gänzlich entleerten und umgedrehten Moralbegriffes davor zu warnen, sich auch nur mit geringen Mengen aus dem konfiszierten jüdischen Vermögen zu bereichern, womit er das Unrecht einer entwendeten Zigarette mit dem Recht auf Töten gegenüberstellte. „Wir hatten das moralische Recht, wir hatten die Pflicht gegenüber unserem Volk, dieses Volk, das uns umbringen wollte, umzubringen. Wir haben aber nicht das Recht, uns auch nur mit einem Pelz, einer Uhr, mit einer Mark oder mit einer Zigarette oder sonst was zu bereichern [...]. Ich werde niemals zusehen, daß hier auch nur eine kleine Fäulnisstelle entsteht oder sich festsetzt. Wo sie sich bilden sollte, werden wir sie gemeinsam ausbrennen. Insgesamt aber können wir sagen, daß wir [...] keinen Schaden an unserem Inneren, in unserer Seele, in unserem Charakter daran genommen" haben.[13] Jene inneren Werte, auf die er unaufhörlich hinwies und die in nächtlichen Feierstunden bei Fackellicht vor den Prospekten der Rassenvernichtung beschworen wurden, waren in Wirklichkeit infolge ihrer fehlenden Verankerung in echte sittliche Kategorien nur noch notdürftige Appelle an die niedrigste Mordgesinnung seiner SS, die dazu dienten, dem primitivsten menschlichen Verhalten noch einen zusätzlichen Sinn zu verleihen. Von einem nicht unerheblichen Teil seiner Gefolgschaft wurden diese „inneren Werte" als „neue Sittlichkeit" an die Stelle „herkömmlicher Wertvorstellungen gerückt".[14] Nicht zuletzt deshalb entsprachen diese pervertierten Normen den inneren Einstellungen der überwiegenden Mitglieder des SS-Führungskorps, weil sie deren verwirrten Idealismus bestätigten. Und es gab genügend Beispiele, wo selbst nach dem Zusammenbruch ehemalige SS-Zeugen davon nicht lassen konnten. In dieser heillosen Konfusion sämtlicher Werte lag das hohe Maß an Bereitschaft seiner Gefolgsleute, sich in einem vermeintlich nichtkriminellen Sinn zu betätigen, um im wahrsten Sinn des Wortes gefühllos über Leichen gehen zu können.

Selbstunsicher und im Grunde schwach, verschaffte er sich ein Gefühl der Sicherheit durch seine neurotisch anmutende Ordentlichkeit und extreme Pedanterie, sowie der hemmungslosen Gier nach Kontrolle über jeden, mit dem er zu tun hatte. Von tiefem Mißtrauen gegen seine unmittelbare Umgebung erfüllt, legte er umfangreiche Dossiers über alle höheren und höchsten Nazi-Funktionäre und Untergebenen an. Selbst Speer, der eine herausgehobene Stellung inmitten der „Hofgesellschaft" um Hitler besaß, war vor seinen Intrigen nicht sicher und mehr als einmal versuchte er ihn zu entmachten und gegenüber Hitler in Mißkredit zu bringen. Und so mag es als eine Ironie der gegebenen Umstände erscheinen, daß sich die mächtigsten Figuren des Himmlerschen SS-Staates, Himmler selbst und sein vorderster Schreckensmann Heydrich gegenseitig bespitzelten und sich voller Argwohn gegenüberstanden. Alles was er anderen als sogenannte Tugenden predigte, war bei ihm selber in keiner Weise vorhanden. Seine eigenen unverkennbaren Schwächen projizierte er in den Tugendkatalog der Neuen Ordens- gemeinschaft der SS über den das, durch ihn geprägte Motto stand „Unsere Ehre heißt Treue". Dieser Katalog war gefüllt mit den Attributen von Treue, Kraft, Mut und er selbst war doch schlaff, feige, schwach und zuletzt gar seinem vergötterten „Führer" untreu bis zum Verrat. Die von seinen Untergebenen befohlene Härte besaß er selber in keiner Weise, wie er auch den Rassenstandards der SS weder in Statur, Erscheinungsbild und Haarfarbe bis zum sogenannten „Großen Ahnennachweis", den er als Führungsperson hätte erbringen müssen, entsprach. Nur die bereits dargestellten negativen Charaktereigenschaften und sein bedingungsloser Gehorsam gegenüber Hitler und die Tatsache, daß er ein Nazi der ersten Stunde war, machten ihn für die Vernichtungs- und Terrorpolitik des Regimes unverzichtbar. Für Joachim Fest bleibt es nach wie vor ein Rätsel, wie eine so farblose Persönlichkeit, die kaum über eine natürliche Autorität verfügte, in eine derartige Machtposition gelangte.[15] Aus der Erfahrung der Geschichte freilich, wird dieses Phänomen von Machtzuwachs und Machtverteilung verständlich. Potentaten haben sich schon immer sogenannter abhängiger, willfähriger „Marionetten", bedient, die dasjenige umsetzen, mit denen sie selber vor der Öffentlichkeit im Verborgenen bleiben möchten. Gerade deren schemenhafte Farblosigkeit und charakterliche Blässe prädestiniert sie für derartige Aufgaben. Totalitäre System leben davon, auf solche Typologien zurückzugreifen, denen bei aller charakterlichen Unscheinbarkeit ein fanatischer, pseudoreligiöser Eifer innewohnt. Nicht nur bei Himmler traten diese Züge zutage, sondern bei den zahlreichen Gefolgsleuten des Systems, deren inständiger Glaubenshunger nach Gewißheiten durch die Verheißungen welterneuernden Lösungen gestillt wurde. Nicht von wenigen wurden den utopischen Prospekten einer schönen arischen Welt in einem tausendjährigen Reich mit Inbrunst geglaubt. Sicherlich mag im Falle Himmler dessen außerordentliche Fügsamkeit gegenüber Hitler und die pedantische Gewissenhaftigkeit mit der er seinen Aufgaben nachkam, sowie die nicht zu übersehenden Machtkämpfe des Umfeldes um Hitler mit dazu beigetragen haben, seine Position bis zuletzt zu festigen. Neben allen anderen Satrapen des Regimes, war Himmler der einzige, der gleich Hitler jene Utopien nicht nur bis ins Detail ausmalen konnte, sondern sein Machtinstinkt brachte ihn dazu, sie konsequent in die Wirklichkeit umzusetzen. Und hierin war er den anderen weit voraus. Wie totalitäre Systeme im allgemeinen, so verdankte auch das NS-Regime weniger seine Stabilität der Inhumanität seiner prinzipiellen Menschenverachtung, als vielmehr den permanenten Intrigen und Konkurrenzkämpfen eifersüchtiger Machtpartner. In dieser Hinsicht war Himmler voller selbstsüchtiger Wachsamkeit und wie viele Macht-menschen ein absoluter Opportunist, der nur von dem Gedanken beherrscht war, seinen Vorteil zu finden. Hierzu konnte er auch positiv getönte Verhaltensmerkmale vorspiegeln, etwa die Sorge um das Wohlergehen seiner engsten Mitarbeiter. Aber andererseits war er kalt und erbarmungslos, so daß Zweifel berechtigt sind, ob diese Anteilnahme am Wohlergehen anderer echt war oder nur der Verleugnung seiner inneren Kälte und Gemütsarmut diente. Bei Vergehen seiner Mitarbeiter, sei es aus Grausamkeit oder Habgier, griff er zu drakonischen Straf-maßnahmen, da das Ideal des leidenschaftslosen Gewaltmenschen im Vordergrund zu stehen hatte, der eben nicht aus den genannten Motiven tötet und sich dadurch auszeichnete, sadistische primitive Instinkte zu unterbinden. Schon bevor er an die Macht gelangte, war sein sadistischer und zugleich devoter, opportunistischer Charakter vorhanden. Seine Position gab ihm die Möglichkeit diese Neigungen auf der politischen Bühne auszuleben. Dennoch waren seine späteren Vernichtungswerke, die er in Konferenzen und vor Unterschriftmappen bedenkenlos inszenierte, nicht aus seiner Biographie vorhersehbar. Genau so hätte er ein gewissenhafter Geflügelzüchter werden können, spießbürgerlich und angepaßt. Mit der gleichen Pedanterie und Besessenheit, mit der er die rassischen Höherzüchtungen ganzer „minderwertigen Völker" organisierte, hätte er sich vermutlich um Züchtungsprogramme zur Verbesserung einschlägiger Hühnerrassen gekümmert und dies zum Mittelpunkt seines ansonsten recht einfältigen Lebens erhoben. So aber, und auch dies ist wiederum einer geschichtlichen Zufälligkeit geschuldet, fielen in einem historisch entscheidenden Moment, wie ebenso bei Hitler und vielen anderen der führenden Personage des Dritten Reiches, private perverse Obsessionen mit den Strömungen der Epoche zusammen und die Möglichkeit, diese politische Wirklichkeit werden zu lassen. Aber möglicherweise appellieren inhumane Systeme bei entsprechenden Individuen an jene Verhaltensweisen, die sie zur Durchsetzung ihrer Herrschaft benötigen, so daß die Koinzidenz der Geschichte in Wirklichkeit nur darin besteht, die bereits vorhandenen niederen Instinkte gewisser Menschen anzusprechen. Insoweit betrachtet, hätte der Kommandant von Auschwitz, Rudolf Höß, nicht ganz Unrecht mit der

Klage, daß die Welt in ihm nur den Verbrecher und die blutrünstige Bestie sieht, denn er habe doch nur seine Pflicht getan in einem Zeitalter der der Welt, ihr fürchterliches Aussehen gegeben hat. [16]

Wie zahlreiche andere Nazi-Verbrecher entzog sich der „treue Heinrich", wie er oftmals im engeren Kreis um Hitler genannt wurde, der irdischen Gerechtigkeit durch Selbstmord. Am 21. Mai 1945 wurde er in der Nähe von Flensburg in der Maskerade eines Feldwebels der „Geheimen Feldpolizei", einer Unterorganisation seiner von ihm befohlenen Gestapo, von den Engländern festgenommen. Seinen lebenslangen Illusionen verhaftet, übersah er den Schreckensruf der mit ihm verbundenen NS-Organisationen und ahnte nicht, daß er sich hierdurch der Verhaftung, gleichsam wie auf einem Tablett von selbst ausgesetzt hatte. Zwei Tage später setzte er seinem Leben während einer eingehenden Leibesvisitation durch einen britischen Militärarzt mit Hilfe einer Zyankalikapsel ein Ende. Beide Totenmasken, die von ihm abgenommen wurden, zeigen noch nach seinem Tod die Doppelgesichtigkeit seines Charakters. Während die eine die gleichmütige und ausdruckslose Physiognomie seines subalternen Erscheinungsbildes widerspiegelt, erinnert die andere, in ihrer fratzenhaften, durch den Todeskrampf entstellten Züge, an die Unmenschlichkeit die seiner Person eigen war.

Exkurs: Albert Speer – ein deutscher Bildungsbürger von innen betrachtet oder die technizistische Unmoral

„Die Aufgabe, die ich zu erfüllen habe, ist eine unpolitische. Ich habe mich solange in meiner Arbeit wohlgefühlt, als meine Person und auch meine Arbeit nur nach der fachlichen Leistung gewertet wurde [...].“

(Albert Speer in einer Denkschrift an Hitler gegen Ende des Krieges)

Würde man Speers Entlastungsargument zum Anlaß einer psychohistoriographischen Betrachtung über sein Leben und Wirken im Dritten Reich nehmen und ihn außerhalb der politischen Ereignisse beurteilen, hieße, wie gelegentlich gesagt wird, „Hamlet“ ohne den Prinzen von Dänemark aufzuführen. Speers zwiespältige Rolle im Machtgefüge des Dritten Reiches wird nur allzu deutlich, wenn wir seinen Charakter und Werdegang vor dem Hintergrund der turbulenten Ereignisse betrachten, die der Epoche vor und zu Beginn der nationalsozialistischen Herrschaft ihr außerordentliches Gepräge gegeben haben. Technischer Fortschritt und moralische Kompetenzen, die auseinanderfielen, je mehr das erstere voranschritt, haben dieser Epoche ein Klima der Ungleichzeitigkeit des Gleichzeitigen beschert und die technische Rationalität als Wesensmerkmal totalitärer Herrschaftsformen in den Vordergrund gerückt. Gerade jene technische Attraktivität des modernen Zeitalters, mit allen Erscheinungen einer Massengesellschaft, welches traditionelle Strukturen grundsätzlich veränderten, hat zur Verführbarkeit breiter bürgerlicher Besitz- und Bildungsschichten beigetragen. Wie wir noch feststellen werden, war Speers Rolle in diesem epochalen Klima moralischer Indolenz gar nicht so uneigentlich dem Wesen des „Dritten Reiches“ angemessen. Speer repräsentierte einen Typus, ohne den der Nationalsozialismus und jede andere Staatsform des Totalitarismus weit weniger erfolgreich gewesen wären. Im Rückzug auf eine fachliche Existenz waren Fachleute wie Speer frei von rechtlicher Schuld im eigentlichen Sinn, da sie keine Gesetze erließen, keinerlei Willküakte durchführten oder eigenhändig Menschen verhafteten oder umbrachten. Vielmehr zogen sie sich auf angeblich unpolitische Positionen zurück, um sich eine „vorwurfsfreie Existenz“ (Fest) zu sichern. Aber im Grunde genommen waren sie blinde, uneinsichtige Marionetten, willfährig und zugleich entschlossen lediglich ihre Pflicht zu tun, wenngleich sie auch der Selbsttäuschung erlegen sind, hierbei unkorrumpiert gewesen zu sein. Indem sie sich vom Tagesgeschehen fernhielten, war es ihnen möglich, ihre funktionale Machtposition ohne parteiinterne Hausmacht auszuüben oder in die durchgängige Bestechlichkeit korrupter Parteibonzen zu verfallen.

Der Nationalsozialismus war neben seinen inhumanen und archaischen Grundzügen eine vergleichsweise moderne Bewegung, die aus den regressiven Ideologieformationen des 19. Jahrhunderts und dem technisch-bürokratischen Fortschritt des 20. Jahrhunderts sein ideologisches und machttechnisches Potential schöpfte. Nicht so sehr seinen extrem vorgetragenen und umgesetzten Vernichtungsobsessionen verdankte er seine Attraktivität und erstaunliche Sogwirkung auf die bürgerliche Schicht, sondern seiner eigentümlichen Mischung aus weltanschaulicher Regression und den technisch-rationalen Begleiterscheinungen der Modernen. Aus beiden widersprüchlichen historischen Phänomenen bezog er seine suggestive Anziehungskraft, mit der er sowohl die Massen an sich binden konnte, als auch die technischen Eliten und Funktionsträger in Wirtschaft und Verwaltung. Sowohl Fanatikern sozialdarwinistischer Überwältigungstheorien, den Anhängern eschatologischer Endzeitprophetien, fanatischen Nationalisten, hemmungslosen Romantikern und wildgewordenen Metaphysikern, wie sie sich um Heß und Rosenberg scharten, sowie in Himmlers Ahnenforschung wiederfanden. Demokratiegegnern und sozial Abgeglittenen, als auch der breiten Schicht technischer und bürokratischer Berufsgruppen des sogenannten Mittelstandes bot der Nationalsozialismus aus seinem Repertoire an üblem Ideengebräu und seinem skrupellosen Zugriff auf moderne Wirtschafts- und Verwaltungsstrukturen psychische und soziale Projektionsflächen. Insofern war der Nationalsozialismus eine Massenbewegung, oder genauer gesagt, eine politische Bewegung, deren Ideen recht unterschiedliche Interessengruppen anzogen und zudem eine suggestive Wirkung auf die Massen ausübten. Seine technisch-rationalen Programme, welche vorgaben, den Wohlstand der gebrochenen Mittelschicht nicht nur wieder herzustellen, sondern ihn auch langfristig zu sichern und sozialpsychologische Perspektiven für den Einzelnen zu eröffnen, ebnete ihm den Durchbruch in das mittelständische Bürgertum und somit in die Mitte der Gesellschaft. Neben der vollkommenen Ausschöpfung der modernen technischen Mittel, welche seinerzeit zur Verfügung standen, nutzte der nationalsozialistische Staat zur Durchsetzung seiner archaischen Politik alle Möglichkeiten der modernen Verwaltungsbürokratie in denen zweckrationales Handeln, arbeitsteilige Kompetenzen und hierarchisch gegliederte Entscheidungsebenen wesentliche Merkmale administrativer Machtentfaltung darstellten. Weit mehr als die dumpfen Blut- und Bodenideologien der nationalsozialistischen Gralshüter vom Schlage eines Himmler, Heß, Streicher oder Rosenberg bestimmten daher die technisch rationalen Aspekte moderner Verwaltungs- und Wirtschaftsstrukturen das Erscheinungsbild des „Dritten Reiches". Himmlers eschatologische Visionen vom Überlebenskampf der arischen Rasse und dessen dumpfe Verquastungen von Mensch, Boden und Blut wurden durch den zweckrationalen Bürokratismus, der den kontinental durchgeführten Völkermord organisierte, überholt. Wenn gleich auch der Historiker Martin Broszat behauptet, daß die enormen Anstrengungen der volkisch-rassischen Propaganda das Denken mit den Elementen nationalsozialistischer Rassentheorien imprägniert habe,[1] so haben sie doch nicht die psychologische Tiefenwirkung auf die Täter der bürgerlichen Mittelschicht ausgeübt, die ausgereicht hätte, aus diesen Gründen das Mordhandwerk zu legitimieren. Jene Ideologien waren nur liturgische Versatzstücke, die den nüchternen Mechanismen von Vernichtung und Terror einen zusätzlichen Sinn verleihen sollten und in den Prospekten von Auserwähltheit und rassischer Vorsehung ihre absurden Begründungen herleiteten. Die von einer archaischen Ideologie getragenen Vernichtungsprogramme kamen in ihrem millionenfachen Umfang nur deswegen zustande, weil sie im Wesentlichen durch diese rational durchorganisierten Handlungsabläufe in handfeste Mordprogramme realisiert werden konnten und in sogenannten, arbeitsteiligen „normalen" Arbeitsabläufe zur Durchführung gelangten und über Dienstanweisungen, behördliche und militärische Erlasse, Verordnungen und Tagesbefehlen administrativ abgesichert wurden. Damit unterschieden sie sich von den mittelalterlichen Pogromen, die aus einem spontanen Berserkertum entstanden. Der Soziologe Harald Welzer hat diesen rationalen Umsetzungsprozeß und den hiermit verbundenen moralischen Referenzrahmen in seinem Buch TÄTER, WIE AUS GANZ NORMALEN MENSCHEN MASSENMÖRDER WERDEN ausführlich an Hand verschiedener sozialpsychologischer und organisationssoziologischer

Modelle und Untersuchungen beschrieben. An der Durchführung dieser Mordprogramme beteiligten sich nicht nur fanatische und überzeugte Rassisten. Ebenso selbstverständlich stellten sich für diese „Aufgaben" von Hause aus unpolitische „Technokratennaturen" zur Verfügung, bar aller moralischen Skrupel und ohne ideologischen Ballast. Für diese reichten zu ihrer un-ideologischen Motivation, jene aus dem System hervorgegangenen „Sachzwänge" einer sich scheinbar verselbständigenden administrativen Maschinerie aus, um tätig zu werden. Obwohl der Völkermord tendenziell lange, bevor er zur Durchführung kam, geplant war und in unzähligen Reden, Pamphleten und haßerfüllten Ressentiments vorweggenommen wurde, beteiligten sich an ihm unpolitische Naturen, die sich aufgrund ihrer Tätigkeitsmerkmale wie zufällig in der Mordmaschinerie wiederfanden. Gerade diese Tätergruppe reklamierte für sich eine Schuldentlastung aus den Zufälligkeiten beliebiger Sachzwänge, die sie dem Regime und seinen spezifischen Umständen anhafteten und aus denen, ihrer Sichtweise gemäß, letztlich der millionenfache Völkermord resultierte. Da sie sich zufällig von der Geschichte in jene Geschehnisse hineingestellt sahen, entwickelten sie kein Tatbewußtsein, sondern fühlten sich vom Schicksal gleichsam überrollt. Aus der bürgerlichen Mitte der Gesellschaft kommend, konnten sie sich nach dem Zusammenbruch auch wiederum problemlos in die Mitte der Gesellschaft zurückbegeben. Jedoch nicht die Geschichte schafft Verbrechen oder eine verbrecherische Politik, sondern konkrete Individuen haben mit ihren Interessen, ihren Handlungen, ihrem moralischen Versagen und Verführbarkeiten die Geschichte millionenfachen Verbrechens geschrieben. Jeder dieser Akteure war in der einen oder anderen Weise daran beteiligt ohne daß sich deren angehäufte Schuld relativieren ließe. Sie alle verstanden sich als „Rädchen im Getriebe", ohne auch nur im Entferntesten daran zu denken, dieses „Getriebe" zu boykottieren. Für manche unter ihnen waren die Einflüsterungen und Verlockungen eines ungehemmten Ehrgeizes, der ihnen die Leiter ihrer Karriere bereitstellte allzu mächtig, um sich von den Restbeständen eines moralischen Gewissens in die Schranken weisen zu lassen. In dieser Indolenz und moralischen Schwäche aber liegt das Bedrückende und zugleich Ernüchternde über den menschlichen Charakter, der offenbar unter rationalen Bedingungen und mit der notwendigen inneren funktionalen Distanz beliebig manipulierbar erscheint. Hitlers gelegentliche Visionen vom „Termitenstaat" gingen von dieser Verfügbarkeit aus, welche den Menschen nur noch in Sinnzusammenhänge begrenzter Zweckrationalität sah und ihn für jede Aufgaben nutzbar machen sollte.
Die Hintergrundüberzeugungen eines ethischen Subjektivismus, der geringschätzig auf die öffentlichen Belange hinabsah und ihnen jegliche moralischen Verpflichtungen absprach, war für viele der Funktionsträger und Eliten des „Dritten Reiches" ein durchgängiger Charakterzug. Jene kulturhistorische Trennung des deutschen Bürgertums in öffentliche und private Moral zu unterscheiden und das eine mit dem anderen auszuschließen, machte es dem Regime relativ leicht, unideologische und unpolitische Menschen für ihre Taten zu gewinnen. Deren politische „Naivität", die ihren Berufsalltag stets immer begleiteten und ihnen keinerlei Rechenschaft über die Folgen ihres Handelns auferlegte, bilden wesentliche subjektive „Kraftfelder" aus, womit totalitäre Systeme immer rechnen dürfen und einen wesentlichen Teil ihres Erfolges hiermit aufbauen können. Ohne deren Mitwirkung als technische und bürokratische Fachleute in Wirtschaft, Militär und Verwaltung wäre es dem Regime nicht gelungen, in so kongruenter Weise, die ideologischen Ziele auf die Zweckmäßigkeiten staatlichen Handelns zu adaptieren. Histo-

riker haben immer wieder auf den permanenten Einfluß der nationalsozialistischen Propagandamaschinerie auf die Einstellung der Bevölkerung hingewiesen.[2] Es ist unbestritten, daß die Feindbilder ihre Wirkung auf die Mehrheit der Bevölkerung nicht verfehlt haben, zumal in geschickter Weise greifbare Projektionsbilder der eigenen Mittellosigkeit entgegengesetzt wurden. Auf das Engagement des mittleren und höheren Bürgertums hingegen war ihr Einfluß unwesentlich, denn weit mehr sorgte die Modernität des nationalsozialistischen Staatsapparates für die Attraktivität in dieser Schicht der Bevölkerung. Allenfalls diente der persönliche Bezug auf jene Feindbilder der Beschwichtigung des eigenen Gewissens. Behördenleiter, Juristen in unterschiedlichen staatlichen Positionen, Lehrer und Hochschullehrer, lokale Verwaltungschefs, Dezernenten und Polizeivorsteher, kurz, nahezu die gesamte Funktionselite des Deutschen Reiches haben vorbehaltlos ihre Dienste dem System zur Verfügung gestellt. Auch daß unmittelbar nach der Machtübernahme der Umsturz aller bislang gültigen rechtsstaatlichen Normen erfolgte, hat sie nicht daran gehindert, gewissenhaft und pflichtergeben ihren Tätigkeiten nachzugehen. Selbst der liberal gesinnte Rudolf Diels, einem engen Mitarbeiter des sozialdemokratischen preußischen Innenministers, stellte sich ab 1933 in den Dienst des neuen Regime, in dem er seine fachlichen Kenntnisse dem Aufbau der politischen Geheimpolizei widmete, der später so bezeichnenden „Gestapo", welche in den Jahren der Schreckensherrschaft, deren eifrigste „Todesschwadron" wurde. Obwohl die nationalsozialistische Bewegung eine totale Politisierung der Gesellschaft verfolgte, indem sie fast alle Lebensbereiche ihrer Ideologie unterordnete, bedurfte sie der technisch-rationalen Mithilfe ideologisch indolenter Personen, die sich auf die angebliche Sachlichkeit vermeintlich unpolitischer Aufgaben zurückziehen durften und nur der Effizienz ihrer Tätigkeiten verpflichtet waren. Diese Doppelstrategie des Regimes lag in dessen Absicht, um nach den Turbulenzen der Weimarer Demokratie und dem Dauerstreit der Parteien wieder zu straffen Entscheidungsprozessen zurückkehren zu können und entsprach dem sehnlichsten Wunsch der Entscheidungsträger in Wirtschaft und Verwaltung. Speers „Verwunderung darüber, daß Hitler ihn nie zu einem Eintritt in die Partei aufgefordert habe, offenbart, wie wenig er diese Strategie bis zuletzt durchschaut hat."[3] Die traditionelle Trennung von öffentlicher und privater Moral, die zur nationalen Kultur gehört, stellte somit den Nationalsozialisten einen loyalen und verläßlichen Staatsapparat zur Verfügung, der somit zur „Verdinglichungsmasse" des „Dritten Reiches" wurde.

Die Abspaltung privater Moral in eine technische Dimension, über deren Auswirkungen keine Rechenschaft mehr abgelegt werden braucht und die hierdurch zu einer öffentlichen wird, ist eine wesentliche Voraussetzung ihrer Verfügbarkeit für noch so „unmoralische" Aufgaben und entspricht in geradezu idealer Weise den Bestrebungen totaler Herrschaftsformen, die Menschen zu verdinglichen und ihre Identität mit den Entscheidungsprozessen und deren Rollen gleichzusetzen. Eine technisch-bürokratische „Hypermoral", die ihren eigenen Gesetzen folgt, macht es moralisch indifferenten Individuen relativ leicht, sich für jeden nur denkbaren Sachzwang, mag er auch noch so verwerflich sein, zur Verfügung zu stellen. Bereits 1933, unmittelbar nach der Machtübernahme, war erkennbar wie relativ geräuschlos die Anpassung zahlloser Menschen vonstatten ging, die ihren technischen und organisatorischen Sachverstand dem neuen Regime zur Verfügung stellten. Gerade dieses „Einschnappen" des bürokratischen Mechanismus in die vollzugstechnischen Umsetzungen des Regimes, bildete als wesentlicher Faktor nationalsozialistischer Konsolidierungsprozesse eine Parallele zur Etablierung moderner

Machtergreifungsprozesse, wie schon Max Weber in seinen Studien über Analysen und Strukturen moderner Bürokratien erkannt hatte.[4]

Meist unmerklich und verborgen gehen die Prozesse der Demoralisierung in den modernen sozialen Strukturen vor sich. Und ebenso unbemerkt schleichen sich solcherart Deformierungen in die Psyche einzelner Individuen ein, sobald diese bereit sind, eine Trennung zwischen privater und öffentlicher Moral zu ziehen. Um übergeordneten Interessen zu dienen, auch wenn in einem subjektiven Verständnis unmoralisch erscheinen, werden Skrupel beiseite geschoben und zu Gunsten vermeintlich objektiver Sachzwänge das eigene Gewissen ausgeschaltet. Dem technischen Fortschritt wird unter spezifischen Machtinteressen ein Eigenleben jenseits aller moralischen und ethischen Bedenken zugeschrieben. Das was durch wissenschaftlichen Fortschritt möglich wird, erscheint genau so wertfrei wie die Technik selbst und die ihnen zugrunde liegenden Erfindungen. Im Verlaufe seines atemberaubenden Aufschwunges in den letzten hundert Jahren hatte der technische Fortschritt eine eigene Moral entwickelt. Nicht nur die Technik wurde zur wertfreien „Zone" erklärt, sondern auch deren Verwendung im Zuge ideologisch vorgegebener Ziele. Und so wie es keine „bösen" Erfindungen gibt, bleibt auch der technisch rationale Genius von moralischen Forderungen unberührt. Moralische Bedenken existieren daher im Rahmen seiner Tätigkeit nicht, da die Technik, der er sich zur Verfügung stellt, eine Macht an sich darstellt. Sie dient keiner fremden Macht, sie ist aus dem Stadium des Herrschaftsinstrumentes herausgetreten und längst selber Herrschaftsträger geworden. Die verbindlichen Wertmuster werden durch eine technizistische Unmoral, die nur ihre eigenen Zwecke verfolgt, abgelöst. Hieraus eröffnet sich für diejenigen, die ihren Dienst im Namen eines verbrecherischen Systems stellen ein Ausweg, sich von subjektiver Schuld befreit zu sehen. „Schuld", wenn überhaupt, besteht nur darin, in diesem System gelebt und seine Tätigkeit verrichtet zu haben, oder mit anderen Worten, am falschen Ort zur falschen Zeit gelebt zu haben. Auf diesen Verschiebungsmechanismus moralischer Gleichgültigkeit, welche als Neutralität kaschiert wurde, haben sich unter anderem zahlreiche Nazirichter und Juristen nach dem Kriege herausgeredet, indem sie vom Positivismus der nationalsozialistischen Rechtsnormen überzeugt waren. Die Facetten des modernen Zeitalters im Erscheinungsbild des Nationalsozialismus traten jedoch nicht erst zu Beginn des Krieges und den darauf folgenden Vernichtungsprogrammen zu tage, sondern sie bestimmten von Anfang an das Auftreten des Regimes als totalitäre Herrschaftsform. Der Totalitarismus, Hannah Arendt zufolge, eine Erscheinung der modernen Massengesellschaft, bedarf zu seiner Etablierung der uneingeschränkten Vorherrschaft des technischen, bürokratischen und wirtschaftlichen Komplexes. Ohne diesen kann er seine Durchschlagskraft nicht entfalten und seine ideologische Substanz verbliebe statt dessen auf dem Niveau einer pseudoreligiösen Randerscheinung. Erst durch die technischen und bürokratischen Voraussetzungen wird die Ideologie zur kalten Machtentfaltung eines Systems und sichert dessen Herrschaft.

Im nationalsozialistischen Verständnis von Gesellschaft und Kultur wurde programmatisch der uralte geistesgeschichtliche Widerstand gebrochen, der sich gegen eine Gleichberechtigung von Technik und Kultur wandte und das letztere über das erstere stellte. Für die Nationalsozialisten bestanden zwischen beiden Ebenen keine Widersprüche, solange die kulturellen Inhalte den technischen Vernichtungsprogrammen ideologisch adaptiert waren, in dem Sinne, daß sie der

Praxis der Rassenpolitik den erforderlichen Überbau lieferte. Kultur und Bildung verstanden sich unter der Herrschaft des Dritten Reiches nicht zweckfrei, nur um der Selbstverwirklichung des Individuums zu genügen, sondern als Mittel der Propaganda, die der Umsetzung der Ideologie den äußeren, populistischen Bezugsrahmen lieferte. Da sie mit der Tradition von Bildung und Kultur gebrochen hatten, verstanden sie sich als Pragmatiker des Fortschritts und der konkreten Handlung, die frei war von allem geistigen und moralischen „Ballast" und unnützen Reflexionen. Kultur hatte ihr da nicht dreinzureden, sondern nur ihre Politik zu bekräftigen. Wenn er das Wort Kultur höre, „so entsichere er seinen Revolver".[5] In diesen Worten eines ehemaligen Freikorpskämpfers und späteren SA-Mannes spiegelte sich jene Verachtung der Kultur wider, die bezeichnend war, für den Haß auf alles Konventionelle und Bürgerliche und die aufräumen wollte mit allen abendländischen Traditionen und nur noch dem bloßen Existenzkampf huldigte. Hierzu bedurfte es nicht der kulturellen und moralischen Implikationen abendländischer Zivilisation, sondern lediglich der Mittel eines technischen Fortschrittes, deren Wirkungsweisen keinen moralischen Imperativen unterlagen und welcher nicht anders verstanden wurde, als das Instrumentarium im Dauerkampf des Stärkeren gegen die Schwächeren, in der Lesart eines vulgären Sozialdarwinismus. So wie die technischen Voraussetzungen die vergleichsweise modernen Bestandteile eines politischen Konzeptes bildeten und auch in vielen Demonstrationen des Regimes nach außen hin sichtbar wurden, waren sie außerordentlich attraktiv für jene Generation junger Männer des enttäuschten Bürgertums, die sich als Avantgarde der Moderne begriffen. Wenngleich es auch unterschiedliche Motive gab, sich dieser Bewegung anzuschließen, so waren der Bruch der Traditionen und die Ablehnung demokratischer und liberaler Lebensformen, derer man überdrüssig war, ein starker Beweggrund an die Modernität eines im Grunde archaischen Politikverständnisses zu glauben.

Im weitesten Sinne gab es auch Anzeichen eines sozialpsychologisches Aufstandes gegen die Vaterbilder der damaligen Zeit. Der Nationalsozialismus als weltanschauliche Bewegung benutzte in populistischer Hinsicht den Vater-Sohn-Konflikt vor dem Hintergrund zusammenbrechender Traditionen. Dieser Konflikt bildete den Transmissionsriemen, welcher unredliche und verwerfliche Ideenwelten mit dem Emanzipationsanspruch der jüngeren Generation zusammenbrachte. Der Anschluß Albert Speers an den Nationalsozialismus unter ausdrücklicher Mißbilligung seines Vaters, war gewiß kein Einzelfall. Aus psychologischer Sicht ist der Nationalsozialismus von dem Psychoanalytiker Hans Müller-Braunschweig als eine Revolte gegen den symbolischen Vater in Gestalt des technisch-industriellen Komplexes der Moderne gedeutet worden.[6] Hierbei übersieht Müller-Braunschweig jedoch, daß es gerade diese Eigenheiten der Moderne waren, die den Aufstieg der Nationalsozialisten begünstigten und die jüngere Generation in ihren Bann zog. Gewiß bezog der Nationalsozialismus aus dem Protest der Jungen gegen die Alten ein Großteil seiner psychologischen Dynamik; jedoch ohne ein „juveniles Gegenmodell" anzubieten, wäre die Revolte ohne weitreichenden politischen Folgen geblieben. Auf nahezu allen Feldern der politischen Selbstdarstellung war der Nationalsozialismus den etablierten Parteien der Weimarer Republik überlegen. Seine Ziele und propagandistischen Darstellungen bezogen sich auf eine Zukunft, die weit mehr als alle übrigen Parteien, populistische Antworten auf die damals drängenden Fragen der Gegenwart bereithielten, wenn sie sich auch noch so verwerflicher Mittel bedienten und ihre weltanschaulichen Prospekte mit den tradierten humanistischen Bildern der Vergangenheit nicht das Geringste zu tun hatten. Seine Mobilisierungsmasse bezog die nationalsozialistische Bewegung aus jener Schicht der aufstrebenden mittleren und höheren Angestellten, die gegen tradierte gesellschaftliche Normen und überholt geglaubte Vaterbilder zu Felde zogen. Der Nationalsozialismus sprach in seiner Programmatik nicht nur den sozial gefährdeten Mittelstand an, sondern war auch von einer unvergleichlichen Anziehungskraft auf die jüngere Generation, die mit den überkommenen Vaterbildern der Kaiserzeit nichts mehr anzufangen wußte. Indem der Nationalsozialismus eine Ideologie des Aufbruchs in eine neue, wenn auch diffuse Zukunft vertrat, welche die unbewußten und verdrängten Ängste vor diesen autoritären Vaterbildern ansprach, sahen etliche hierin die Chance zur Emanzipation. In geschickter Weise hat die Propagandamaschinerie diese Ängste verstärkt und gewissermaßen zum Aufstand der Söhne gegen ihre Väter aufgerufen. Die individual- und sozialpathologische Übereinstimmung zwischen dem Nationalsozialismus und jener Nachkriegsgeneration der Enttäuschten und Verbitterten und zugleich Rebellierenden wird von diesem Ansatzpunkt her greifbar. Ihre väterlichen Ersatzbilder fanden sie in der vergleichsweise jungen Führungspersonage der NSDAP, die anders als ihre gebrochenen Väter, voller Dynamik, Aggression und politischem Tatendrang auftraten. Im Nationalsozialismus fand daher die junge Generation in der Endphase der Weimarer Republik jene Projektionsflächen ihr Schicksal selber in die Hand zu nehmen, statt wie bisher, den morbiden Vorgaben einer kraftlos gewordenen Vätergeneration zu folgen.

Viele dieser Generation sahen im Dritten Reich eine Chance zu beruflichem und gesellschaftlichem Aufstieg, den sie unter den sozialpolitischen Bedingungen der Weimarer Republik glaubten nicht realisieren zu können. Und wie viele dieser Zeitgenossen trieb es auch den jungen Architekten Albert Speer in unmittelbarer Nähe zu dieser Bewegung. Weniger aus ideologischen Gründen, mit den obskuren Inhalten konnte er wenig anfangen, außer daß ihn die Person Hitler während einer Redeveranstaltung in Berlin faszinierte und er daraufhin in die NSDAP eintrat.[7] Hitlers soziale und wirtschaftliche Zukunftsvisionen die versprachen, die Arbeitslosigkeit zu beseitigen, hinterließen auf den stellungslosen Speer einen tiefen Eindruck und hiervon erhoffte er sich, wie etliche andere auch, eine berufliche und soziale Perspektive. In den hohen Erwartungen, die er an die Machtübernahme Hitlers knüpfte, aber auch in der Aufbruchsstimmung und enthusiastischen Ahnungslosigkeit mit der er bis zuletzt dem Regime folgte, bis hin zu den Enttäuschungen und verdrängten Schuldanteilen und dem Gefühl einem Verbrecherregime gefolgt zu sein, verkörperte er einen technisch-rationalen Typus ohne Anzeichen eines moralischen Gewissens, in dem sich nicht wenige der Funktionsträger des Dritten Reiches wiedererkannt haben. Speers Typus des unbefangenen, technisch versierten Gefolgsmann eines verbrecherischen Systems hat in der unpolitischen Selbstverständlichkeit mit der er diese Rolle ausführte, den Totalitätsanspruch des nationalsozialistischen Staates vernebelt. Schon frühzeitig hat er seine Rolle aus dem politischen Zusammenhang lösen wollen und sich lediglich als unbefangenen Künstler und Technokraten gesehen. Vor allem in den Jahren seiner Spandauer Haft und die Zeit danach, hat er in der Öffentlichkeit den Eindruck erweckt, als sei er rein zufällig in das Zentrum dieses verbrecherischen Systems um Hitler geraten. Die Rolle als apolitischer, nicht systemtypischen Funktionsträger, der entgegen allen persönlichen Bekundungen dennoch ungeheure Macht und Einfluß im Verlaufe seiner Karriere entfalten konnte und dennoch das Erscheinungsbild einer integren Persönlichkeit abgab, hat wie kaum ein anderer, bei kritischen Beobachtern im Inneren wie auch im Ausland Zweifel an der verbrecherischen Wucht des Regimes hervorgerufen. Gerade weil er sein Wirken, mit Hartnäckigkeit von jedem politischen Verdacht frei halten ließ, war dieses außerordentlich bedeutsam für das äußere Erscheinungsbild des „Dritten Reiches" als fortschrittliche und moderne Staatsform. Dieser lieferte er die technisch-rationale Legitimität ihrer inhumanen Zielsetzungen. Seine bombastischen Lichtdome und sinnbetäubende Inszenierungen der Reichsparteitage verschleierten die dumpfe archaische Ideologie, die sich unter all dem oberflächlichen Kulissenzauber des Regimes verbarg.

Obwohl er aus einer angesehenen Mannheimer Architektenfamilie kam, hatten auch ihn die Folgen der Weltwirtschaftskrise in beruflicher Hinsicht aus der Bahn geworfen. Er entstammte einer Generation, der die Abwendung von dem grauen Einerlei der Wirklichkeit und vor der liberalen Gleichmacherei des großstädtischen Pluralismus und seiner unruhigen sozialen Realität zum Dreh- und Angelpunkt ihrer gesellschaftlichen Stellung wurde. Diese restaurativen Grundströmungen fanden innerhalb der breiten Jugendbewegung ihren mystisch-romantischen Niederschlag. Obgleich Speer nach eigenem Bekunden einer solchen Bewegung niemals angehörte, so ist seinen Erinnerungen zu entnehmen, daß er dennoch von deren Ideen nicht unberührt blieb. So ist zu vermuten, daß dieser unpolitische und spätromantische Zeitgeist, nicht ohne Wirkung auf sein politisches Desinteresse geblieben ist. Speer entsprach in seinem apolitischen Erscheinungsbild der Selbstverliebtheit des weltabgewandten, narzißtischen Romantikers. Eines Romantikers freilich, der unverhofft zu ungeahnter Macht gekommen war. Selbst in seiner Biographie, die er während seiner Spandauer Haftzeit verfaßte, konnte der Eindruck eines vom politischen Geschehen abgewandten und gleichgültigen Melancholikers nicht verblassen. Insofern erschien seine Biographie als der Versuch einer nachträglichen Schuldabweisung und der Selbstinszenierung einer zufälligen persönlichen Tragödie eines unglücklich verstrickten Künstlers, der ins Zentrum der millionenfachen Verbrechen geriet. Übers Hitlers Judenhaß, den er schon frühzeitig bemerkte, sah er geflissentlich hinweg. Er betrachte ihn im Stile einer Art von Selbstbeschwichtigung, als eine jener nicht ernstzunehmenden Marotten, die den abrupt auftretenden Gefühlswallungen des Diktators geschuldet waren. Vermutlich verlor sich seine ansonsten scharfe Beobachtungsgabe in der Nähe seines Förderers. Die Ernsthaftigkeit solcher noch tödlich werdenden Äußerungen wollte oder konnte er nicht wahrhaben, wie auch seiner wachen Intelligenz, mit der er sich in der durchgängig ordinären Intrigenzenerie des „Hofes" bewegte, auch die millionenfachen Vernichtungsorgien angeblich entgangen sind. Andererseits bejahte er das Regime mit seiner unmittelbaren Entschlossenheit zum kurzen Prozeß, wonach Hitlers Wort das Gesetz war.[8] Von Gefühlsanfälligkeiten blieb auch er nicht verschont. Nicht nur daß er sie gut darzustellen wußte, ohne von ihnen betroffen zu sein, gelang es ihm auch, sie zu theatralischen Versatzstücken seiner Verführungskünste einzusetzen. Unzählige Ehrenfahnenveranstaltungen, Totenfeiern und die jährlich stattfindenden Reichsparteitage trugen die Handschrift seiner sinnbetäubenden Inszenierungen mit Hilfe von Lichtdomen, Fahnengalerien und flammenden Opferschalen, die dem Ganzen liturgische Aspekte verleihen sollten. Hier konnte er jene Gefühlswelten ausleben, die er persönlich nicht an sich heranließ. Speer war Verführter und Verführer zugleich. „Ich war damals mitgerissen", gab er an, und hätte nicht gezögert, Hitler überall zu folgen. Von seinen ehemaligen Gegnern wurde er erstaunlicherweise als umwerfend menschlich beschrieben, obgleich er keinerlei Interesse am Schicksal seiner Sklavenarbeiter in der Kriegsproduktion zeigte oder gar Empathie für sie empfunden hätte. Allerdings wußte er sehr zutreffend, was „man" fühlen mußte, um die Stellung, die er innehatte auszubauen, und sie gegen die zahlreichen Intrigen des braunen Sumpfes zu behaupten. Speer, der sich selber als unpolitischen Fachmann verstand und der das Intrigenspiel der täglichen Machtpolitik nur unzureichend beherrschte, gelang es aufgrund seiner Beobachtungsgabe, sich stets den Intrigen und Machtkämpfen seines braunen Umfeldes zu entziehen, vor denen ihn auch gelegentlich nicht die Gunst seines Förderers schützen konnte. Speer war nicht nur ein Meister der Verführung und der Herstellung von propagandistischen Kulissenwelten, sondern auch seine eigenen Gefühlswelten wußte er geschickt darzustellen, ohne sich dabei in ihnen zu verlieren. Das gesamte Repertoire an Gefühlsposen und Stimmungsdarstellungen war ihm vertraut und er beherrschte es geschickt, dieses in Szene zu setzen, wenn es ihm zu seinem Vorteil gereichte. Aber er besaß keine innere Identität, die zu wahren Gefühlen fähig gewesen wäre. Gitta Sereny, die Speer während des Nürnberger Prozesses beobachten konnte, kam zu dem Schluß, daß er niemals wirklich etwas erklärt hatte, weder im Prozeß, noch in seinen Büchern oder Gesprächen, die sie mit ihm zum Zwecke ihrer Biographie über ihn führte. Sie sah in Speer einen Mann, der von seinen Fähigkeiten her nicht unmoralisch oder gar amoralisch war, sondern etwas unendlich Schlimmeres werden konnte, ein moralisch erloschener Mensch, für den Moral überhaupt keine sinnvolle Kategorie darstellte.[9] Er war lediglich zur Entstellung von Gefühlen in der Lage, die er unter dem Deckmantel einer Ideologie der unbegrenzten Machbarkeit zielgerichtet einzusetzen wußte. Überpersönlichen Zielen gegenüber war er stets aufgeschlossen, und er besaß die entsprechende Verbindlichkeit, diese auch gegen Widerstände durchzusetzen, mit einem untrüglichen Spürsinn den Fallstricken zu entgehen, die ihm von Seiten seines intriganten Umfeldes ausgelegt wurden. Es verwundert daher nicht, daß er ohne parteiinterne Hausmacht sich so nachhaltig im inneren Zirkel um Hitler bis kurz vor dem Untergang behaupten konnte. Mit Hitler konnte er in einer Art künstlerischer Beeinflussung in einer Weise umgehen, die den vergleichbaren Satrapen der Nazi-Nomenklatur versagt blieb, wie umgekehrt Hitler mit Speer einen Kontakt pflegte, der gelegentlich dessen ansonsten übliche Unnahbarkeit aufhob. Joachim Fest ist der Meinung, daß er Hitlers Gefühl bewegen konnte wie sonst niemand und dies sicherlich durch ihr gemeinsames Interesse an Architektur. In dem jungen Speer sah Hitler vermutlich sein eigenes Alter ego des verhinderten Künstlers und Architekten. Immer wenn Speer mit neuen Entwürfen auftauchte, blühte Hitler auf und ließ alles stehen und selbst interne Gespräche mit seinen Vasallen wurden aus diesem Anlaß unterbrochen. Daß er jedoch mildernd auf den Diktator eingewirkt haben soll, wie Fest vermutet,[10] ist an dieser Stelle zu bezweifeln, zumal sich hiefür keine stichhaltigen Beweise finden lassen. In einer Denkschrift an Hitler, die er gegen Ende des Dritten Reiches an Hitler verfaßte, betonte er ausdrücklich das vermeintlich Unpolitische an seiner Rolle: „Die Aufgabe, die ich zu erfüllen habe, ist eine unpolitische. Ich habe mich so lange in meiner Arbeit wohlgefühlt, als meine Person und auch meine Arbeit nur nach der fachlichen Leistung gewertet wurde".[11] Für Fest stand hinter solchen Überzeugungen ein ethischer Subjektivismus, der geringschätzig auf die öffentlichen Dinge herabsah und die Moral ausschließlich als eine Sache der privaten Existenz verstand. Speer sah nur den begrenzten Kosmos seiner technizistischen und fachlichen Zwecke und überließ das Feld der Politik denjenigen, die sich darum streiten mochten. Hierbei übersah er bewußt oder unbewußt, daß seine Rolle und Aufgabe eine zutiefst politische war, ohne die der Totalitarismus des Dritten Reiches sich nicht in der Weise hätte entwickeln können. Im Dritten Reich verkörperte kaum ein anderer wie er den Typus des spezialistisch verengten Experten der, ohne daß er es wahrhaben möchte, sich mitten im Zentrum der Machtentfaltung bewegte.

Innerhalb der Führungsriege um Hitler gehörte Speer zu den herausragenden Personen auf den vorderen Plätzen. Anfänglich war sein Platz eher im privaten Umfeld des Diktators zu finden und der breiten Öffentlichkeit kaum bekannt. Erst seine Ernennung zum Rüstungsminister hat seine Stellung innerhalb von drei Jahren populär gemacht und ihn weit nach vorne gebracht und wie er selber vermutete, bis auf den „Zweiten Platz" des Regimes. Seine außerordentliche Organisationsfähigkeit hat überdies dem in Wirtschafts- und Rüstungsangelegenheiten zuständigen Göring in die zeitweise Bedeutungslosigkeit versinken lassen. Inmitten der specknackigen und feisten Polittypen wie Bormann, Göring, Ley, Frank und etlichen anderen mit ihren breiten Gesäßprofilen und grobschlächtigen Physiognomien stach seine Distinguiertheit und blendende Erscheinung hervor und vermittelte den Eindruck, als habe er sich wie zufällig in diesem Sumpf minderer Charaktere verirrt. Jenes Erscheinungsbild unübersehbarer Brutalität, welches wie selbstverständlich Hitler und den meisten seines „Hofstaates" umgab, suchte man bei ihm vergeblich. Neben den braunen und schwarzen Uniformträgern schien er der einzige Zivilist zu sein. Über all die Jahre seines Wirkens inmitten des Machtzentrums hat er sich, abseits vom politischen Geschehen, von den Intrigen und Eifersüchteleien des „Hofes" um Hitler ferngehalten. Sein selbstbewußtes Auftreten signalisierte den Abstand, den er zu den unterwürfigen Vasallen wie Bormann, Ribbentrop, Ley und Streicher hielt und den er sichtbar nach außen demonstrierte. Historiker haben den Grund seines Hochmutes nicht ganz zu Unrecht darin gesehen, daß er wohl Hitlers „unglückliche Liebe" war und sich diesem gegenüber mehr als alle anderen des Personage private Attitüden herausnehmen durfte. Indes ist eher anzunehmen, daß es die betonte Rückkoppelung an seine großbürgerliche Herkunft, seinen weltmännischen Geschmack und seine Eitelkeit war, aus der er wie selbstverständlich seine Ausnahmestellung herleitete. Auch vermied er, wenn immer es möglich war, Uniform zu tragen, wie die meisten der Führungsriege um Hitler. Selbst dieser, dem dies mißfiel, konnte ihn nicht davon abbringen, sich auch im äußeren, kleidungsmäßigen Erscheinungsbild von den Übrigen abzuheben. Dennoch gehörte er dazu und schloß, wenn immer es zu seinem Vorteil gereichte, Pakte und Koalitionen mit diesen verachtungswürdigen Leuten, von denen er sich nie weit genug entfernt aufhielt. Da er frei war, von jener dumpfen Aura, die fast jeder der führenden Personage um sich verbreitete und ihrer Herrschaft den zweifelhaften Glanz des „Nicht-ganz-Geheueren" (Fest) gab, galt er für viele Zeitgenossen und selbst nach seiner Entlassung aus der 20 jährigen Haft in Spandau, als sauberer, unbestechlicher und integrer Nazi, der mit den Gemeinheiten des Regimes nur schwerlich in Verbindung gebracht werden konnte. Zudem vermittelte sein nach außen hin unpolitisches Auftreten, den Eindruck eines naiven Künstlers und verführten Mitläufers. Ein Umstand, der nach dem Zusammenbruch nicht wenigen der Nazitäter als entlastender Ausweg aus ihrer eigenen Schuldverstrickung sehr gelegen kam. Speers Mischung aus Distanz und Zugehörigkeit, haben etliche, die so wie er, dem Regime bedingungslos gefolgt sind, auch zur nachträglichen Relativierung ihrer Mitschuld und Verantwortung veranlaßt. In seiner scheinbar nur sachdienlichen Hingabe, in seiner unpolitisch erscheinenden Tüchtigkeit, die unabhängig davon was sie bewirkte, immer mit einer inneren moralischen Abwesenheit zu den Zielen und Absichten des Regimes auftrat, haben sich zahlreiche Nazitäter mit Vorliebe wiedererkannt. Wenn bei den ewig Gestrigen und den heimlichen und unheimlichen posthistorischen Verehrern des „Dritten Reiches" die Rede auf die sogenannten „guten Taten" des Nationalsozialismus kam und gelegentlich noch kommt: die Autobahnen, die immer wieder exemplarisch zitierte Arbeitsbeschaffung, die angebliche Sicherheit auf Deutschlands Straßen und Plätzen zu nächtlicher Stunde, die bald redensartlich werdende „vorbildliche" Familienpolitik, dann taucht, wie zur Bekräftigung der „guten Seiten" des öfteren auch der Name Albert Speer auf. In ihm sahen sie den Garanten jener posthistorischen Legendenbildung, daß es inmitten eines verbrecherischen Systems auch noch den „guten" Menschen gab, der zudem angesichts der Untaten, obwohl in unmittelbarer Nähe des Machtzentrums, ahnungslos sein konnte.

Speers Betonung seiner rein technischen Aufgaben als Rüstungsminister, sowie früheren künstlerischen Tätigkeit in den Jahren als Reichsbaumeister und Lieblingsarchitekt Hitlers haben indes die Legende eines führenden Funktionärs und Machtträgers des Dritten Reiches gewebt, der zwar am Tische der Macht saß, aber von deren Speisen unberührt blieb. In dieser Hinsicht war Speers Auftreten in der Nachkriegsgeschichte, bis hin zu der geschickten Vermarktung seiner Memoiren, ohne Beispiel. Wie kaum ein anderer hat er diesen Typus des spezialistisch verengten Menschen und dessen technokratische Amoral verkörpert und über weite Strecken aufrechterhalten können und dem System eine zweifelhafte Attraktivität für völlig unpolitische Naturen nachgeliefert. Darin, daß er – bewußt oder unbewußt – einen negativen Beitrag zur Unfähigkeit kollektiver Trauerarbeit in den Jahren der frühen Bundesrepublik geleistet hat, besteht seine zweite Schuld, nämlich die der fehlenden Einsicht und Reflexionsunfähigkeit. Noch vor dem Nürnberger Kriegsverbrecherprozeß und späterhin in seinen *Erinnerungen* und *Spandauer Tagebücher* hat er sich unermüdlich auf seine „unpolitischen" Aufgaben berufen, in denen er lediglich wirtschaftliche und technische Implikationen sehen wollte. Seinem Bewußtsein sind hingegen die Verfolgung von Minderheiten, Konzentrationslager, Versklavung und Ausbeutung von Fremdarbeitern bis zu deren Vernichtung scheinbar entgangen. Diese Perspektiven von unermeßlichem menschlichem Leid blieben seinem technokratischen eindimensionalen Charakter verschlossen. In der Trennung von privater und öffentlicher Moral wurde Speers Verankerung in einem großbürgerlichen Herkunftsmilieu nur allzu deutlich. Auf den Vorhalt des Gerichts, daß ihm als gebildeten Menschen der völkerrechtswidrige Charakter der Fremdarbeiterverschleppung nicht aufgegangen sei, erwiderte er lapidar, daß er als Architekt und Techniker seine Rechtskenntnisse nur aus Tageszeitungen entnehmen könne. Die von ihm vor Gericht vertretene prinzipielle Gewaltablehnung resultierte eher aus der rationalen Planung komplexer Arbeitsabläufe, bei denen Terror sich nur in störender Weise auf die ständigen Leistungssteigerungen ausgewirkt hätte, als denn aus echten ethischen und moralischen Bedenken, die aus einer tiefen Gewissensbildung hervorgegangen wären. Albert Speer war in dieser Hinsicht ein typischer Vertreter in den Traditionen des deutschen Bildungsbürgertums. Seine technokratische Pflichterfüllung, die weit über das Übliche und Notwendige hinausging verband sich mit einer gewissen Realitätsferne, von der noch zu sprechen sein wird, bei gleichzeitiger Politikenthaltung. Über seine Person und seine Rolle im Dritten Reich und die steten Ambivalenzen seiner Gratwanderung zwischen Opportunismus und Distanz zu den schmutzigen „Tagesgeschäften" des Regimes, erschließt sich ein tieferes Verständnis des Nationalsozialismus und seiner Breitenwirkung in der Öffentlichkeit, wie kaum bei einem anderen der engsten Führungsriege um den Hitler. Seine bombastischen Entwürfe, in den Jahren als Hitlers Lieblingsarchitekt, löschten das Individuum als Subjekt durch die Gleichförmigkeit der unzähligen Nachtweihfeiern, die er in Szene setzte, und die überdimensionierten Prachtbauten einer faschistischen Architektur aus. In Massenveranstaltungen und angesichts dieser menschenfeindlichen Architektur reduzierten sich die Menschen zu Objekten staatlicher Willkür und bedingungsloser Herrschaft, welche dem Regime als Staffage und zugleich als Verfügungsmasse künftiger Welteroberungspläne dienen sollten. Speers Wirken diente, bei aller sich selbst einredenden Politikfremdheit dem Hitlerstaat zur Aufrechterhaltung seiner Macht und zur Durchsetzung von Terror und Gewalt. In ihm nur den weltfremden werksversessenen Künstler zu sehen, den Doppelgänger Adrian Leverkühn, hieße seine kritische Wachsamkeit und Intelligenz den Fallstricken gegenüber, die innerhalb des Machtzentrums um ihn herum ausgebreitet waren, zu übersehen. Er war klug genug, eine gewisse Distanz zu den Organisationen des Terrors zu halten. So weigerte er sich hartnäckig, in Kenntnis der vorhandenen Verbrechen der SS, jemals einen Ehrenrang dieser Organisation anzunehmen, um sich somit den Aufdringlichkeiten des Systems zu entziehen. Dennoch bewegte er sich in einer für ihn „idealen Welt", wie er noch gegen Ende des Krieges bemerkte.

Am meisten war Speer von sich selbst überzeugt und insofern unfähig, sich und seine Rolle im Dritten Reich auf ihren wesentlichen moralischen Kern hin zu reflektieren. In den Verhören des Nürnberger Prozesses gegen die Hauptangeklagten war er der einzige, welcher eine Mitverantwortung für die Naziverbrechen übernahm, obgleich er stets betonte, weder an ihnen beteiligt gewesen, noch von ihnen gewußt zu haben. Seine freiwillig übernommene Schuldrolle, die er gegen den entschiedenen Widerstand der übrigen Angeklagten, vor allem gegen Görings heftige Ausfälle, zur Schau stellte, sah er einzig und allein in der Tatsache begründet, Mitglied dieser Regierung gewesen zu sein. Mit anderen Worten, das Schicksal hatte ihn zur unrechten Zeit am falschen Platz gestellt. In Spandau schrieb er später, dieses formelle Eingeständnis der Verantwortung entwickelte sich erst zur persönlichen Schuld, als er während des Prozesses die Zeugenaussagen über den millionenfachen Mord an den Juden erfuhr. Sicherlich von Speers Gesamtschuldbekenntnis nicht ganz unbeeindruckt schrieb Jahrzehnte später die *New York Times* in ihrem Nachruf von Speers außerordentlicher „Menschlichkeit" inmitten eines unmenschlichen Systems. Augenscheinlich war auch sie zum posthumen Verehrungsopfer seiner Begabung zur öffentlichen Täuschung geworden. Für Alexander Mitscherlich war Speers Bekenntnis der Anfang seiner „Lebenslüge", an die er unverdrossen bis an sein Lebensende arbeitete. Unabhängig davon, ob er wirklich von all den Verbrechen gewußt hat – und historische Fakten sprechen dafür – und wie weit entfernt er von diesen systematischen morden gewesen sein mag, trifft ihn insofern persönliche Mitverantwortung und Schuld, da er nicht nur seine Arbeit in unmittelbarer Nähe des politischen Ausgangszentrums fortsetzte, sondern beispielsweise für die „Entjudung" der Wohnungen für 40000 Juden in Berlin verantwortlich zeichnete, die sodann ihrer Vernichtung in den Konzentrationslagern des Ostens zugeführt wurden.

In seinen *Erinnerungen* schreibt er mit aristokratischer Distanziertheit von Gefühlen, die man eigentlich zu besitzen hat, wenn man in solchen Situationen hineingestellt ist. Aber bei aller Wortgewandtheit und sprachlichen Ausflüchten wird deutlich, daß er diese Gefühle nicht besaß und lediglich imstande war, über sie in abstrakter Weise zu reflektieren. Sein vorgetäuschtes

Reflexionsvermögen blieb dem Wesentlichen gegenüber verschlossen. Seinerzeit, vor Drucklegung seiner Autobiographien *Erinnerungen* und der *Spandauer Tagebücher,* waren Joachim C. Fest und der Verleger Jobst Wolf Siedler seine „vernehmenden Lektoren", wie sie sich selber bezeichneten. Trotz intensiver Insistierung auf den Kern Speerscher Gefühlswelten konnten sie ihm nichts Endgültiges entlocken. Sie scheiterten an Speers unterkühlten Ausflüchten und beinahe zwanghaften Rationalisierungen. Speer war außerstande, mit den Gefühlen zu leben und sie als seine eigenen Schattenanteile anzuerkennen. Deren Sinn und moralische Konsequenzen waren ihm bewußt. Aber er wich der widerspruchsvollen Spannung aus, in der er erkannt hätte, wie groß sein Identitätsbruch war, der darin bestand, Dinge zu organisieren und die Augen davor zu verschließen angesichts dessen, was an Leiden und Elend hierdurch ausgelöst wurde. Seine einzige Ausrede über die furchtbare Situation seiner Zwangsarbeiter im Mittelbau Dora war, daß er meinte, sie hätten sich im Gegensatz zu den KZ-Häftlingen ernährungsmäßig besser gestanden. Ihm mangelte es offensichtlich an seiner Empfindung für die Widersprüche zwischen dem, was ist, und dem, was sein sollte und aus humanitären Gründen nicht zu geschehen hat. Über diesen moralischen Widerspruch setzte sich Speer, gleichsam in der Attitüde eines technizistischen Managers des unbedingt Machbaren skrupellos hinweg. Hinsichtlich seiner lektorischen „Vernehmungen" bekannte Fest später: „Die Gespräche mit Speer handeln vom Rätsel seines Lebens. In den Widersprüchen, die es begleiten und schließlich ganz und gar beherrschten, hat Speer selber sich so ausweglos verfangen, daß er im Fortgang der Zeit, wie mir zunehmend deutlicher zu Bewußtsein kam, immer weniger irgendeine halbwegs überzeugende Antwort darauf hatte. Am Ende wurde er sich selbst zum größten Rätsel".[12] Eines dieser Rätsel war, wie ein Mensch mit derartiger sozialer und familiärer Herkunft und den moralischen Maßstäben seiner großbürgerlichen Erziehung, einer dermaßen inhumanen Herrschaft verfallen und sich in deren unmittelbaren Machtzentrum behaupten konnte. Dieses Rätsel bezieht sich ausschließlich auf die Persönlichkeit Speers als bürgerliches Subjekt, welches von seiner Intelligenz her jederzeit über ein moralisches und ethisches Repertoire verfügen müßte, solches zu durchschauen. Aber hierin liegt der eigentliche Grund seines widersprüchlichen Charakters, der die kollektiven Verwirrtheiten jener Epoche widerspiegelten. Eben weil dieses Bürgertum in moralischer Hinsicht durch die Errungenschaften der Moderne anfällig für eine zweckrationale Verwendung verschiedenster Funktionalitäten geworden war und sich jederzeit in die Dienste eines autoritären Systems stellte, verschloß sich diesem jener Widerspruch und hiervon blieb auch Speer nicht verschont.

In ALLES WAS ICH WEIß[13] wollte er in seinen ERINNERUNGEN seine Aussagen vor dem Nürnberger Kriegsverbrecherprozeß zur Sprache bringen. Die inneren und widersprüchlichen Antriebskräfte blieben ihm anscheinend ein Rätsel – hierüber wollte oder konnte er nichts sagen. Wenn er etwas aussagte, so waren seine Eingeständnisse auf eine merkwürdige Art pflichtschuldig und seelenlos; sie schienen wie auswendig gelernt und ließen jegliche Authentizität vermissen. Als Ausrede seines Unbeteiligtseins an den eigenen emotionalen Arretierungen gab er an, kein Mensch könne über so viele Jahre hin immer nur die eigene Schuld beteuern und dabei aufrichtig wirken.[14] In Wirklichkeit hatte er zu keinem Zeitpunkt seine eigene Schuld erkannt oder gar beteuert, sondern, das was er zu sagen wußte, war lediglich Ausdruck seiner unablässigen Fluchten, um der eigenen Identität nicht ins Gesicht sehen zu müssen. Albert Speers Biographien sind daher ein treffendes Beispiel der Selbstdarstellung eines Menschen, der weiß, was zur rechten Zeit und Gelegenheit zu fühlen ist, aber in der eigenen Wirklichkeit nichts fühlt, außer seinen Narzißmus.

Die jahrelange Identifikation mit einem verbrecherischen System, deren Zielvorstellungen er in konkrete Projekte umsetzte, die stromlinienförmige Anpassung an die Erfordernisse des Zeitgeistes brachten Beträchtliches an Destruktivität unter der glatten und verbindlich erscheinenden Fassade eines eleganten Technokraten zum Vorschein. Speer entsprach daher in kongenialer Weise dem Typus des erfolgreichen und rational handelnden Organisators administrativer und technisch industrieller Produktionsabläufe. Einem unpersönlichen Ziel ergeben, genügte er dem modernen Erscheinungsbild des Nationalsozialismus, welches in seinen konkreten praktischen Auswirkungen weit bedeutsamer für die Ziele des Regimes war, als die verquere Pseudoreligiösität des Himmlerschen Urgermanismus und dem Humbug seiner Thingkultur mit ihren dumpf wabernden Blut- und Bodenverehrungskulten. In gewissem Sinn gehörte er der Kaste von apolitischen Fachleuten an, die bedenkenlos ihr Wissen dem Regime jederzeit zur Verfügung stellten. Auf diese Weise hat er dem Machteroberungskurs Hitlers den Weg geebnet. Ohne ihn wäre die technische und zeitweise militärische Durchschlagskraft des Regimes nicht möglich gewesen. Als Rüstungsminister stellte er die Rüstungsindustrie auf die breite wirtschaftliche Ebene einer allumfassenden Kriegsproduktion und unterstützte damit den von Goebbels 1944 propagierten „totalen Krieg".

In den Augen des englischen Historikers Hugh Trever-Roper waren die späteren Rechtfertigungsbemühungen Speers auch ein Indiz für die unpolitische Haltung Deutschlands nach dem Ende der Hitlerherrschaft. Für ihn ist Speer die repräsentative Erscheinung für dieses System totaler Herrschaft, da kaum ein anderer in herausragender Position wie der seinigen, so unverdrossen loyal und gedankenlos dem Regime gedient hat, obgleich er sich in ideologischer Hinsicht nicht involviert sah. Für Sebastian Haffner war Speer keiner der auffälligen pittoresken Nationalsozialisten gewesen, wie etwa Göring, Himmler oder Goebbels. Jedoch verband sich seine Person mit der eines unersetzlichen Managers, „eines Typus, der in steigendem Maße in allen kriegsführenden Staaten wichtig wird: der reine Techniker [...] der kein anderes Ziel kennt, als seinen Weg in der Welt zu machen [...] das Fehlen von psychologischem und seelischem Ballast und die Ungezwungenheit, mit welcher er die erschreckende Maschinerie unseres Zeitalters handhabt", läßt ihn und die jungen Männer seines Naturells „äußerst weit gehen [...] die Himmler und Hitler mögen wir loswerden. Aber die Speers, was immer im einzelnen mit ihnen geschieht, werden lange mit uns sein".[15] Nicht nur Totalitarismen benötigen diesen Typus, sondern sie werden, je technischer und administrativer die Abläufe moderner Verwaltungs- und Wirtschaftssysteme werden, unverzichtbar für jedes politische System. Und dies ist das, in moralischer Hinsicht, Ernüchternde an der Zweckrationalität arbeitsteiliger Abläufe und Machtstrukturen. Speer, den Haffner als einen kleinen glattgesichtigen Techniker der Macht beschreibt, verkörperte nicht nur den Prototyp des „Aufstiegs der Angestellten" im Dritten Reich, sondern sein moralisch indolenter Charakter ist in den heutigen postmodernen Strukturen wirtschaftlicher Macht und politischer Herrschaft mehr als denn je gefragt.

Trotz seiner blendenden Erscheinung war Speer ein amoralischer Mensch mit einer angepaßten und „verbogenen" Identität. Seine Angewohnheit, auf alle in der Umgebung Hitlers voller arroganter Verachtung herabzusehen, zeigt die Ambivalenz seiner sozialen und moralischen Attitüden. Sehr wohl wußte er um die Primitivität und den derb- brutalen Charakter der braunen

Paladine, die in nächster Nähe Hitler umschwärmten. Schon von seiner sozialen und bildungsmäßigen Herkunft fühlte er sich dieser lakaienhaften Funktionärsclique weit überlegen, was ihn aber nicht daran hinderte, sich in deren Verstrickungen und politischen Machenschaften einzulassen und mit ihnen gelegentlich zu paktieren. An ihren unterwürfigen Huldigungsritualen und „postpubertärem" Ergebenheitsverhalten mochte er sich nicht beteiligen. Schließlich war er der einzige, der mit Hitler, aufgrund der homoerotischen Zuneigung, die ihm widerfuhr, auf annähernd gleicher Ebene verkehren durfte.[16] Wie sehr im gruppendynamischen Ergebenheitstheater um Hitler eine Ausnahmerolle spielte, schilderte der Schriftsteller Günther Weisenborn, der Mitte der dreißiger Jahre Hitler mit einigen bevorzugten Paladinen erlebte und dabei Speers Unnahbarkeit und herausgehobene Stellung beobachtete: „Es war ein sonderbares Schauspiel. Wenn der Mensch, den sie Führer nannten, und der heute abend das schlichte Weltkind mit den gutartigen Augen spielte [...] einige Worte sprach, so beugten sich alle umsitzenden Paladine ergeben vor [...]. Es war, als habe ein warmer Wind der Ergebenheit die stolzen Halme lautlos gebogen, so daß ich nur noch die gefalteten Specknacken unserer Reichsführung zu Gesicht bekam [...]. Der dickgesichtige Hitler nahm die Ergebenheitswelle auf, und er seinerseits beugte sich diskret jenem Speer entgegen, der rechts von ihm saß und gelegentlich einige artige gelangweilte Worte sprach. Was an Huldigung dem Hitler entgegenwogte, leitete er an Speer weiter, es schien Speer eine Art bewunderter Geliebter zu sein, und er war es, der die Huldigungen kassierte, als seien sie Kleingeld".[17]

Selbst als Speer das wahre Gesicht nationalsozialistischer Amoralität und Gewaltverherrlichung in praxi entgegentrat, bei passender Gelegenheit und gegen Ende zunehmend durch Hitlers unverhohlenen Rassismus und Zerstörungswahn, welcher im Herbst 1944 durch den Befehl der „Verbrannten Erde", dem sogenannten „Nero- Befehl" offenkundig wurde, vermochte er sich nicht aus dem braunen Sumpf zu lösen. Erst bei seiner letzten Begegnung mit Hitler im April 1945 in der gespenstischen Szenerie des untergehenden Führerbunkers wurde ihm allmählich klar, auf welche Person er sich da eingelassen hatte, die ein „Unkönig Midas" war, der alles, was er je berührte „nicht in Gold, sondern in Kadaver verwandelte".[18]

Ohne jemals von der Mordlust seiner braunen Weggefährten besessen zu sein, verkörperte er die Doppelgesichtigkeit des Dritten Reiches mit dessen Modernität, deren scheinbarer Gegensatz sich in den obskuren, verschrobenen Zügen der herrschenden Ideologie aufhob, wo unentwegt von Völkerfraß, germanischen Blutwällen und völkisch- rassischer Weltheilung die Rede war. Speers selbstgewählte Isolation seines intelligiblen Charakters, fernab von jeglichem Skrupel, der normalerweise das moralische Gewissen in die Waagschale wirft, war eine der entscheidenden Voraussetzungen seiner uneingeschränkten Dienstbarkeit, mit der er den Herrschaftsbestrebungen des Regimes sehr weit entgegenkam. Wie bei keinem anderen der Funktionseliten trifft auf ihn der Phänotypus eines technisch verengten Menschen zu. Dabei war er keineswegs dumm oder gar zu einfältig, um Gewissensqualen nicht zu bemerken. Speer war sensibel und intelligent genug; allerdings profitierte er zu seiner Selbstrechtfertigung von der gemeinhin allen Künstlern und Technikern zugestandenen Gleichgültigkeit gegenüber den gesellschaftlichen und moralischen Folgen ihres Wirkens, so daß ihm alle Anfechtungen aus politischem Ursprung erspart blieben. Gegen Ende der Hitlerherrschaft, als er die Ausweglosigkeit seiner selbstverannten apolitischen Haltung erkannte, halfen auch die verzweifelten Denk-schriften nicht, den Konsequenzen seiner Politik auszuweichen, die er an vorderster Linie mit-zuverantworten hatte.

Der englische Historiker Hugh R. Trever-Roper hat ihn, nicht zuletzt wegen der verborgenen Destruktivität seiner unstimmigen Identität, als den wahren Verbrecher Nazideutschlands be-zeichnet, denn „er vertrat, stärker als irgendein anderer, jene verhängnisvolle Philosophie, die Deutschland verheert und die Welt beinahe in den Untergang getrieben hat".[19] Er sah in ihm denjenigen aus nächster Umgebung Hitlers, der die nationalsozialistische „Revolution", welche alle politischen und sozialen Verhältnisse in Deutschland umgestürzt hatte, um die industrielle Revolution ergänzte, und damit den totalen Führerstaat erst vollendete. Nicht ohne Stolz ver-merkte Speer als Rüstungsminister, daß nunmehr „die gesamte Produktionskraft des Großdeut-schen Reiches [...] von einer einzigen Zentralstelle eingesetzt und gelenkt"[20] wird. 1942 wurde Speer Rüstungsminister und stellt sogleich große Teile der Industrie auf Kriegsproduktion um. Der Krieg, der sich zu diesem Zeitpunkt bereits in einem hoffnungslosen Zustand befand, wurde in erster Linie durch Speers Management der Rüstungsproduktion um etliches verlängert.

Bei seinen Vernehmungen durch die Alliierten auf Schloß Kransberg im Taunus und vor Ge-richt in Nürnberg kehrte Speer immer wieder zum dem Problem persönlicher Verantwortung zurück. Speers löste sein eigenes moralisches Dilemma mit folgenden Worten: „Es gibt meiner Ansicht nach zwei Verantwortungen, die eine Verantwortung ist für den eigenen Sektor, dafür ist man selbstverständlich voll verantwortlich. Darüberhinaus bin ich persönlich der Meinung, daß es für ganz entscheidende Dinge eine Gesamtverantwortung gibt und geben muß, soweit man einer der Führenden ist, denn wer soll denn sonst die Verantwortung für den Ablauf der Geschehnisse tragen [...?]"[21] Erst spät hat er sich wie einer merkwürdigen Gebanntheit, in einem Akt später Verrechnung zu seiner selbstverständlichen Pflicht bekannt, der Verantwor-tung dessen, was zu verantworten war, nicht weiter auszuweichen. Wie tief er sich in die Ma-chenschaften des Dritten Reiches eingelassen hatte, sowohl unreflektiert als auch fatalistisch anmutend, wird in einem Dialog mit dem amerikanischen Verhöroffizier Captain Burt Klein deutlich. Speer schilderte emotionslos und mit jener ihm eigenen Distinguiertheit die Macht-verhältnisse des Regimes, seine Beziehung zu Hitler und die Besonderheiten, die sich hieraus für seine eigene Rolle ergaben, als ihn der Offizier unterbrach: „Herr Speer, ich verstehe Sie nicht. Sie sagen uns, Sie hätten schon Jahre gewußt, daß der Krieg für Deutschland verloren war. Jahrelang sagen Sie, hätten Sie die schrecklichen Machenschaften dieser Gangster in Hit-lers und ihrer Umgebung mit angesehen. Die persönlichen Ziele dieser Männer waren die von Hyänen, ihre Methoden die von Mördern, ihre Moral die der Gosse. Sie wußten das alles und planten mit diesen Leuten zusammen und unterstützten sie mit aller Kraft. Wie können Sie das erklären? Wie können Sie das rechtfertigen? Wie ertragen Sie es, mit sich selbst zu leben?".[22] Zunächst schwieg Speer betreten, nach einer Weile meinte er, der Captain verstehe nichts von dem Charisma eines Mannes wie Hitler, er begreife auch nichts vom Leben in einer Diktatur, der allgegenwärtigen Angst und von dem Spiel mit der Gefahr, das dazu gehöre. Da war sie wieder, die stete Flucht, der eigenen Wahrheit ins Gesicht zu sehen, mit jener verengten und auf die „technizistische Subjektivität" reduzierten Moral des Amoralischen, die fest treffender-weise als „technizistische Unmoral" bezeichnet hat. Speer sah indes seine Rolle als Dirigent der nationalsozialistischen Technokratie weit weg von jeglicher Politik des Dritten Reiches.[23]

In der Person Albert Speers spiegelte sich mehr als bei allen anderen Nazi-Größen der Prototyp des „nichtwissenden" und „nichtwissenwollenden" unpolitischen deutschen Bildungsbürger wider, der sich allenfalls als taktisch berechnender und beredter Konstrukteur seiner eigenen Karriere politisch in Szene zu setzen wußte. Seine apolitische und auf das Technische verengte Haltung diente zugleich der subjektiven Begründung, ohne weiteres Dinge zu tun, deren Tragweite sowohl in politischer als auch in moralischer Hinsicht in ihren Folgen außerhalb seiner persönlichen Zuständigkeit fiel. Daß er somit den verbrecherischen Absichten des Regimes uneingeschränkt diente, konnte oder wollte er nicht nachvollziehen. Hierdurch sah er sich von seinem technizistisch verengten Moralverständnis in jeglicher Hinsicht entlastet; deshalb war er auch zutiefst überrascht, als er in einer Reihe mit Jodl, Heß, Rippentrop, Göring, Keitel und sechzehn anderen der braunen Nomenklatur als einer der Hauptkriegsverbrecher zur Verantwortung gezogen wurde. Gerade wegen seiner nach außen hin betont unpolitischen Einstellung der Reichsführung und ihrer Politik gegenüber war er ein idealer Funktionsträger, der immer und überall zu verwenden war. Er selbst hat diese moralische Nische als Flucht vor der Wirklichkeit, wohl in naiver Verkennung der Situation nach der Kapitulation, für sich in Anspruch genommen. So waren im Mai 1945 seine Phantasien diesbezüglich so weit gediehen, daß er allen Ernstes davon ausging, die Alliierten würden ihn bei der Neugestaltung Deutschlands einbeziehen. Auch in diesen Tagträumen ließ er sich von seiner politischen und moralischen Abstinenz leiten und übersah die schwere Hypothek, die er infolge seiner Tätigkeiten im Dritten Reich angehäuft hatte. Jobst Wolf Siedler bezeichnete ihn als den Typus des „idealistischen Deutschen", bar jedweder moralischen Verantwortung. Inmitten der braunen Satrapen und in Gemeinschaft unzähliger Täter stand er indes mit solcher Charakterstaffage ausgestattet, nicht alleine. Speer stellte, ebenso wie zahlreiche subalterne Befehlsempfänger, sein Wissen und Können in den Dienst der Hitlerherrschaft. Darin unterschied er sich in keiner Weise von dem Millionenheer der Täter, Helfershelfer und engagierten Mitläufern des Systems. Waren die „termitenartigen" Massentäter für die Durchführung der Mordaktionen ihrem Wesen nach ersetzbar durch andere, willige Helfer, so war Speers hervorgehobene Rolle für die technisch-bürokratische Etablierung des wirtschaftlich-militärischen Industriekomplexes im Hinblick auf die außenpolitischen Absichten des Regimes unverzichtbar. Das geräuschlose Einschnappen in den bürokratischen Mechanismus , welches sich in den staatlichen Institutionen auf fast allen Ebenen vollzog, beruhte psychologisch betrachtet, auf der Einebnung der individuellen Ethik des Gewissens zugunsten einer staatlich vorgegebenen Hypermoral. In dieser Form vulgärer Gleichschaltung des subjektiven und zugleich des kollektiven Gewissens, war das Egalitätsprinzip der nationalsozialistischen Bewegung unschwer zu erkennen. Hierin kamen endlich all diejenigen verblendeten und inhumanen Formationen zum Tragen, welches die sozialdarwinistischen und völkisch-rassischen Theorien über die Institutionen von Bildung und Erziehung lange genug über Generationen innerhalb des gesellschaftlichen Kontextes vorbereitet hatten. Die nationalsozialistische Bewegung, die fälschlicherweise sich selbst als Revolution bezeichnete, verstand sich, neben ihren eher vernebelnden Phraseologien einer egalitären Volksgemeinschaft, in allererster Linie als eine „Kultur" des Nihilismus, in der alle bisher gültigen Werte in ihr Gegenteil verkehrt wurden. Die Volksgemeinschaft wurde hingegen auf die Moral der Gosse eingeschworen, wie der Verhöroffizier Burt Klein treffenderweise bemerkte. Dazu gehörte wie selbstverständlich die bedingungslose Aufkündigung des individuellen Gewissens zugunsten eines kollektiven Kadavergehorsams gegenüber „Führer" und „Volksgemeinschaft". Die nahezu vollständige Gleichschaltung der Funktionseliten in den Staatsapparaten war das Ergebnis der konsequenten Umsetzung des Herrschaftsanspruches der hitlerschen Politik im Inneren wie in ihren außenpolitischen Zielen. Rechtsstaatliche Prinzipien wurden weitestgehend aufgekündigt und die technologischen und administrativen Abläufe in den Institutionen dem Pflichtgehorsam der Volksgemeinschaft im Führerstaat untergeordnet. In dieser radikalen Egalisierung von individuellen und kollektiven Interessen, die in Wirklichkeit ideologisch politische Interessen des Machtapparates waren, lag die Gewähr dafür, daß die staatlichen Institutionen unter den Postulaten von absolutem Befehl und Gehorsam, Pflichterfüllung bei gleichzeitiger Eliminierung von Moral und Anstand bis zuletzt reibungslos funktionieren konnte. Einzig der von Speer organisierte Boykott gegen den „Nero-Befehl" darf als nennenswerter Widerstand führender Funktionseliten gegen Hitlers Befehle in der Schlußphase des Dritten Reiches bezeichnet werden. Hier ist allerdings auch nicht der Verdacht von der Hand zu weisen, daß dies nicht ohne Eigennutz von Seiten Speers geschah, träumte er doch bereits davon, am Wiederaufbau der zertrümmerten Nation mitwirken zu dürfen.

Wie dem auch sei, aus historischer Sicht ist dies die einzige Aufkündigung eines strikten Führerbefehls. Erst spät, sehr spät kam sie. Speer versagte Hitler die Gefolgschaft und suchte zu retten, was noch zu retten war. Deshalb wurde er am 23. April 1945 am Vorabend des endgültigen Zusammenbruchs im Führerbunker bei Hitler vorstellig. Da Hitler stur blieb und sich auch ansonsten unmöglich verhielt, nahm Speer im letzten Moment die Sache selber in die Hand, nachdem er bereits Wochen vorher die Ausführung des Befehls weitgehend verhindern konnte. Dies wirft im großen und ganzen ein etwas milderes Licht auf seine Person, zumindest in den letzten Kriegsmonaten, als er immer mehr erkannte, auf welch verderblichen „faustischen Pakt" er sich in all den Jahren eingelassen hatte. Dennoch verschleiern seine moralischen Ausflüchte, von denen er sich in den Jahren nach dem Krieg nie hat befreien können, seine tatsächliche Bedeutung und Rolle an der Seite Hitlers. In seinen Erinnerungen zeichnet er unverdrossen ein Selbstbild, das glauben macht, daß er von all dem, was rings um ihn herum geschah, nichts gewußt habe. Inmitten der Schar brauner Paladine des sogenannten Familienkreises in der Führerresidenz auf dem Obersalzberg war er von sich selbst überzeugt, seine angeblich weiße Weste von den Schmutzflecken nationalsozialistischer Alltagspolitik rein zu halten. Aber letztlich gibt es keine Moral in der Unmoral eines Umfeldes, auf das man sich eingelassen hat. So wenig wie es ein richtiges Bewußtsein im falschen Sein gibt, so wenig vermag man sich als Moralist zu behaupten, wenn die Dinge, welche man tut, zutiefst unmoralisch sind. Ihm ist unbewußt geblieben, wie sehr seine technizistische Amoralität ihn unmerklich korrumpierte. Unversehens geriet er immer mehr in den Sog der Hofgesellschaft um Hitler und Bormann. Seine erstaunliche Vorzugsstellung beruhte sicherlich auf eine homoerotische Bindung Hitlers zu ihm, die aber im Verborgenen blieb. Mitunter wurde sie von seinen Mitarbeitern wahrgenommen, sie nannten Ihren Chef Hitlers „unglückliche Liebe"[24] und bemerkten, daß beim Führer Fröhlichkeit und glückliche Stimmung immer dann aufkam, wenn sein Liebling in seiner Nähe weilte.

Später hat sich Speer darüber beklagt, daß Hitler seine Wertmaßstäbe und sein Gefühlsleben korrumpiert habe. Dennoch bleibt die Frage offen, ob beides nicht schon zu dem frühen Zeitpunkt, als Hitler ihn zu seinem engen Mitarbeiter ernannte, in dem Maße korrumpiert war, um bedenkenlos alle moralischen Skrupel über Bord zu werfen und gleichsam, ähnlich dem Pakt zwischen Faust und Mephisto, sich dieser dunklen Macht zu verschreiben. Auch hier gibt er sich der geschickten Selbsttäuschung und Verschleierung seiner wahren Rolle hin und entwirft das Selbstbild eines arglos Verführten. Inzwischen ist dies anhand neuerer historischer Forschungen gründlich widerlegt worden. Selbst der renommierte Publizist und Speer-Biograph Joachim Fest mußte gar zugeben, von ihm an der „Nase herumgedreht" worden zu sein.[25]

Albert Speer gehörte zu der Generation junger Männer, die in der Zeit von 1900 bis 1910 geboren wurden. Sie hatten, teils noch als Kinder, den Ersten Weltkrieg, das Scheitern der Revolution von 1918/1919 und als Jugendliche die entbehrungsreiche Zeit der Inflation 1923 erlebt. Ihre Vätergeneration war durch die Kriegserlebnisse und extreme politische Wirren in ihrer nationalen Identität gebrochen und sah sich außerstande, noch etwas Wesentliches zur gesellschaftspolitischen Entwicklung jener Nachkriegsjahre beizusteuern. Die junge Generation hingegen, die den Krieg nicht als Realität erlebt hatte, sah in ihm ein einzigartiges „Sportereignis".[26] Sie konnten Politik und die Spielregeln der Gesellschaft nie als etwas anderes begreifen, als einen fortwährenden Kampf von äußerster Brutalität, wobei das Starke über das Schwache obsiegt. Was ihnen fehlte, war „jenes Talent zum Privatleben und für privates Glück",[27] was ohnehin bei den Deutschen, auch in guten Zeiten, weitaus weniger entwickelt ist, als bei anderen Völkern; Liebesfähigkeit, Bescheidenheit und Liebe zum Detail, Empathie und Sinn für die Freuden der Zivilisation. Hierüber konnte diese Generation kaum verfügen, da ihnen jeglicher Bezug zu Werten und Traditionen fehlte. Ihre Identität verstanden sie antibürgerlich mit alldem, was dazugehörte und von ihnen abgelehnt wurde, wie beispielsweise Religion, Kunst, Familiensinn, Kreativität, Redlichkeit, Verantwortungsgefühl, gute Manieren und Erziehung zur Menschlichkeit; kurzum alles dasjenige, was im Vorlaufe des historischen Kulturprozesses als unabdingbare Grundlagen zivilisierte Gesellschaften erworben wurde. Nur vor diesem nihilistischen Hintergrund war es möglich, die Familie in ihrem humanen Kern zu zerstören, und sie als Institution zur Sicherung „erbreinen" Nachwuchses zu degradieren. Daneben nahm sich die Absage allen Denkens und stattdessen der chronische Hang zu unentwegtem Marschieren nur allzu selbstverständlich aus. Den endlosen Weihefeiern der Nationalsozialisten, ihren beschwörenden völkischen Ritualen in haßerfüllten bombastischen Massenveranstaltungen lieferte Speer die erforderlichen Kulissen.

Wie zahlreiche anderer seiner Generation sah er im Nationalsozialismus die Chance, Karriere zu machen. So wie er, waren viele gebannt von den beruflichen und sozialen Möglichkeiten, die ihnen das Regime eröffnete. Diese Generation hat in entscheidender Weise und in Schlüsselpositionen das System getragen und wie Speer maßgeblich am Aufstieg und an der Machtkonsolidierung der Nationalsozialisten mitgewirkt, obgleich er hinter seiner Selbststilisierung als „unpolitischer" Technokrat den unbedingten Gestaltungswillen geschickt verbarg. Wie Speer strickten auch die übrigen der sogenannten unpolitischen Fachleute nach dem Zusammenbruch an der Legende, sie seien unideologisch gewesen, in der Hoffnung, auch nach dem Krieg wieder Verwendung unter demokratischen Verhältnissen zu finden, was letztlich auch für die Mehrzahl der ideologisch „Unbelasteten" zutraf und wovon Speer noch vor Prozeßbeginn in Nürnberg träumen durfte, um dann eines Besseren belehrt zu werden.

Indessen hat der Filmemacher Heinrich Breloer zusammengetragen was Historiker in letzter Zeit über Speer herausgefunden haben. Das Ergebnis ist vernichtend. Speer war keineswegs der

Verführte, sondern Antreiber des Holocaust und Initiator der die Zwangsarbeiter vernichtenden Rüstungsproduktion, die unter seiner Leitung auf Hochtouren lief. Zudem ging die Gründung der Konzentrationslager Mauthausen und Flossenbürg, in denen Vernichtung durch Arbeit betrieben wurde, auf sein Verbrechenskonto zurück. Wäre dies alles bereits in Nürnberg den Alliierten bekannt gewesen, die seinen Prozeß nur sehr ungenügend vorbereitet hatten, so wären er mit Sicherheit zum Tode verurteilt worden und der Nachwelt seine „Erinnerungsverdrängungen" und Spandauer „Selbstmythen" erspart geblieben., mit denen er die Hintergründe des Nazi-Systems und seine eigene Rolle mehr vernebelte als aufdeckte. Selbst Joachim Fest hat sich in seiner Hitler-Biographie von den Speerschen Interpretationen und Geschichtsklitterungen leiten lassen und in seinem Buch DER UNTERGANG kommt er noch als ein Edel-Nazi daher: „ein Gentleman unter Lumpen und Mördern".[28]

Nein, Speer war kein unpolitischer Verführter, er stand in einer Reihe mit den größten Verbrechern des Nazi-Regimes. In gewissem Sinn war er sogar der Nazi-Verbrecher „par exellence", da er wie kein anderer der vulgären Szenerie vortäuschen wollte, seine Hände in moralischer Unschuld und politischer Unwissenheit zu waschen, obgleich tief in Verantwortung und Schuld verstrickt. Seine Ablehnung der demokratischen Strukturen der fragilen Weimarer Republik brachte ihn in das nähere Umfeld Hitlers. Ab 1933 stellte er sein technisches und künstlerisches Können vorbehaltlos in den Dienst des nationalsozialistischen Staates. Als Architekt war zu diesem Zeitpunkt relativ bedeutungslos und mittelmäßig, ohne besondere Anzeichen architektonischer Kreativität, gleichwohl aber froh über eine parteiinterne Fürsprache für sein erstes Bauprojekt, die Ministerwohnung Goebbels bauen zu dürfen. Als späterer Rüstungsminister war er im vollständigen Dienst des „Bösen" äußerst effizient und skrupellos. Er lebte nur noch in Zahlen, Rüstungsmaschinen und Ziffern über steigende Kriegsproduktionen; das Schicksal seiner ausgebeuteten Fremdarbeiter interessierte ihn in keiner Weise. Joachim Fest vermutete zu Recht, daß er sich in seinem selbstinszenierten „technischen" Autismus in eine der Maschinen verwandelte, die er produzieren ließ und dabei vermied, die Ziele, denen er diente, in moralischer Hinsicht auf den Prüfstand zu stellen. Nach außen erweckte er den Anschein eines „anständigen und sauberen Nationalsozialisten", der, wenn es ihn denn überhaupt gab, die sogenannten „guten ideellen Seiten" des Systems verkörperte und der trotz aller Widerwärtigkeiten im Gegensatz zu der korrupten Kamarilla vom Schlage eines Görings, eines Franks oder eines Streichers unbestechlich und integer blieb. In Wirklichkeit bereicherte er sich in ungeahntem Maße an der Verschleuderung arisierten jüdischen Vermögens und Immobilien, deren Konfiszierung er wesentlich betrieb.

In seinen Erinnerungen, die durch die „lektorischen Vernehmungen" seines Verlegers Jobst Siedler und dem späteren Speer-Biographen Joachim Fest mit „drängenden Fragen" wesentlich beeinflußt wurden,[29] erwähnte er die Vorliebe Hitlers, sich stets hinter verhangenen Fenstern aufzuhalten. Speer deutete dies als Angst davor, die Dinge so zu sehen, wie sie wirklich waren. Somit konnte Hitler ungestört in seiner eigenen Wahnhaften Wirklichkeit leben, inmitten kitschig pompöser Heldenverehrung, wabernder Siegfriedlohe und germanischem Wagnerkult, in dem er seine Wiener Rienzi-Reminiszenzen aufleben ließ, und schließlicher Götterdämmerung in der Düsternis seines Unterganges. Lauter obskure Insignien die von je her zu seinen existentiellen geistigen Grundlagen zählten. Sie bildeten seit seinen Wiener Jugendjahren das „granitene Fundament" seiner Weltanschauung,[30] das er seitdem unbeirrbar beibehielt. Die Lichtblicke in dieser absurden und irrealen Welt verschafften ihm Speers omnipotente Entwürfe einer faschistoiden Architektur von überwältigender Grandiosität der zukünftigen „Welthauptstadt" Germania, an der sich der verhinderte „Architekt" Hitler berauschen konnte. Währenddessen das reale Berlin in Schutt und Asche versank. Inzwischen befand sich auch Speer, ohne es wahrhaben zu wollen, hinter den verhangenen Fenstern seiner technizistisch verengten Wirkungswelt.

Hitlers Wahnwelt, die immer offenkundiger hervortrat, je länger der Krieg andauerte, fand ihr Vollendung in der gespenstischen Atmosphäre des Führerbunkers unter der zusammenbrechenden Reichskanzlei, wo er, der Realität gänzlich entfremdet, nur noch über die hoffnungslosen Restbestände fast schon imaginärer Geisterarmeen befehligte, und sich in den geifernden Durchhalteparolen des bis zuletzt fanatischen Goebbels als einen bis zum letzten Atemzug gegen den Bolschewismus „kämpfenden" Führer sah. Sich der Verbrechen durchaus bewußt, die er und die übrigen Nazi-Größen in ihrem zwölfjährig andauernden Amoklauf durch die Geschichte angerichtet hatten, ahnte Goebbels die Rolle, in der man ihn und seinesgleichen in der Welt so oder sehen würde, bereits am 14. November 1943, in dem er in seinem Tagebuch notierte: „Was uns betrifft, so haben wir die Brücken hinter uns abgebrochen. Wir können nicht mehr, aber wir wollen auch nicht mehr zurück. Wir sind zum Letzten gezwungen und darum zum Letzten entschlossen [...]. Wir werden als die größten Staatsmänner in die Geschichte eingehen oder als ihre größten Verbrecher."[31]

Im Sommer faßte Speer die Geheimdienstprotokolle seiner ersten Vernehmungen durch den amerikanischen Captain Hoffding auf Schloß Kransberg im Taunus zu einem autobiographischen Manuskript zusammen, fest davon überzeugt, daß er nicht wie die übrigen – Raeder, Schacht, Ribbentrop, Dönitz, Keitl, Jodl, Heß, Göring u.a. – vor das Nürnberger Kriegsverbrechertribunal gestellt würde. Seine Ausführungen sind von bemerkenswerter Offenheit und Apologetik, die er sich später nicht mehr hat leisten wollen. Was seine Offenheit betrifft, wollte er sich sicherlich in Aussicht späterer Verwendung, sich den Alliierten andienen, worin er sich allerdings gründlich täuschte. Vor allem seine Aussagen über Hitler sind apologetisch, sie zeichnen ein Bild des Diktators, was der Legendenbildung eines „gütigen" und um das Wohl seiner Mitarbeiter besorgten Führers entspricht. Zu seinen Manuskripten, die er beabsichtigte zu veröffentlichen und die in weiten Teilen in seinen *Erinnerungen* eingeflossen sind, bemerkt er einleitend: „Trotz diesem für die Welt und Deutschland tragischem Geschehen ist die Ausarbeitung recht leidenschaftslos und nüchtern ausgefallen. Ich bin kein Schriftsteller, der seine Gefühle aufdecken kann. Ich habe das erste Mal versucht, eine derartige geschlossene Arbeit durchzuführen. Bisher ist meine „schriftstellerische" Tätigkeit über einige Denkschriften nicht hinausgegangen". In weiser Voraussicht über das, was noch über ihn und die anderen hereinbrechen könnte, formuliert er schuldrelativierend: „Nachträglich diese Zusammenhänge klarzustellen, ist nicht so schwer, wie bei ihrem Ablauf selbst einen klaren Kopf zu behalten. Viele der führenden, die damals auf das Äußerste verwirrt waren (!!! d. Verfasser) und versagten, müßten jetzt zu ähnlichen Ergebnissen kommen können."[32]

Was bei diesen Aussagen und Selbstrechtfertigungen hervorsticht, ist die typische Relativierung ungeheuerlicher Verbrechen, die Speer einer griechischen Tragödie gleich, mit dem schicksalhaften Hauch eines tragischen, d.h. unabwendbaren Vorganges zu verschleiern versucht, wie gleichwohl er von Verwirrungen spricht, wo es in Wahrheit um kaltblütig geplante Mordprogramme ging. Speer gefiel sich nach dem Zusammenbruch und unter dem Eindruck der zwanzigjährigen Haftstrafe, die er in Spandau bis zum Herbst 1966 verbüßen mußte, in der Rolle eines unentwegten Mahners, der sich selber jedoch weitgehend an den Verbrechen des Dritten Reiches unbeteiligt sah. Mit Akribie und verbindlichem Charme wußte er das in den Medien mittlerweile populäre Bild des „anständigen" Nazi, der wie durch Schicksalshand geführt, auf einem verbrecherischen Kontinuum den führenden Part gespielt hatte, geflissentlich weiter zu zeichnen. In seinem Nachwort seines Bestsellers *Erinnerungen*, der 1969 zum erstenmal erschien, gefällt sich einer der größten Verbrecher des Dritten Reiches darin, die Welt vor derartigen Auswüchsen zu warnen.

In ähnlicher Weise sah sich auch Eichmann angesichts des Galgens bemüßigt, vor Gericht in Jerusalem der Jugend ein warnendes Beispiel zu geben, wohin Gehorsam und blinde Pflichterfüllung im Dienste eines verbrecherischen Systems führen. Hier wie dort waren es untaugliche Versuche, in sentimentalem Selbstmitleid den eigenen Verbrechen noch einen irgendwie brauchbaren Sinn zu verleihen. So verstand Speer die Niederschrift seiner *Erinnerungen*, mit denen er fortan kokettierte, als Warnung für künftige Generationen mit den „gelehrsamen" Worten eines menschenliebenden Moralisten: „Mit diesem Buch beabsichtige ich nicht nur, das Vergangene zu schildern, sondern auch vor der Zukunft zu warnen". Und in seinem Vorwort heißt es: „Diese Erinnerungen sollen einige der Voraussetzungen zeigen, die fast zwangsläufig zu den Katastrophen führten, in denen jene Zeit zu Ende ging; es soll sichtbar werden, welche Folgen es hatte, daß ein Mensch allein unkontrollierte Macht in Händen hielt; deutlich werden sollte auch, wie dieser Mensch beschaffen war". Und seine Selbstlügen aufdeckend gesteht er, entgegen seinen späten „Einsichten", ein: „Vor Gericht in Nürnberg habe ich gesagt, wenn Hitler Freunde gehabt hätte, dann wäre ich sein Freund gewesen".[33] Indessen aufgedeckt haben seine Erinnerungen nichts Wesentliches, sie haben vielmehr dazu beigetragen, die Fragen nach subjektiver Schuld und Mitverantwortung unzähliger schuldig gewordener Täter und Eliten zu verschleiern. Insofern hat sein Buch dazu verholfen, den großen „Frieden" mit den Tätern zu schließen, der die Nachkriegsepoche der Bundesrepublik schwer belastet hat. Darüber hinaus kamen Speers Erkenntnisse allemal zu spät und am unrechten Ort und konnten nicht mehr dasjenige aufwiegen, auf was sie sich im Rückblick bezogen. Erst durch eine Zeugenaussage vor Gericht in Nürnberg wurde Speer klar, was sein Mitwirken am millionenfachen Völkermord letztendlich für ihn bedeuten sollte: „Ich werde nie das Dokument vergessen, das eine jüdische Familie zeigt, die in den Tod geht: Der Mann mit seiner Frau und seinen Kindern auf dem Bild...hat meinem Leben Substanz entzogen. Es hat das Urteil überdauert".[34]

Seine ERINNERUNGEN, die nicht zuletzt aus den oben genannten Gründen mit viel Lob bedacht wurden, haben den Blick in erheblichem Maße verstellt. Tatsächlich haben viele Lobredner Speerscher Biographien übersehen, daß hier die Legende von der vermeintlichen „Tragik" des unpolitischen Fachmannes, der unter einem „Parsifalkomplex" leidet, nur allzu verklärt wird, und dem man wohlwollend konzediert, an den Verbrechen der Politik nicht teilgenommen zu haben. Der Historiker Bracher stellt hingegen fest, daß Speers Rolle nicht einem unglücklichen

Zufall geschuldet war, der zur unrechten Zeit eine naive und unpolitische Figur in das Zentrum verbrecherischer Machenschaften gestellt hat, sondern das kalkulierte Ergebnis einer im Grunde gespaltenen Identität, die sich nahtlos mit den gewollten Ambiguitäten des Systems arrangierte.[35] Speers Aufstieg und Wirken an führender Stelle war in Wahrheit weder Zufall noch geschichtliches Mißverständnis, sie waren vielmehr Folge der strategischen Gesellschaftspolitik der Nationalsozialisten, die ihre Elemente der Macht aus radikaler Politisierung entpolitisierter Spezialisierung einerseits bezogen und andererseits, rückwärtsgewandte Verwirrungen aufgreifend, einer Ideologie reaktionärer politischer Romantik und Verherrlichung des technischen Fortschrittes huldigte. Die eigentliche Essenz nationalsozialistischer Ideologie und Machtpolitik, die Inkonsistenz von Theorie und Praxis, stellte daher nicht, wie vordergründig vermutet, eine Schwächung des Systems dar, sondern in der geschickten Synthese dieser unterschiedlichen Ansätze lag die verblüffende Wirkung ihrer totalen Herrschaft. Bis in die Führungsspitzen bildete sich die spezifische Doppelgesichtigkeit des Parteien- und Machtapparates aus, die in der strategischen Besessenheit eines Goebbels, im technokratischen und rationalen Kalkül Speers und in den sektiererischen Narrheiten eines Rudolf Heß zum Ausdruck kam und insbesondere durch Heinrich Himmler personifiziert war, der sich neben einer kalten und menschlich befremdlichen Ernsthaftigkeit, mit der er seinem Vernichtungsauftrag nachkam, eine obskure Gedanken- und Vorstellungswelt erhalten hatte.

Speers ERINNERUNGEN und seine SPANDAUER TAGEBÜCHER stießen bei ihrem Erscheinen auf großes Interesse, nicht zuletzt auch in der Fachwelt. Manch einer erhoffte sich durch sie Aufschluß über die verborgenen Mechanismen des hitlerschen Macht- und Herrschaftsapparates zu erhalten. Bemerkenswert an diesem System der Machtsteuerung war, daß über alle chaotisch anmutende Überorganisation und wechselseitige Konkurrenzen, die von Hitler bewußt gewollt waren, einerseits die Umsetzung von Herrschaftswillen in konkrete politische Praxis reibungslos funktionierte, andererseits aber die sehr unterschiedlichen, sich gegenseitig bekämpfenden und zuweilen auseinanderstrebenden Interessen und subjektiven Motive letztlich dann doch auf die Zentripetalkraft des hitlerschen Machtzentrums ausgerichtet blieben. Hierzu gehörte zweifelsohne Speer ebenso wie Bormann, der braune Strippenzieher über Protektion, Einfluß und dem direkten Zugang zu Hitler. Da Speer zu alledem eine stets abgehobene und, wie er glauben ließ, neutrale Haltung bewahrte, konnte er auch – weder in historischer Hinsicht, noch aus psychologischem Blickwinkel heraus – nichts Erhellendes über das wüste Konglomerat von Intrigen, sich ausschließenden Motiven, Gefühlswallungen und handfesten divergierenden Interessenslagen der braunen Hofgesellschaft aussagen. Zu dem gruppendynamischen Phänomen, welches sich darin äußerte, daß die teilweise zentrifugalen Strömungen immer wieder zurückgeholt und umso fester in das Kraftzentrum eingebunden wurden., ist von Speer kaum etwas Bedeutendes zu hören; deshalb erscheinen auch seine Memoiren nur sehr bedingt geeignet, eine Analyse des Nazi-Regimes zu leisten. Aus historischer Sicht sind schon wegen ihrer apologetischen Grundstimmung mehr als fraglich. Über ihren erkennbaren Anekdotenstatus hinaus enthalten sie wenig zur Erklärung der nationalsozialistischen Wirkungs- und Entstehungsgeschichte. Ebenso schweigen sie sich über jenen sonderbaren Umstand aus, daß der Totalitarismus des Dritten Reiches neben seinen straffen ideologischen Voraussetzungen gerade in seiner Widersprüchlichkeit erfolgreich sein konnte, obgleich er in seiner politischen Praxis widersprüchlich und diffus erschien. Speers Memoiren sind daher lediglich weitere Beiträge seiner fortwährenden Selbsttäuschungen, sowie über das wahre Gesicht des Regimes und seiner Potentaten. Andererseits mag das Unvermögen Speers, seine unmoralische Verstrickung in das System so darzustellen, wie es seiner eigenen Bedeutung entsprach, ein Beleg dafür sein, wie tief er darin verflochten war, ohne sich dessen bewußt gewesen zu sein.

Die Rolle des unpolitischen Technokraten traf sich in vorzüglicher Weise mit dem Nationalsozialismus, der als Idee des Apolitischen und Antipolitischen gegen die demokratischen Strukturen der Weimarer Republik zu Felde gezogen war. Der Nationalsozialismus war bei aller Absicht der Radikalisierung des privaten und öffentlichen Lebens eine antipolitische Bewegung, der die Politisierung der Gesellschaft und damit die Emanzipation des Bürgers als Idee der Aufklärung höchst zuwider und feindselig erschien. In ihrer Konsequenz, die Vielfältigkeit, Meinungsdivergenz und die unterschiedlichen Interessenslagen auf die einfache Formel einer homogenen und bewußtseinsreduzierenden Form zu bringen, die sämtliche moralischen Skrupel ausklammerte, waren sich der nationalsozialistische Machtapparat und Speer insofern einig, als das dieser seine Subjektivität im Sinne technizistischer Verengung reduzierte und sich somit von politischer Mitverantwortung freisprach. Daher erscheint Speer als idealer Verwertungstypus nationalsozialistischer, autoritärer Herrschaftsansprüche, welche jedem totalitären System gerecht werden. Sein Lebensweg, der ihn in nächster Nähe des Machtzentrums brachte, war in seiner Konsequenz nicht ein Zufallsprodukt jener Zeiterscheinung, sondern entsprach ganz und gar dem Modernitätsanspruch, den die Umsetzung nationalsozialistischer Herrschaftsideologie in konkrete Machtstrukturen erforderte. Dennoch sah er in Hitler eines dieser „unerklärlichen geschichtlichen Naturereignisse", die über die Menschheit in gewissen Zeitabständen hereinbrechen. Später gelangte er immerhin zu der Erkenntnis, daß Hitler das Produkt einer geschichtlichen Situation war; sicherlich sah er seine eigene Rolle unter den gleichen mythologisierenden und „tragischen" Bedingungen.

Unablässig hielt er sich an der Behauptung des Nichtwissens und Nichtwissenwollens fest. Ein beredtes Beispiel solch kunstfertiger Verdrängungsarbeit ist die stets von ihm geleugnete Anwesenheit bei Himmlers berüchtigter Posener Rede im Oktober 1943, deren Kenntnis er damit bestritt, erst in Nürnberg von den Gaskammern erfahren zu haben, und bis dahin nicht fähig war, sich den millionenfachen Völkermord an den Juden vorzustellen. Gleichwohl ist er zum aktiven Beteiligten geworden, da er seine Arbeit für Hitler fortsetzte, obwohl er zu diesem Zeitpunkt von dem lange geplanten und fast vollendeten Völkermord wußte, unabhängig davon, ob er in Posen anwesend war oder nicht.[36]

Zunächst schien es so, als würde er sich zu der Gesamtverantwortung bekennen, um damit seinen eigenen Schuldanteil einzuräumen. Vor dem Nürnberger Tribunal hielt er es für seine Pflicht, als ehemaliges Mitglied des Regimes die Mitverantwortung für die gesamten Verbrechen des Nationalsozialismus zu übernehmen. Später, in Spandau, hat er geäußert, daß sich die Mitverantwortung zu dem Gefühl der persönlichen Schuld wandelte, als er im Verlaufe des Prozesses von den Morden an den Juden erfahren habe. Trotzdem bleibt die Frage offen, ob er erst dann davon erfuhr, oder ob ihm erst zu diesem Zeitpunkt das gesamte Ausmaß seiner Verstrickungen bewußt wurde. Daß er die Verbrechen offensichtlich beizeiten gebilligt hat, geht aus einer eidesstattlichen Erklärung Speers aus dem Jahre 1977 eindeutig hervor, in der es u.a. heißt: „Der Nürnberger Prozeß bedeutet für mich noch heute einen Versuch, zu einer besseren Welt vorzustoßen [...]. Ich halte es darüber hinaus heute noch für richtig, die Verantwortung und damit die Schuld für alles auf mich zu nehmen, was nach meinem Eintritt in die Hitler-Regierung am 8. Februar 1942 (als Rüstungsminister in der Nachfolge von Todt, Anm. d. Verf.) an Verbrechen, im generellen Sinne, begangen wurde. Nicht die einzelnen Fehler belasten mich, so groß sie auch sein mögen, sondern mein Handeln in der Führung. Daher habe ich mich für meine Person im Nürnberger Prozeß zur Gesamtverantwortlichkeit bekannt und tue dies auch heute noch. Meine Hauptschuld sehe ich immer noch in der Billigung der Judenverfolgungen und der Morde an Millionen von ihnen."[37] Diese und andere Aussagen, die er gegenüber dem Direktor des südafrikanischen jüdischen *Board of Deputies* machte, welchem er auf Anfrage im April 1977 die Hintergründe der Massenmorde und sein Wissen darum genauestens darstellte, gehören zu den offensten Worten, die Speer zu seiner eigenen Rolle je gesprochen hat. Gleichwohl muß im Nachhinein und bei heutigem Kenntnisstand seine Beteiligung an den Verbrechen und die Art und Weise, wie er sich stets dazu geäußert hat, in einem anderen Licht betrachtet werden, in welchem das bloße Eingeständnis seiner Billigung erscheint. Seine Strategie in Nürnberg, die eigene Schuld zu bannen, indem er seine persönliche Verantwortung auf die Unverbindlichkeiten des Verallgemeinernden und Grundsätzlichen verschob, hat ihn vor dem sicheren Galgen bewahrt. Von daher sind die heftigen Ausfälle Görings zu erklären, dem sehr wohl nicht entgangen war, daß sich ein Mittäter auf Kosten der übrigen durch die Übernahme kollektiver Verantwortung und Schuld entlasten wollte. An diesem Mythos der Schuldeinsicht, indem er auf eine abstrakte Ebene „kollektiver Verantwortungsethik" auswich, hat Speer in seinen ERINNERUNGEN und darüber hinaus bis zu seinem Tode im Jahre 1981 unverdrossen weitergewoben. Seine Bücher wurden sicherlich nicht zuletzt deshalb ein Erfolg, weil sie, wie auch seine Persönlichkeit, Verhaltensmuster aufboten, die jener Generation, die subjektiv tief in Schuld verstrickt war, Entlastungsräume einer dem Vergessen und Verdrängung geschuldeten Bannung eigener Verantwortlichkeiten eröffneten. Speer wurde somit zum Symbol des allgemeinen Verdrängens, welches auch die kollektive Verleugnung von Schuld, Mitverantwortung und Trauer verantwortete. Hierin fand er Beifall, vor allem von den ewig gestrigen Apologeten des Nationalsozialismus. Diese Haltung ließ ihn zum wichtigsten „Exkulpator"[38] des Dritten Reiches werden, denn wenn schon einer der mächtigsten Männer vom Holocaust nichts gewußt haben wollte, wie konnte da der einfache „Volksgenosse", der Täter, der sich als Rädchen im Getriebe empfand, der Mitläufer und Mitwisser im Nachhinein zur Verantwortung gezogen werden?

Indem Speer die Dinge von der Warte eines distanzierten Beteiligten ansprach hat er versucht, sie für sich zu bannen; Bannung durch Benennung in einer Weise, die seine eigene Person gleichsam als Schimäre neben den Verbrechen stellte. Damit war für ihn alles gesagt und selbst die späteren hartnäckigen lektorischen „Vernehmungen" seiner Biographen Siedler und Fest brachten immer nur endlose Verwindungen und moralische Brüche zum Vorschein. Speers Reminiszenzen kreisen unablässig um die abstrakt verorteten Fragen von Gesamtverantwortung, Verantwortung und Schuld. Indes konnte er nicht erklären, weshalb er diesem Regime auch dann noch diente, als in seinen Ahnungen schon dasjenige ins Bewußtsein drängte, was er stets zu verdrängen trachtete. Dies war der unauflösliche gordische Knoten seiner „Lebenslüge".[39]

Joachim Fest erkannte alsbald, daß „Speers Lebensweg mit all den Selbsttäuschungen, falschen Ergriffenheiten und moralischen Verhärtungen, die dazu gehörten, weitaus repräsentativer war, als er je begriffen hat, und daß er eine wichtige Facette zum Bild der deutschen Verwirrung besteuert, die Hitler erst ermöglicht hat und vielleicht fast unmöglich gemacht hätte".[40] Wenngleich ihn Fest einen orientierungsschwachen Überläufer genannt hat, so mag dieses Urteil auf jenem Kenntnisstand beruhen, den er und Jobst Siedler als vernehmende Lektoren Ende der sechziger Jahre über Speer hatten, als sie darangingen, seine ERINNERUNGEN biographisch vorzubereiten, so muß heutzutage dieses Urteil gründlich revidiert werden. Denn Speer war weit mehr als nur ein Überläufer, der sich zufällig in diese politische Richtung verirrt hat. Vielmehr war er in politischer Hinsicht ein bornierter Idealist, der sich jedem überlegenen System angedient hätte. Seine persönliche Loyalität, die er einem als Verbrecher erkannten Verwüster bis zuletzt schuldete, gibt den Blick in einen „deutschen Abgrund" frei, in dem sich jedoch sehr viele befanden, die, wie er, einem Massenmörder gegenüber noch gewisse Konventionen beibehielten und die aufzeigen, warum die Deutschen von Hitler bis zuletzt nicht loskamen. Es stellt sich daher die Frage, ob es überhaupt Vorkehrungen gegen solche Verluste von Maßstäben und Werten geben kann, oder ob Vorkehrungen gegen den kollektiven Verlust an humanen Orientierungen gänzlich unmöglich erscheinen, oder ob sich, allen Widerwärtigkeiten zum Trotz, um mit Adorno zu sprechen, dennoch mit Erziehung dagegen etwas unternehmen läßt.[41] Nach dem Zusammenbruch am 8. Mai 1945 befanden sich Speer und die sogenannte geschäftsführende Regierung, der unter anderem Dönitz als Nachfolger Hitlers in seiner Funktion als Reichspräsident, Keitel, Schacht, Raeder angehörten, in einer absurden Situation. Von den Alliierten untergebracht in Schloß Glücksburg in Schleswig Holstein, in dem auch die Vertreter der Siegermächte residierten, hielten sie vormittags ihre geisterhaften „Kabinettssitzungen" ab, um nachmittags in gepflegter Atmosphäre den Verhöroffizieren, die den Nürnberger Kriegsverbrecherprozeß vorbereiteten, Rede und Antwort zu stehen. Am 23. Mai 1945 wurden Speer und die übrigen Mitglieder der Regierung Dönitz zu ihrem großen Entsetzen verhaftet und über Umwege durch verschiedene alliierte Gefangenenlager schließlich nach Schloß Kransberg im Taunus zu weiteren Verhören gebracht. Erst hier dämmerte Speer, daß auch er vor das Nürnberger Tribunal gestellt werde und man ihn demzufolge mit den übrigen Hauptangeklagten als Kriegsverbrecher sah. Dennoch waren seine Einlassungen von bemerkenswerter Offenheit, so als wollte er sich schon damals von dem Druck seiner nationalsozialistischen Vergangenheit befreien. Auf diese Weise wurde Speer zu einer Hauptquelle für den englischen Historiker Hugh Trever-Roper, der im Auftrag des britischen Geheimdienstes die Situation der letzten Tage von Hitler recherchierte, um Klarheit über den Tod des deutschen Diktators zu erlangen. 1947 veröffentlichte er die Ergebnisse in Buchform. Dies gilt nach wie vor als Standartwerk über die Endphase des Dritten Reiches.[42]

Vor dem Nürnberger Gericht hat sich Speer mit großem Geschick dem drohenden Galgen entzogen, den die russische Delegation vehement gefordert hatte. Mit einer an Fatalismus grenzenden Selbstaufgabe hat er das Todesurteil dadurch vermieden, daß es er aufgrund seiner Bekenntnisse in Kauf nahm. Man hat ihm das später als raffinierte Taktik ausgelegt, mit der er den Alliierten Gerichtshof und späterhin die Öffentlichkeit getäuscht habe. Das Nürnberger Gericht verurteilte ihn, in seiner damaligen Unkenntnis des gesamten Verbrechensrepertoire Speers, wegen seiner Beteiligung am Zwangsarbeiterprogramm zu 20 Jahren Haft, die er in Spandau bis zum letzten Tag verbüßte. Wären dem Gericht allerdings jene Fakten bekannt gewesen, die inzwischen durch neuere historische Forschungen aufgedeckt sind, so etwa seine undirekte Beteiligung an der „Endlösung der Judenfrage" in Auschwitz, wäre er dem Galgen sicherlich nicht entkommen. In jüngster Zeit sind Dokumente aufgetaucht, aus denen eindeutig hervorgeht, daß Speer nicht nur ein Rädchen im Getriebe der nationalsozialistischen Vernichtungsmaschinerie war, sondern einer ihrer Antreiber.[43] Er hat nicht nur von Auschwitz geahnt, nachdem ihm sein Freund, der Gauleiter von Schlesien, Hanke, entsprechende Andeutungen gemacht hatte, vielmehr sind die Mittel für die Bauten der sogenannten „Sonderbehandlung" in Auschwitz, was nichts anderes bedeutete, als Vergasungen im großen Umfange, über seinen Schreibtisch als Rüstungsminister gelaufen. Es ist schwer vorstellbar, daß für jemanden wie ihm, der in der euphemistischen Sprachregelung des Dritten Reiches zuhause war, die Bedeutung des Begriffes Sonderbehandlung unverständlich geblieben sein soll, zumal diese aus den Unterlagen, die ihm vorlagen, hervorging. Darüberhinaus war er als oberster Bauherr des Regimes für die Errichtung des KZ – Struthoff im Elsaß verantwortlich, das als Arbeits- und Vernichtungslager fungierte und in dem die Steinbrüche abgebaut wurden, die man zur Herstellung der „Welthauptstadt" Germania benötigte. Auch in diesem Konzentrationslager wurde, wie auch in den Speerschen Lagern Flossenbürg und Mauthausen, systematisch Vernichtung durch Arbeit an zahllosen Häftlingen betrieben. Alles das, was mit der millionenfachen Vernichtung von Menschenleben zusammenhing, hat Speer gewußt und an erster Stelle mitinitiiert. Speer war nicht nur der wahre Verbrecher des Dritten Reiches, wie Hugh Trever-Roper ihn bezeichnete, sondern dessen größter Lügner, der bis an sein Lebensende die Öffentlichkeit über seine wahre Person und Rolle im Dritten Reich getäuscht hat. Insoweit sind seine Biographien im historischen Sinn betrachtet nichts wert, außer in psychologischer Hinsicht: ob er diese Lügen bewußt und mit kalter Berechnung behauptet hat, oder ob sie die verleugneten Schatten seiner unendlichen Verdrängungsversuche sind? Diese Frage wird wohl mit endgültiger Sicherheit niemals mehr beantwortet werden können. Mit dem gleichen Organisationstalent, mit dem er in den letzten Kriegsjahren die Rüstungsproduktion hochtrieb und hierdurch einen aussichtslos gewordenen Krieg verlängern half, arbeite er bereits während seiner Spandauer Haftzeit an der Verstrickungslüge eines Unpolitischen in einem verbrecherischen System. Sein Verleger Jobst Siedler hat ihn noch wohlwollend als einen „Engel, der aus der Hölle kam" bezeichnet. Auch er ist, wie Joachim Fest ein Opfer der Täuschungsbilder geworden, an denen Speer ein Leben lang gezeichnet hat. Indes hat er den Mythos einer unpolitischen und verführten Künstlernatur durch die, ihr immanente Widersprüchlichkeit selber entzaubert. In der Hölle kann es keine Engel geben, allenfalls reißende Wölfe in Schafspelzen. Das Urbild des „anständigen Nazis", welchen so vielen in der frühen Bundesrepublik ihre subjektive Schuld verdrängen ließ, ist zerbrochen.[44] Es entlastet daher Speer nicht, was Joachim Fest annimmt, daß sein sicherer „Bürgerinstinkt" ihn von den übrigen Nazigrößen trennte und je größer die Diskrepanz zwischen seiner bürgerlichen Moral und der NS-Unmoral geworden sei, desto mehr habe Speer verdrängen müssen. Freilich, dasjenige was Fest als Verdrängung aus den Restbeständen bürgerlicher Skrupel glaubt auszumachen, ist in Wirklichkeit die Skrupellosigkeit einer opportunistischen Haltung, die Speer immer schon zu eigen war und die in beizeiten in das braune Umfeld gebracht hatte.

Speer wurde 1966 nach Verbüßung seiner Strafe entlassen. Alle Gesuche um vorzeitige Entlassung wurden aufgrund von sowjetischen Einwänden stets abgelehnt. Speer veröffentlichte seine Memoiren als ERINNERUNGEN und SPANDAUER TAGEBÜCHER in Buchform. Obgleich auch hier immer wieder die gleichen Verwindungen und Schuldfluchten zutage traten, waren sie subjektive Einblicke hinter den dunklen Kulissen des Dritten Reiches, zu einem Zeitpunkt, als in der Bundesrepublik über diese Epoche deutscher Geschichte weitgehend hinweggeschwiegen wurde. Heute sind sie nur noch die Restbestände verzweifelter Selbsttäuschungen, was aber nicht daran gehindert hat, sie im Zuge der medialen Speer-Renaissance in der ersten Dekade des neuen Jahrtausends neu aufgelegt zu werden. In einem Punkt bleiben sie jedoch nach wie vor aktuell, in der Person Speers spiegelt sich, wie in kaum einer anderen politischen Figur, ein Stück deutscher Sozialbiographie vor dem Hintergrund tradierter Verwirrtheiten wider. In Speers sozialer Identität verdichten sich wesentliche Facetten der politischen und kulturhistorischen Irrwege des deutschen Bürgertums. Waren Hitler und die Nomenklatur seines unmittelbaren Umfeldes das Ergebnis fanatischer und inhumaner Ideenformationen des 19. Jahrhunderts, so zeigt sich am Beispiel Speers die chronische Anfälligkeit des Bildungsbürgertums für derartige Prospekte und seiner Verführbarkeit durch totalitäre Systeme. Auf Speer trifft zu, was Nietzsche einmal bemerkte, wonach man nicht lange in einem Abgrund blicken kann, ohne daß der Abgrund auch in einem selber blicke. Seine großbürgerliche Herkunft mit ihrem privilegierten sozialen und familiären Hintergrund verknüpft mit klassischen Inhalten humanistischer Bildungsprospekte, hat ihn nicht daran gehindert, sich einer derart bösartigen, „sich ihrer Barbarei brüstenden Herrschaft so besinnungslos"[45] anzuschließen. Auch dies wirft die Frage auf, ob die tradierten und erprobten humanistischen „Sicherungsinstanzen" überhaupt solches verhindern können, oder ob es überhaupt Vorkehrungen gegen einen derartigen Verlust aller gültigen Maßstäbe geben kann.

Letztlich ist Speer allen drängenden Fragen damit ausgewichen, indem er gemeint hat, man solle ihm nicht immer wieder unbeantwortbare Fragen stellen.[46]

Schlussbetrachtungen

Dass sich Kulturverständnis, Ästhetik und Schrecken nicht einander ausschließen, hat in aller Deutlichkeit der Nationalsozialismus gezeigt. Auf der Strecke geblieben, sind hierbei die Errungenschaften abendländischer Zivilisation, als deren fluchbeladenen Seite er sich in Szene setzte. Wenngleich Goebbels und Göring, zwar nicht dem Wahren und Guten zugetan, sich jedoch den „Schönheiten" abendländischer Kultur zuwandten, so spricht dies für die Tatsache, daß das eine das andere, den Inbegriff des Bösen, nicht ausschließt. Sie waren, wie viele andere Nazis ausgesprochen beflissene Kunstsammler, wenn auch überwiegend durch unrechtmäßige Aneignung. Kultur und Vernichtung schließen sich so wenig aus, wie sie zur Absicherung von Macht und Herrschaft des Bösen gesehen werden, von denen es in der übrigen Welt mehr als genug gegeben hat und noch gibt. Es wäre müßig, darüber zu streiten, ob die Verbrechen des Stalinismus mit denen des Dritten Reiches gleichgesetzt oder zum Anlass einer historischen Relativierung der Nazi-Verbrechen genommen werden können, wie dies etwa der deutsche Historiker Ernst Nolte im Zuge des sogenannten Historikerstreites in den neunziger Jahren versucht hat. Nolte vertrat hierbei die abwegige These, dass die Massenvernichtung in Auschwitz und anderswo erst durch den Stalinistischen Gulag ihren entscheidenden Anstoß erhalten habe. Im Zuge einer Neubewertung der Verbrechen im Dritten Reich als Gegenstand deutscher Geschichte und Perspektive für die Zukunft ist auch die Tendenz nach „Normalität" zu sehen, in der nicht nur Historiker einschwenken. So trieb es den bayerischen CSU-Politiker Franz Josef Strauß anlässlich eines Festkommers zum 130-jährigen Bestehen des Kartellverbandes der katholischen deutschen Studentenverbindungen um, den Anspruch der Deutschen auf Normalität anzumahnen; denn auf Dauer könne „kein Volk mit einer kriminalisierten Geschichte leben". Den Verbrechen in Auschwitz versuchte er die Erfolgsleistungen des deutschen Nachkriegswirtschaftswunders relativierend gegenüberzustellen, denn kein Volk hätte es verdient, angesichts dieser Leistungen noch immer mit Auschwitz konfrontiert zu werden. Jürgen Habermas hat den Versuch der Relativierung im Umgang mit dem Nationalsozialismus als eine „Art Schadensabwicklung" bezeichnet, um die deutsche Geschichte für die Zukunft von ihren unübersehbaren Verwerfungen und beispiellosen moralischen Brüchen zu entlasten. Freilich lässt sich aber die Gegenwart nicht durch die Relativierung einer schrecklichen Vergangenheit entlasten. Vor dem Hintergrund eines sensibleren Umganges mit historischen Verbrechen ist zur Gewissheit geworden, dass die Verbrechen des Nationalsozialismus an eine Art letzte Grenze stoßen, die sich nicht mehr wesentlich hinausschieben lässt. Es wäre zu kurz gedacht, dies als Ergebnis und Folge einer hartnäckigen medialen oder politischen Manipulation im Sinne eines „Political Correctness" zu verstehen, oder weil die sogenannte „Vergangenheitsbewältigung" im Trend eines populären Zeitgeschmackes liegt. Vielmehr wir die Frage künftig an Aktualität nichts einbüßen, „wie ein derartiges Regime und seine Taten zur deutschen und abendländischen Geschichte, zur heutigen Gesellschaft der Neuzeit und zur Natur des Menschen stehen, die ja schließlich von Geschichte und Gesellschaft geprägt ist". Darüber hinaus scheint jedoch die Frage nach dem gesellschaftlichen, ideologischen und kulturellen Umfeld konkreter zu sein, welches derartige Verhaltensweisen freisetzten, da eine befriedigende Antwort uns Erkenntnis darüber liefern würde, wie solches zukünftig zu verhindern wäre. Hierbei hat sich als ernüchterndes Ergebnis gezeigt, dass alle bisher gültigen kulturellen und ethischen Schranken die Verbrechen, an denen „ganz normale Menschen" beteiligt waren, nicht verhindert haben.

Dass sich Kulturverständnis, Ästhetik und Schrecken nicht einander ausschließen, müssen wir über 60 Jahre nach Kriegsende resigniert zur Kenntnis nehmen. Hierbei versagen Deutungen und psychologische Erklärungsversuche, die einen allgemeingültigen Interpretationsrahmen für „Auschwitz" konstruieren möchten. Auschwitz und dasjenige, was dazu geführt hat, sind zwar als Produkte der Modernisierung und des hiermit einhergehenden Totalitarismus beschrieben worden, welche dem tiefverwurzelten deutschen und europäischen Antisemitismus den geeigneten Rahmen boten. Dennoch bleiben, je länger die Zeit verstreicht, viele Fragen offen, die anscheinend auch nicht zur Genüge beantwortet werden können. Auf der Strecke geblieben sind hierbei die Errungenschaften abendländischer Zivilisation, als deren fluchbeladenen Seite sich die nationalsozialistische Mordmaschinerie in Szene setzte. Wenngleich Goebbels und Göring, zwar nicht dem Wahren und Guten zugetan, sich jedoch den „Schönheiten" abendländischer Kultur zuwandten, so spricht dies für die Tatsache, dass das eine das andere, nämlich den Inbegriff des Bösen, nicht ausschließt. Sie waren, wie viele andere Nazis, ausgesprochen beflissene Kunstsammler, wenn auch überwiegend durch unrechtmäßige Aneignung. Kultur und Vernichtung schließen sich so wenig aus, wie sie zur Absicherung von Macht und Herrschaft benutzt werden. Ebenso wenig schlossen sich klassische Musik und Vernichtung aus, welche zynisch dargeboten den Gang der Opfer in die Gaskammern von Auschwitz und Birkenau begleitete. Der Nationalsozialismus in seiner Ausprägung von Faszination und Gewalt verbreitete eine Ästhetik des Schreckens, die sich vor allem in der bombastischen und gleichwohl faschistischen Architektur eines Albert Speer in bedrohlicher Weise ins Bild des unbefangenen Betrachters setzte. Irgendwie erinnerten diese steinernen Monsterbauten an Symbole des Todes und spiegelten somit die nihilistischen Grundstimmungen des Nationalsozialismus wider. Eingebettet in eine Weltuntergangsstimmung, der Größenwahn und tödlicher Terror vorausging, nahmen die menschenfeindlichen, bombastischen Bauten die kommende Götterdämmerung vorweg. Das Leben drohte nicht nur in ihnen zu ersticken, vielmehr waren sie steinerne Absagen an das Leben selbst, steingewordene architektonische Hommage an den Thanatos. Angesichts dieser lebensfeindlichen Aura erweckten sie bei unvoreingenommenen Betrachtern beklemmende Gefühle, die ansonsten nur Mausoleen hervorrufen. In ihrer sterilen Atmosphäre standen sie im Gegensatz zur modernen Zivilisation und als Affekt gegen die Zeit gerichtet. Streng genommen kamen diese Bauten ohne Menschen aus und in ihrer bloßen theatralischen Präsenz waren sie Symbole der Selbstvergottung eines verbrecherischen Systems, in dem alles was Leben widerspiegelte der Vernichtung preisgegeben war. Durch sie sollte schon die Unwichtigkeit und Nichtigkeit der lebendigen Individuen in Szene gesetzt werden, die unter der monströsen architektonischen Gewalt des totalitären Systems nur zu unscheinbaren Betrachtern reduziert wurden, oder mit den Worten Hitlers, nur konturlose Striche in den Bauskizzen darstellten, ohne jeden Einfluss auf das, was sich in symbolischer Weise da über sie erhob. Das Leben selbst spielte keine Rolle in dieser steinernen Welt von Kandelabern, Pfeilerhallen, Tempelformen und geometrisch angeordneten statuenbewehrten Fronten, die unvermeidlich den Eindruck gigantischer Totenäcker hervorriefen. Über all dieser machtzentrierten Kulissenwelt schwebte eine bedrückende Stimmung, die, ähnlich den nächtlichen Totenfeiern, die Szenerie in ein dunkles Hadesreich verwandelte. Rein zufällig wurde diese Architektur nicht entworfen, sie war keine Baukunst um der Ästhetik willen, sondern sie war genuiner politischer Bestandteil des Systems und damit gewollter Ausdruck individueller Ohnmacht und staatlichem Terror. Überdeutlich repräsentierten sie die mörderische Realität des Nationalsozialismus. Indes waren diese Bauten nicht nur als Zweckeinrichtungen für die gegenwärtige Politik gedacht, vielmehr sollten sie noch als Ruinen, falls ihnen eines Tages dieses Schicksal zufallen würde, noch jenen Eindruck vermitteln, den antike Ruinen bei ihren Besuchern hervorrufen. Speer hat in diesem Zusammenhang von dem sogenannten Ruinenwert gesprochen, der einen historischen Schauer auslösen sollte und die zeitlose Präsenz nationalsozialistischer Machtentfaltung in Erinnerung rufen würde. So wie der Besucher ehrfürchtig vor den Überresten einer vergangenen Kultur steht, deren Aura immer noch die faszinierende Wirkung ihrer ursprünglichen Bedeutung ausstrahlt, sollten auch die baulichen Überreste des Dritten Reiches noch jene Kraft vermitteln, die einstens in den Augen der Machthaber, vom Nationalsozialismus als Weltlehre ausgegangen war und weiterwirken sollte. Zu diesem Zwecke, hatte Speer in Voraussicht vormoderne Materialien wie Granit und eine Statik verwendet, die „noch im Verfallszustand den Überresten auf dem Palatin oder den Carcalla-Thermen gleichen würden" Vorausschauend waren sie daher auf die künftigen Götterdämmerungen angelegt, die das Regime dunkel vorahnte und in ihren Resten überdauert werden sollte. Hitlers Leidenschaft zur Architektur ist bekannt und so ist es gewiss kein Zufall, dass sich in den Bauten Speers die ganze größenwahnsinnige Psyche seines Auftraggebers widerspiegelt, seinen Zerstörungsfuror, seinen Nihilismus, seinen Hang zum Totenkult, dem er eine religiöse Qualität unterlegte. Dies alles kleidete Speer in einem geschichtlichen Auftrag ein, deren äußere Manifestation diese Bauten sein sollten, deren ästhetischer Glanz und Ausmaße Reklame für den Tod sind.

Neben unverhüllter Demonstration von Macht und steingewordener Herrschaft verklärte das nationalsozialistische Kulturverständnis den Germanenkult, der sich insbesondere in den Skulpturen des Bildhauers Arnold Breker niederschlug. Als sogenanntes künstlerisches Interieur der bombastischen Staatsbauten traf man auf die mystifizierten germanischen Heroenplastiken, die den Führungsanspruch der Herrenmenschen verkörperten. Daneben rangierten Kitsch und seichte Unterhaltung zur Befriedigung der Massen, um diesen eine schöne trauliche Welt vorzutäuschen. Das Kulturverständnis der Nationalsozialisten war das einer rezeptiven Massenkultur, in der sich jedermann als unbedeutender Konsument wiederfand. Im Gegensatz zum bürgerlichen Kultur- und Bildungsverständnis des 19. Jahrhunderts, das Kultur als Hort der Muße sah unter der Voraussetzung derjenigen Mittel, auf die man zum unmittelbaren Lebensunterhalt verzichten konnte, sowie die Möglichkeit, solche Mittel ohne Nachweis eines direkten Nutzens ausgeben zu können, verstand Goebbels Kultur lediglich als Mittel der Herrschaft und Manipulation der Massen. Insofern fand Kultur im Dritten Reich nicht in einer Welt des zweckfreien Geistigen, in einem selbstständigen Reich der Werte statt, jenseits der gesellschaftlichen Realität, sondern war Teil des nationalsozialistischen Alltages, in dem Terror und Gewalt vorherrschten. Kultur im Nationalsozialismus entbehrte der musischen Komponente einer zweckfreien Entspannung und wurde insofern in die nationalsozialistische Propagandmaschinerie integriert. Damit zugleich gingen ihre wesentlichen kreativen Elemente verloren, welche immer auch Kennzeichen eines freien Kulturverständnisses sind und sich mitunter in avantgardistischen Schöpfungen niederschlagen. Auf vielfältige Weise wurde die Bevölkerung in die kulturellen Programme, oder das, was die Machthaber darunter verstanden, als Nutznießer eingebunden. Stellvertretend für die unterschiedlichen Aktionen sei hier nur das sogenannte Programm „Kraft durch Freude" genannt, an dem jeder Volksgenosse bei entsprechender Eignung teilhaben durfte und das dem einzelnen das Gefühl gab, Teil einer einzigen großen Volksgemeinschaft zu sein. Die nationalsozialistische Massenkultur sollte den einzelnen in einer totalitären Weise in das System einbinden, ohne dass er die wahren Absichten der Manipulation und Propaganda bemerkte.

Totalitäre Systeme erscheinen aus der Ferne, mit gebührendem Abstand betrachtet und erst mit Recht aus der Nähe wie eine festgefügte Einheit, deren Strukturen und Institutionen bedrohlich und unterschiedslos die Gesellschaft überragen. Nirgends sind Einbruchsstellen erkennbar, die auf eine gewisse Fragilität ihrer Strukturen und Machtzentren hindeuten würden und die erfahrungsgemäß durch machtinterne Rivalitäten und undurchschaubaren, zufällig sich entwickelnden Kompetenzen stets in ihrem inneren und äußeren Bestand gefährdet werden. Das nationalsozialistische Herrschaftssystem war durch eine chaotisch anmutende Kompetenzzuordnung ihrer unterschiedlichen hierarchischen Machtapparate gekennzeichnet, die oft genug untereinander in erbitterter Konkurrenz standen. Somit lag über dem Hitlerregime eine gewisse Strukturlosigkeit, die den wahren Anspruch von Macht vernebelte. Darin lag eines der verlässlichsten Machtinstrumente der Führungsclique, die im Grunde der moralisch indolenten Herkunft ihrer führenden Protagonisten und deren Gefolgschaft entsprach. Der kollektiven Regression, die jenen Prozessen zugrunde lag und schließlich zu den größten Verbrechen der Menschheitsgeschichte führten, fielen nicht nur die Eliten anheim, sondern unabhängig von gesellschaftlicher Stellung nahezu der größte Teil der deutschen Bevölkerung. Zunächst wurde der nationale Mythos zum kollektiven und individuellen Über-Ich-Ideal erhoben. Am Ende sahen sie in Hitler den kongenialen Sachverwalter und die väterliche Projektionsfigur ihrer national-völkischen Wachträume. Freilich, hätte es Hitler nicht gegeben, so wäre dies nicht ein ausschließliches deutsches Problem geblieben. In ihrem Aufsatz Organisierte Schuld aus dem Jahre 1945 schrieb Hannah Arendt: „Seit vielen Jahren begegnen mir Deutsche, welche erklären, daß sie sich schämen, Deutsche zu sein. Ich habe mich immer versucht gefühlt, ihnen zu antworten, daß ich mich schäme, ein Mensch zu sein. Diese grundsätzliche Scham, die heute viele Menschen der verschiedenen Nationalitäten miteinander teilen, ist das einzige, was uns gefühlsmäßig von der Solidarität der Internationalen verblieben ist; und sie ist bislang politisch in keiner Weise produktiv geworden. Insofern ist durch den Nationalsozialismus die Fragilität des Menschlichen als anthropologisches Leitbild deutlich geworden. Scheinbar neigt der Mensch dazu, sich noch unter so unmenschlichen Verhältnissen menschlich einzurichten, um psychisch zu überleben. Verdrängung und mitunter Verleugnung und Rationalisierungen erweisen sich hierbei als hilfreiche Abwehrmechanismen.

Ohne den Eindruck zu erwecken, als sei der nationalsozialistische Mythos heute noch wirksam, sind dennoch die Schatten der Vergangenheit nicht zu übersehen, welche die Gegenwartsdebatten so schwierig gestalten. Ein „säkularisierter" Nationalismus tritt uns in der heutigen Zeit im Gewande der sogenannten Leitkultur entgegen und der damit verbundenen Debatten um die Entsorgung der Vergangenheit und bei der man hofft, endlich wieder zu den kulturellen Traditionen zurückzukehren, die die deutsche Geschichte jenseits des Nationalsozialismus geprägt haben. Dabei wird allzuleicht vergessen, dass hierzu jene Mentalitäten und vermeintlichen Stärken des deutschen Charakters gehören, welche auch die mentalen Voraussetzungen der schrecklichsten Epoche gebildet haben. Als Beitrag zum öffentlichen Diskurs, endlich mit der Vergangenheit zu brechen und statt auf Auschwitz zurückzublicken in eine von der Vergangenheit unbeschwerte Zukunft zu blicken, gilt die umstrittene Rede Martin Walsers zur Verleihung des Friedenspreises des Deutschen Buchhandels in Frankfurt am Main. Hierin forderte Walser bekanntlich, endlich damit aufzuhören, ständig die „Auschwitzkeule" zu schwingen und stattdessen die historische Schuldrolle zu verlassen. Damit reihte sich Walser in die Reihe derjenigen ein, denen die Vergangenheitsbewältigung deswegen ein Dorn ist, da sie offenkundig einem neuen patriotischen Selbstwertgefühl im Wege steht. Ein neuer, positiver Patriotismus soll den Deutschen ihr Selbstwertgefühl wiedergeben, das sie als Erblast ihrer eigenen Vergangenheit aufgeben mussten. Ein solcher Forderungskatalog wird von den unterschiedlichsten Geistern erhoben, von den Ultrarechten sowieso, aber auch vom gegenwärtigen Bundespräsidenten in naiver Verkennung historischer Zusammenhänge. Die Frage ist nur, wem dient ein solcher Patriotismus und hat die Welt nicht schon genug bittere Erfahrungen mit patriotischen Strömungen jeglicher Art und zu jeder Zeit machen müssen? Es gibt keine deutsche Leitkultur und es hat sie in der Geschichte vor und während des Deutschen Reiches niemals gegeben. Wenn behauptet wird, es gäbe sie, dann enthüllt sich dieser Begriff als repressives Mittel zur Ausgrenzung und Unterdrückung von Minderheiten. Kultur im deutschen Sprachraum entstammte schon immer einem reichhaltigen Repertoire europäischer Einflüsse und ist befruchtet worden durch antike Kulturen, die inzwischen längst untergegangen sind. Überdies sind eine deutsche Leitkultur und ein noch so positiv getönter Patriotismus unter den Bedingungen eines friedfertigen und vereinten Europas auch in keiner Weise wünschenswert. Das Erlebnis des nationalsozialistischen Terrors brachte nach Kriegsende viele Deutsche dazu, auf ein künftiges Nationalgefühl zu verzichten, da sie im Interesse eines solchen gründlich missbraucht wurden; außerdem gab es keinen nationalpolitischen Grundkonsens und keine der demokratischen Parteien wollte ihn in irgendeiner Weise wieder herstellen. Selbst die Sozialdemokratische Partei verzichtete, auf ihre damals verteidigte Reichsverfassung zurückzukommen. Einzig der Widerstandsbewegung des 20. Juli war es gelungen, einen neuen nationalpolitischen Grundkonsens zu finden, wenngleich er sich in seinen geopolitischen Absichten nicht wesentlich von dem des Deutschen Reiches vor Hitler unterschied und bei Weitem nicht so demokratisch gemeint war, wie man das gerne herausgehört hätte.

Beide deutschen Staaten, die im Zuge der Nachkriegsordnung 1949 gegründet wurden, galten bis zur Wende im Jahre 1990 als feste Bestandteile der europäischen Nachkriegsordnung und diese wurden auch von den Deutschen im Sinne einer Friedensordnung auf dem europäischen Kontinent verstanden. Es erstaunt indes nicht, dass nach der Wiedervereinigung und der vollen Souveränität, durch die das einstmals geteilte Land wieder ein Nationalstaat, wenn auch ein föderativer, geworden ist, die Rufe nach Patriotismus und diffusem Nationalgefühl erneut ertönen. Dabei waren die Begriffe von Patriotismus und Nationalismus im Kollektivverständnis der deutschen Geschichte stets Herrschaftsinstrumentarien zur Unterdrückung emanzipatorischer und liberaler Bestrebungen gewesen. Je mehr die Demokratie der Weimarer Republik an gesellschaftlicher Kraft gewann, und zeitweise war dem so, umso hartnäckiger erschallten die Rufe nach Wiederherstellung alter patriotischer und national-völkischer Prospekte. In dem

Maße, wie sie auch heute noch ertönen, scheint diese alte deutsche Krankheit innerhalb eines bestimmten gesellschaftlichen Kontextes die Zeiten überdauert zu haben.

Der deutsche Nationalismus und der deutsche Nationalstaat des Kaiserreiches und der Weimarer Republik waren nicht außerhalb der europäischen Gemeinschaft gewesen und ihr Vorhandensein bot noch keinen Anlass für die übrigen Nationen eine tödliche Gefahr zu werden. Aber sie waren überschattet von ihren kollektiven Neurosen, eingezwängt in ihren Minderwertigkeitskomplexen und dem Gefühl, eine verspätete Nation zu sein, sowie anfällig für Großmannssucht und Chauvinismus. Infolge zweier selbstverschuldeter Kriege sind die dem Nationalstaat von 1870 innewohnenden Nationalismen überflüssig geworden. Jene unseligen Mentalitäten eines destruktiven völkischen Nationalismus scheinen, gesamtgesellschaftlich betrachtet, gebrochen, wenn nicht sogar verschwunden zu sein. Sicherlich auch das Ergebnis eines generativen Mentalitätswandels, der zur Folge hat, dass die jüngere Generation sich in ihren Lebensgewohnheiten und Ansichten kaum noch von denen der europäischen Nachbarstaaten unterscheidet. Umso mehr lässt der Ruf nach Patriotismus seinen antiquierten Charakter aufscheinen, der einer modernen Zeit sowie modernen Gesellschaftsentwürfen weit hinterhereilt. Dem aufmerksamen Beobachter der Zeitgeschichte und dem historisch Bewanderten sind die Rufe nach völkischem Patriotismus und der Vorherrschaft des „germanisch-arischen Blutes" der zwanziger Jahre noch in den Ohren, welche den Begriff der Nationalität definieren sollten und die bis zuletzt, bei allen Unterschiedlichkeiten allesamt der Hitler-Bewegung zugute kamen. Gegen die herrschenden Zustände der Republik gerichtet, verbargen sich auch die Erwartungen „einer Art Epiphanie" dahinter, die auf Erlösung durch tiefe Identifizierung mit dem Pathos des nationalen Mythos hofften. Aber jede Erinnerung an Vergangenes kann zugleich utopische Erwartung auf eine bessere Zukunft sein, wenn das Vergangene einem kritischen Bewusstsein unterzogen wird. Kommunismus und Nationalsozialismus konnten sich auf utopische Zukunftskonzepte berufen und pflegten einen Nationalismus, der sich, jeder auf seine Weise, in diesen utopischen Feldern bewegen ließ. Lange blieb der tiefe Abgrund, der sich in ihrer Herrschaft zwischen Anspruch und Wirklichkeit auftat, unter dem Deckmantel patriotischer und völkisch-nationaler Begeisterungen unsichtbar. Über allem erhob sich sowohl im Kommunismus als auch im Nationalsozialismus das Bild eines neuen Menschen, ausgestattet mit den vertrauten Tugendmuster, in die Gehorsam, Selbstdisziplin, Führungsvertrauen und Verschworenheit eines anonymen Kollektivs eingewebt waren. Wurden sie bei dem einen System als Voraussetzungen zur Solidarität und einer „klassenlosen" sozialistischen Gesellschaft beschworen, wobei ebenso wie in dem anderen der einzelne nichts galt, so bestand im Nationalsozialismus die Neigung, sie als kriegerische Tugenden in den Vordergrund zu stellen. Mit dem Ende der Utopie des Dritten Reiches, das eine Ideologie des grenzenlosen Schreckens bereithielt, und mit dem Zusammenbruch des Kommunismus ist die Hoffnung in Utopien obsolet geworden. Hinter all diesen restaurativen Programmen und den Forderungen nach Leitkultur verbergen sich bewusst oder unbewusst die ideologischen Vorbereitungen nicht nur zur Verschleierung zwingender politischer Probleme, sondern die Instaurierung eines regressiven Begriffes als positives Element von Kultur und Zivilgesellschaft. Wie schon der tradierte Nationalismus die wirklichen sozialen Probleme der damaligen Gesellschaft verdeckte, drängt sich auch hier der Verdacht auf, dass „Leitkultur" und „Patriotismus" als Instrumente medialer und politischer Manipulation der zunehmenden Entfremdung des Individuums von Gesellschaft und Politik entgegen-wirken soll. In der Gegenwart ist daher die Nähe dessen, was überholt schien, immer noch spurenhaft präsent. Wenn es der offiziellen Politik immer weniger gelingt, die Menschen mit ihren sachlichen Entscheidungen zu überzeugen, bedarf es offensichtlich archaischer Symbolik wie Leitkultur, Patriotismus um noch einen halbwegs sinnvollen Zusammenhang zwischen dem Staat und seinen Menschen herzustellen. Betrachtet man die gegenwärtige gesellschaftliche Si-tuation und die Vehemenz, mit der von verschiedenen politischen Richtungen in unkritischer Weise Patriotismus und deutsche Leitkultur beschworen werden, so besteht Anlass, skeptisch zu bleiben. Unter der Voraussetzung, dass Geschichte immer lebendig bleibt, auch wenn sie als historische Fakten betrachtet werden, zeigen sich die Spuren des Gewesenen in der Gegenwart.

Anmerkungen und Literaturverzeichnungen

Essay „Über die Zerstörung der Zivilisation"

1 Hierzu: Fritz Stern: Der Traum vom Frieden und die Versuchung der Macht. Deutsche Geschichte im 20. Jahrhundert, München 2006.

2 Hierzu: Georg Lukacs: Die Zerstörung der Vernunft, S. 7

3 Der Psychoanalytiker Erich Fromm hat in seinem Buch Anatomie der menschlichen Destruktivität jene psychischen und charakterlichen Ausformungen des Lebenstriebes und des Todestriebes, die er als dichotome Kräfte sieht, auf der Grundlage der Freudschen Triebtheorie weniger als triebbestimmte Elemente definiert, sondern vielmehr als Produkte von Sozialisation und gesellschaftlich-kultureller Umstände rekonstruiert. Für Fromm ist der Futurismus eines Marinetti und dessen Verherrlichung von Technik und unbelebter Materie, der Wegbereiter des italienischen Faschismus und in der Folge des Nationalsozialismus. Von Hitler wissen wir, daß er sich hinsichtlich der kultischen Darstellungsformen des Nationalsozialismus stark am Vorbild des italienischen Faschismus orientierte. Fromm sieht im Futurismus den literarischen und künstlerischen Ausdruck des Freudschen Todestriebes, den er als Nekrophilie bezeichnet, der sogenannten „Liebe", oder genauer formuliert, den Hang des Menschen zur unbelebten Materie und schließlich zum Tod. Die Merkmale des Faschismus und in Folge des Nationalsozialismus, bestanden in diesen nekrophilen Ingredienzien, die vor allem in den Nachtweihfeiern und Totengedenkveranstaltungen vor Blutfahnen und düsterer Symbolik von Totenköpfen und germanischem Runenkult zum Ausdruck kamen. Indem der Nationalsozialismus die Themen von Tod, Vernichtung und das Recht des Stärkeren in das Zentrum seiner Ideologie stellte, um allem anderen das Existenzrecht abzusprechen und zudem seine Herrschaft mit der Aura eines maschinenhaften unmenschlichen Heroentums umgab, kann er in diesem Sinne als politische Ausdrucksform des Todestriebes gesehen werden. Insbesondere fand dieser seinen Niederschlag in der automatisierten und fabrikmäßig betriebenen Vernichtung von Millionen Menschen während des Holocaust. Primo Levi hat den millionenfachen Völkermord der Nationalsozialisten als einen Vorgang der Verwandlung des Menschen in eine unbelebte Materie, in „Kadaver" interpretiert und bezeichnet damit die nekrophile Wesensart des Faschismus. (Hierzu: Primo Levi: Ist das ein Mensch).

4 Hierzu: Rüdiger Safranski: Das Böse oder das Drama der Freiheit, 1999, S. 247.

5 Ebenda S. 14.

6 Ebenda S. 272.

7 In einem gewissen Sinne hat ein derartiger Kulturbruch während der Stalinära in der Sowjetunion gegen die eigene Bevölkerung stattgefunden.

8 Von der historischen Forschung ist die Authentizität der Äußerungen Hitlers gegenüber Rauschning bestritten worden. Die Diskussion hierüber erübrigt sich insofern, als Hitlers

Politik nichts unversucht gelassen hat, seinen Absichten Taten folgen zu lassen. Hitlers Politik stellt den eindeutigsten Authentizitätsbeweis dar.

9 Emmanuel Levinas: Monotheismus und Sprache, I: Schwierige Freiheit. Versuch über das Judentum, Frankfurt/M. 1992, S. 126.

10 Rüdiger Safranski: ebenda S. 274.

11 Hierzu: Joachim Fest: Das Gesicht des Dritten Reiches, München 1996, S. 402.

12 Hannah Arendt: Elemente und Ursprünge totaler Herrschaft, München 2005, S. 909.

13 Dieselbe: S. 696.

14 Arnold Gehlen: Moral und Hypermoral, Frankfurt/M. 1973. Angesichts des technischen Fortschritts und der damit verbundenen Pluralität der Lebenszusammenhänge, forderte Gehlen eine pluralistische Ethik, welche der Legitimation unabänderlicher, aus den Zielsetzungen stammenden Sachzwängen moderner Institutionen entspricht. Damit öffnete Gehlen nicht nur einer Hypermoral das Tor, die jeglichen technischen Fortschritt und die hiermit verbundenen Ziele rechtfertigt, sondern spricht den Institutionen eine metaphysische Existenz zu.

15 In gewisser Hinsicht trifft dies vielleicht noch für den Stalinismus in der Sowjetunion der dreißiger Jahre zu.

16 Hannah Arendts treffende Bemerkung über die Universalität des Antisemitismus wurde von der Herausgeberin Marie Luise Knott, die ihre Beiträge aus den Jahren 1941-1945 in der Emigrantenzeitung „Aufbau" veröffentlichte als Buchtitel gewählt. Hannah Arendt: Vor dem Antisemitismus ist man nur noch auf dem Monde sicher, hrsg.: Marie Luise Knott, München 2000. Anscheinend gibt es über die historische Dimension des christlichen Antijudaismus hinaus, in der Psyche der Menschen gewisse Bereitschaften, Feindbilder zu errichten, denen eigene schlecht kontrollierte Aggressionen zu Grunde liegen, die sich unter bestimmten Verhältnissen einer Sublimierung oder Verdrängung entziehen. Der Psychoanalytiker Douglass W. Orr vermutet, daß neben den gesellschaftlichen Problemen auch verdrängte sexuelle Impulse hierfür der Anlaß im Einzelnen sein kann. Hierzu ausführlich: Douglass W. Orr: Antisemitismus und Psychopathologie des Alltagslebens, in: Antisemitismus, Hrg.: Ernst Simmel, Frankfurt/Main 2000, S.108 ff. Für diese These spricht die geschichtliche Tatsache, daß den Juden über Jahrhunderte stets sexuelle Perversionen, Verführungen, Blutschande und Vergewaltigungen arischer, bzw. nichtjüdischer Frauen unterstellt wurde. Allesamt scheinen solche Phantasien die verdrängten sexuellen Wünsche und tiefsitzende masochistische Anteile in der Psyche des Antisemiten zu sein.

17 Hannah Arendt: Elemente und Ursprünge totaler Herrschaft, Ebenda: S. 37.

18 Ernst Simmel: Antisemitismus und Massen-Psychopathologie, in: Antisemitismus, Hrg.: Ernst Simmel, Frankfurt/M. 2000, S. 63.

19 Hannah Arendt: Elemente und Ursprünge totaler Herrschaft, München 2005, S. 907.

20 Hierzu: Manfred J. Foerster: Lasten der Vergangenheit, insbesondere Kp. 2, Autoritärer Charakter und der Verlust des Humanen, S. 101- 113.

21 Hierzu: Ian Kershaw: Der Hitler-Mythos. Führerkult und Volksmeinung, 1999. Die Person Hitlers bildete den Kern eines grundlegenden Konsens und damit die personale Voraussetzung für die fundamentale Bedeutung der uneingeschränkten Funktionsfähigkeit des Militär- und Verwaltungsapparates des Dritten Reiches, das sich über eine bloße Parteimitgliedschaft und Zugehörigkeit zu nationalsozialistischen Organisationen wie der SS oder der SA hinaus erstreckte. Ohne Hitlers außerordentliche Popularität wäre das hohe Maß an Zustimmung nicht möglich gewesen, welches die Aktionen des Regimes in In-und Ausland begleitete.

22 Zitiert in: Joachim Fest, ebenda S. 166.

23 Harald Welzer unterstellt den Tätern eine spezifische Tötungsmoral, welche ihnen ermöglichte die Tötungsvorgänge als völkisch legitime Aufgabe anzusehen, ganz im Sinne der nationalsozialistischen Propaganda. Vgl. hierzu: Welzer: Täter. Wie aus ganz normalen Menschen Massenmörder werden, Frankfurt/M. 2005. Wenngleich Hitler die Vernichtung der Juden und slawischen Völker von vornherein zu einem erklärten Ziel seiner Politik machte, so trat im Zuge dieser Vernichtungen ein gewisser Automatismus ein, welcher mitunter als zweckrationale Unabdingbarkeit der Geschehnisse im Nachhinein ausgewiesen wurde und die Täter von persönlichen Schuldgefühlen entlasten sollte. So hatte der Leiter der Einsatzgruppe 45, Otto Ohlendorf, als Zeuge vor dem Nürnberger-Hauptkriegsverbrecherprozeß ausgesagt, daß die Mordaktionen als militärisch notwendige Maßnahmen definiert und durch entsprechende militärische Befehle befohlen wurden, um die Täter hinsichtlich ihrer persönlichen Gewissensentscheidung zu entlasten und etwaige moralische Skrupel zu brechen. Insofern bewegten sich derartige Aktionen in den Augen der Täter im Rahmen der sogenannten nationalsozialistischen Moralvorstellungen.

Welzer überzieht indes den Moralbegriff und relativiert ihn für jede Handlung, die auf Befehlsgewalt beruht und den allgemein anerkannten ethischen Referenzrahmen von Moral verschiebt. Von Moral im eigentlichen Sinn kann schon deswegen nicht gesprochen werden, da Hitler explizit eine Politik durchführte, die mit allen historischen Errungenschaften und Standards von Moral und Ethik nicht nur gebrochen hat, sondern sie von Grund auf zerstörte und insofern die Handlungen, die auf seiner Politik beruhten, niemals mit moralischen Kategorien versehen werden können. Insofern in dem Essay die Rede von Moral der Täter ist, gilt sie in dem fragwürdigen Sinn ihrer referentiellen Verschiebung zugunsten ideologischer Absichten.

24 Hierzu ausführlich: Christopher R.Browning: Ganz normale Männer. Das Reserve-Polizeibataillone 101 und die „Endlösung" in Polen, 1996.

25 Hannah Arendt: Die verborgene Tradition, 1976, S. 39.

26 Joachim Fest, ebenda S. 373.

27 Inzwischen gilt als gesichert, daß Speer in hohem Maße an den logistischen Vorbereitungen des Holocaust beteiligt war. So unterzeichnete er die Baugenehmigung und gleichzeitige

Bewilligung der Finanzmittel für die Errichtung der Baracken in Auschwitz- Birkenau im Zuge der sogenannten „Sonderbehandlung", d.h. der Vergasungsaktionen im Zuge der „Endlösung". Vgl. hierzu: Heinrich Schwendemann: Späte Enttarnung eines Lügners, in: Die Zeit vom 4.5.2005, Nr. 19. Schwendemann beruft sich auf die Forschungsergebnisse der Historiker Susanne Willems, Matthias Schmidt, Eckart Dietzfelbinger und Jens Christian Wagner. Ebenso ausführlich zur umstrittenen und zwiespältigen Person Speers: Manfred J. Foerster: Albert Speer-ein deutscher Bildungsbürger von innen betrachtet oder die Moral des Unpolitischen, in: Lasten der Vergangenheit, S. 115-144.

28 Hannah Arendt, ebenda S. 41.

29 Hierzu: Harald Welzer, ebenda S. 25ff.

30 Martin Broszat: Kommandant in Auschwitz. Autobiographische Aufzeichnungen des Rudolf Höß. Hrgb. von Martin Broszat, München 2004, S.20

31 Zitiert in: Joachim Fest, ebenda S. 162.

32 Zitiert in: Joachim Fest, ebenda S. 372.

33 Martin Broszat, ebenda.

34 Zitiert in: Joachim Fest, ebenda S. 377-378.

35 Zitiert in: Joachim Fest, ebenda S. 378.

36 Hierzu: Martin Broszat, ebenda.

37 Zitiert in, ebenda S. 380.

38 Martin Broszat, ebenda S. 194.

39 Zitiert in: Ebenda S. 165.

40 Zitiert in: Joachim Fest, ebenda S.383

41 Ebenda S. 195ff.

42 Joachim Fest, ebenda S. 382.

43 Zitiert in: Martin Broszat, ebenda S. 235.

44 Zitiert in: Joachim Fest, ebenda S. 384.

45 Ebenda.

46 Zitiert in: Martin Broszat, ebenda S. 191-192.

47 Ebenda: S. 194.

48 Vgl. hierzu: ebenda.

49 Zitiert in: Joachim Fest, ebenda S. 386.

50 Martin Broszat, ebenda S. 222.

51 Hierzu: Joachim Fest, ebenda: S. 386.

52 Hierzu ausführlich: Eugen Kogon, Hermann Langbein, Adalbert Rückert u.a. (HG): Nationalsozialistische Massentötungen durch Giftgas, Frankfurt/M. 1995, S. 219ff.

53 Hierzu: Manfred J. Foerster: Lasten der Vergangenheit. S.124f.

54 Joachim Fest: Das Gesicht des Dritten Reiches: S. 408.

55 Hannah Arendt: Die verborgene Tradition. S.42

56 Harald Welzer: Ebenda S.12

57 Ebenda: S.13

58 Hierzu: Eric Friedler, Barbara Siebert und Andreas Kilian: Zeugen aus der Todeszone. Das jüdische Sonderkommando in Auschwitz, München 2005

59 Der Psychoanalytiker Arno Gruen schildert in seinem Buch, *Der Fremde in uns*, den Fall des SS-Arztes Dr. Hans Münch, der an den Selektionen in Auschwitz beteiligt war und 1998 im Alter von 87 Jahren von Bruno Schirra über seine Nazi-Vergangenheit interviewt wird. Dr. Münch tritt während des Interviews als liebenswürdiger alter Herr auf, der in geordneten Verhältnissen hochangesehen lebt und der immer nur dann die Maske des Biedermannes fallen läßt, wenn die Rede auf die Judenvernichtung kommt. Die Verbrennung der Juden bezeichnete er dann auch „als sehr mühsam". Vgl. hierzu: Arno Gruen: Der Fremde in uns, München 2005, S. 147ff.

60 Joachim Fest: Das Gesicht des Dritten Reiches: S. 411.

61 Hans Buchheim: Totalitäre Herrschaft. Wesen und Merkmale, München 1962, S. 85.

Exkurs: Der Pedant des Schreckens – Facetten einer Existenz zwischen Massenmord, Germanenmythos und Esoterik

1 H. Guderian: Erinnerungen eines Soldaten, zitiert in: Erich Fromm: Anatomie der menschlichen Destruktivität, S.339

2 Zitiert in: Joachim Fest: Das Gesicht des Dritten Reiches, S. 165

3 Erich Fromm: Anatomie der menschlichen Destruktivität, S. 365

4 Joachim Fest: ebenda, S. 157

5 Hierzu ausführlich: Reinhardt Greve: Tibetforschung im SS-Ahnenerbe, in: Lebenslust und Fremdenfurcht. Hrsg.: Thomas Hauschild, S. 168ff.

6 Zitiert in: Joachim Fest, ebenda, S. 159

7 Hierzu: Joachim Fest, ebenda, S. 163

8 Joachim Fest, ebenda

9 Joachim Fest: Die andere Utopie. Eine Studie über Heinrich Himmler, in: Fremdheit und Nähe, S. 122

10 Joachim Fest, ebenda, S. 116

11 Zitiert in Erich Fromm, ebenda, S. 359

12 Zitiert in Joachim Fest: Das Gesicht des Dritten Reiches, S. 161-162

13 Zitiert in Joachim Fest: Die andere Utopie, S. 121

14 Derselbe: Das Gesicht des Dritten Reiches, S. 167

15 Joachim Fest, S. 174

Exkurs: Albert Speer – ein deutscher Bildungsbürger von innen betrachtet oder die technizistische Unmoral

1 Martin Broszat: Das weltanschauliche und gesellschaftliche Kraftfeld, in: Das Dritte Reich im Überblick, S. 101

2 Hierzu ausführlich: Ian Kershaw: Der Hitler-Mythos Führerkult und Volksmeinung

3 Joachim Fest: Speer. Eine Biographie, S. 13

4 Max Weber: Die drei reinen Typen legitimer Herrschaft, S. 238-256

5 Zitiert in: Hermann Glaser: Die Republik der Außenseiter Geist und

Kultur in der Weimarer Zeit 1918-1933

6 Hans Müller-Braunschweig: „Führer befiehl..." Zu Hitlers Wirkung im Deutschland der dreißiger Jahre, S. 313 ff.

8 Ebenda: S. 76. Speer hat in seinen *Erinnerungen* darauf bestanden, dass seine Bewunderung für Hitler diejenige eines Architekten für einen – in Speers Augen – genialen Bauherrn gewesen sei und nicht diejenige eines Gefolgsmannes zu seinem politischen Führer. Beides ließ sich in der Realität des Dritten Reiches freilich nicht trennen, da Speers Monumentalbauten stets auch steingewordene Abbilder der nationalsozialistischen Weltanschauung und ihrer rücksichtlosen Politik waren.

9 Gitta Sereny: Das Ringen mit der Wahrheit. Albert Speer und das deutsche Trauma

10 Joachim Fest: Ebenda

11 Derselbe: Die unbeantworteten Fragen. Notizen über Gespräche mit Albert Speer zwischen Ende 1966 und 1981

12 Ebenda, S. 16

13 Albert Speer: „Alles, was ich weiß." Aus unbekannten Geheimdienstprotokollen vom Sommer 1945, hrsg. von Ulrich Schlie

14 Joachim Fest: Speer. Eine Biographie

15 Sebastian Haffner: Albert Speer – Dictator of the Nazi-Industry

16 Hierzu ausführlich: Manfred Koch-Hillebrecht: Homo Hitler. Psychogramm des deutschen Diktators. Koch-Hillebrecht beschreibt Hitlers latente Homosexualität als zeittypische Erscheinung in der Epoche des gesellschaftlichen Umbruches. Der führende amerikanische Psychoanalytiker dieser Zeit, Wilhelm Stern, sprach von einer „Inversionswelle" gleichgeschlechtlicher männlicher Beziehungen, die größtenteils aus den Kreisen der Jugendbewegung genährt wurden. Die Angst vor dem anderen Geschlecht äußerte sich in chauvinistischen Reaktionen, in denen das virile Ideal mit dem Antifeminismus konkurrierte und die Verklärung der Männerliebe förderte. Beides zusammen war indes Ausdruck einer maskulinen narzisstischen Abkehr von der Realität.

17 Zitiert in: Joachim Fest: Speer. Eine Biographie, S. 67

18 Zitiert in: Ebenda

19 Hugh R. Trever-Roper: Hitlers letzte Tage

20 Zitiert in: Joachim Fest: Speer. Eine Biographie, S. 218

21 Zitiert in: Derselbe: Das Gesicht des Dritten Reiches. Profile einer totalitären Herrschaft, S. 285

22 Zitiert in: Ebenda

Literaturverzeichnis

Arendt, Hannah: Eichmann in Jerusalem. Ein Bericht von der Banalität des Bösen, München 1964

Dieselbe: Die verborgene Tradition, Frankfurt/Main 1976

Dieselbe: Vor dem Antisemitismus ist man nur noch auf dem Monde sicher. Beiträge für die deutsch-jüdische Emigrantenzeitung „Aufbau" 1941-1945, Hrsg. von: Marie Luise Knott, München 2000

Dieselbe: Elemente und Ursprünge totaler Herrschaft, München 2005

Broszat, Martin: Kommandant in Auschwitz. Autobiographische Aufzeichnungen des Rudolf Höß, Hrsg. von Martin Broszat, München 2004

Browning, Christopher R.: Ganz normale Männer. Das Reserve- Polizeibataillone 101 und die „Endlösung" in Polen, Hamburg 1996

Buchheim, Hans: Totalitäre Herrschaft. Wesen und Merkmale, München 1962

Fest, Joachim: Das Gesicht des Dritten Reiches, München 1996

Friedler, Eric; Siebert, Barbara und Kilian, Andreas: Zeugen aus der Todeszone. Das jüdische Sonderkommando in Auschwitz, München 2005

Foerster, Manfred J.: Lasten der Vergangenheit. Betrachtungen deutscher Traditionslinien zum Nationalsozialismus, London 2006

Freud, Sigmund: Über das Unbehagen in der Kultur. Und andere kulturtheoretische Schriften, Frankfurt/Main 1994

Ders.: Massenpsychologie und Ich-Analyse. In die Zukunft einer Illusion, Frankfurt/Main 2002

Friedländer, Saul: Nachdenken über den Holocaust, München 2007

Fromm, Erich: Anatomie der menschlichen Destruktivität, Hamburg 1977

Gay, Peter: Die Republik der Außenseiter. Geist und Kultur in der Weimarer Zeit 1918- 1933, Frankfurt/Main 2004

Gruen, Arno: Der Fremde in uns, München 2005

Kershaw, Ian: Der Hitler-Mythos. Führerkult und Volksmeinung, Stuttgart 1999

Kogon, Eugen; Langbehn, Hermann; Rückert, Albert u.a. Hrsg.: Nationalsozialistische Massentötungen durch Giftgas, Frankfurt/Main 1995

Levi, Primo: Ist das ein Mensch, München 2000

Levinas, Emmanuel: Monotheismus und Sprache, in: Schwierige Freiheit. Versuch über das Judentum, Frankfurt/Main 1992

Lukacs, Georg: Die Zerstörung der Vernunft, Darmstadt und Neuwied 1974

Safranski, Rüdiger: Das Böse oder das Drama der Freiheit, Frankfurt/Main 1999

Simmel, Ernst, Hrsg.: Antisemitismus, Frankfurt/Main 2000

Stern, Fritz: Der Traum vom Frieden und die Versuchung der Macht. Deutsche Geschichte im 20. Jahrhundert, München 2006

Welzer, Harald: Täter. Wie aus ganz normalen Menschen Massenmörder werden, Frankfurt/Main 2005

Angaben über den Autor

Dr. Manfred J. Domgraf Foerster studierte Soziologie, Psychologie, Philosophie und Erziehungswissenschaften in Aachen und an der Johannes- Gutenberg-Universität in Mainz und promovierte an der Ernst Albrecht- Universität- Heidelberg über die Analytische Psychologie und Archetypenlehre C.G. Jungs.

Er leitete über 20 Jahre die Beratungs- und Fortbildungsstelle für haupt- und ehrenamtliche Mitarbeiter/innen des Hessischen Strafvollzuges und wurde für sein berufliches Engagement mit dem Wilhelm Fay- Gedächtnispreis der Stadt Frankfurt/M. ausgezeichnet. Seine Tätigkeit wurde auch durch die „Fritz Bauer Stiftung" gefördert.

Er war als Lehrbeauftragter an der Ernst Albrecht Universität Heidelberg, an der Johannes-Gutenberg-Universität Mainz im Fachbereich Erziehungswissenschaft, an der Hessischen Justizvollzugsakademie Wiesbaden sowie an der Thüringischen Justizvollzugsschule Suhl-Goldlauter tätig, mit den Schwerpunkten: Frühkindliche Bindungserfahrungen und Sozialisation, Ursachen und Auswirkungen von Persönlichkeitsstörungen, sowie Persönlichkeitsprofile serieller Sexual- und Gewalttäter.

Wichtigste Veröffentlichungen:

Individuation und Objektbeziehung Eine Auseinandersetzung mit der Analytischen Psychologie und der Archetypenlehre C.G. Jungs, Aachen 2000

Bindungstheorie und Persönlichkeitsstörungen, Bad Godesberg 2006

Lasten der Vergangenheit Betrachtungen deutscher Traditionslinien zum Nationalsozialismus, London 2006

Hitler und Speer „Gesichter totalitärer Herrschaft", Hamburg 2016

Bürgertum und Nationalismus, Hamburg 2018

Bildungsbürger, nationaler Mythos und Untertan Betrachtungen zur Kultur des Bürgertums, Aachen 2011

Frühe Traumatisierungen und Delinquenz der Täter als Opfer seiner Biographie Ursachen-Auswirkungen-Perspektiven, Neuwied 2005

Die antisoziale Persönlichkeit im Strafvollzug- dargestellt an der Figur des Hannibal Lecter aus dem Film: Das Schweigen der Lämmer, Lahnstein 2013

Zum Umgang mit Sexual- und Gewaltdelinquenten in der Straffälligenhilfe aus Sicht der Objektbeziehungs- und Bindungstheorie, Bad Godesberg 2003

Übertragung-Persönlichkeitsstörungen und das Dilemma des Helfers, Bad Godesberg 2003

Anmerkungen zur psychopathologischen Dynamik serieller Sexual- und Gewalttäter, Hamburg 2018

Essays zur politischen Kultur deutscher Vergangenheit und Gegenwart, Hamburg 2018

Zur Sozialpsychologie des Rassismus und Antisemitismus- Propheten der Feindbilder, Hamburg 2016

Bindungserfahrungen und Persönlichkeitsstörungen Ursachen- Folgen-Wirkungen. Hamburg 2015